国家社会科学基金项目"城镇化背景下现代农民的成长机制及政策环境研究"(14BJY031)

郭剑雄 等◎著

现代农民成长的逻辑

中国社会科学出版社

图书在版编目（CIP）数据

现代农民成长的逻辑／郭剑雄等著．—北京：中国社会科学出版社，2020.9
ISBN 978-7-5203-6700-4

Ⅰ．①现… Ⅱ．①郭… Ⅲ．①农民教育—研究—中国 Ⅳ．①G725

中国版本图书馆 CIP 数据核字（2020）第 103434 号

出 版 人	赵剑英
责任编辑	张　林
特约编辑	周维富
责任校对	王　龙
责任印制	戴　宽

出　　版	中国社会科学出版社
社　　址	北京鼓楼西大街甲 158 号
邮　　编	100720
网　　址	http://www.csspw.cn
发 行 部	010-84083685
门 市 部	010-84029450
经　　销	新华书店及其他书店
印　　刷	北京明恒达印务有限公司
装　　订	廊坊市广阳区广增装订厂
版　　次	2020 年 9 月第 1 版
印　　次	2020 年 9 月第 1 次印刷
开　　本	710×1000　1/16
印　　张	17.25
插　　页	2
字　　数	258 千字
定　　价	99.00 元

凡购买中国社会科学出版社图书，如有质量问题请与本社营销中心联系调换
电话：010-84083683
版权所有　侵权必究

目　录

前　言 ……………………………………………………………（1）
　第一节　现代农民的识别：就业选择集合的视角 ……………（1）
　第二节　现代农民的孕育：工业化参与中的选择就业 ………（2）
　第三节　现代农民的供给：人口转型与农民的代际优化 ……（3）
　第四节　现代农民的需求：农业的企业化和技术进步 ………（5）
　第五节　供给与需求的均衡：现代农民形成的门槛条件 ……（6）
　第六节　现代农民成长的政策环境营造 ………………………（7）

第一篇　现代农民的识别与成长背景

第一章　工业化、选择性就业与农民的转型 ……………………（11）
　第一节　现代农民成长问题的提出 ……………………………（11）
　第二节　选择集合视角的传统农民和现代农民 ………………（14）
　第三节　工业化与农民的选择性就业 …………………………（17）
　第四节　农民选择性就业能力的适应性调整 …………………（20）
　第五节　农业的企业化与农民的职业化 ………………………（23）
　第六节　本章结论 ………………………………………………（27）

第二章　选择集视角下现代农民成长的困境与出路 ……………（29）
　第一节　现代农民本质与成长研究的基础 ……………………（29）
　第二节　选择集视角下现代农民的识别 ………………………（32）

第三节　选择集视角下现代农民成长的困境 …………………… (34)
　　第四节　选择集视角下现代农民成长之路 …………………… (41)
　　第五节　本章结论 …………………………………………………… (44)

第二篇　人口转型与农民的代际优化

第三章　工业化进程中的农村人口生产转型 ……………………… (47)
　　第一节　人口生产转型的国际经验 …………………………… (47)
　　第二节　中国农村人口生产转型的经验事实 ………………… (53)
　　第三节　中国农村人口生产转型的原因 ……………………… (59)
　　第四节　农村人口生产转型的发展含义 ……………………… (67)
　　第五节　本章结论 …………………………………………………… (69)

第四章　选择性转移对农村人口生产转型的影响 ……………… (70)
　　第一节　选择性转移人口转型效应的提出 …………………… (70)
　　第二节　选择性转移人口转型效应的模型分析 ……………… (74)
　　第三节　选择性转移人口转型效应的计量分析 ……………… (79)
　　第四节　选择性转移下农村人力资本的形成及其条件 ……… (83)
　　第五节　基于脉冲响应函数的人力资本深化效应检验 ……… (87)
　　第六节　本章结论 …………………………………………………… (91)

第五章　城镇化对农村人口代际优化的影响 …………………… (93)
　　第一节　城镇化与农村人口代际优化相关性的提出 ………… (93)
　　第二节　城镇化对农村人口代际优化的作用机制 …………… (94)
　　第三节　城镇化对农村人口代际优化影响的计量分析 ……… (104)
　　第四节　本章结论 …………………………………………………… (112)

第三篇　农业的企业化和技术进步

第六章　农业组织的企业化演进：人口转型影响的视角 ………… (115)

第一节　提高农业组织化程度是当前中国农业发展的
　　　　　　主要问题 ………………………………………… (115)
　　第二节　企业化是提高农业组织化程度的基本途径 ……… (116)
　　第三节　人口转型与农业企业化演进 ……………………… (119)
　　第四节　农业企业化演变的经验分析 ……………………… (126)
　　第五节　本章结论 …………………………………………… (131)

第七章　农业组织演进与现代农民成长 ……………………… (133)
　　第一节　农业组织的演进规律 ……………………………… (133)
　　第二节　农业组织演进与现代农民成长的理论分析 ……… (141)
　　第三节　农业组织演进与现代农民成长的实证分析 ……… (148)
　　第四节　本章结论 …………………………………………… (157)

第八章　农业技术进步及技能偏态技术的形成 ……………… (159)
　　第一节　劳动力选择性转移下的农业技术进步问题 ……… (159)
　　第二节　非体现型技术进步与体现型技术进步 …………… (160)
　　第三节　非技能偏态技术进步与技能偏态技术进步 ……… (167)
　　第四节　劳动力选择性转移下的农业技术进步机制 ……… (172)
　　第五节　资源结构升级与农业技术进步类型的演进 ……… (175)
　　第六节　中国农业技术进步的现实进程与前景判断 ……… (179)
　　第七节　本章结论 …………………………………………… (181)

第四篇　人力资本门槛与现代农民形成

第九章　农民的两部门经济及人力资本的优化配置 ………… (185)
　　第一节　相关文献回顾 ……………………………………… (185)
　　第二节　人力资本在农业与非农部门的配置原则 ………… (188)
　　第三节　人力资本转移背景下农业成功发展的条件 ……… (190)
　　第四节　选择性转移与农业人力资本的动态深化 ………… (193)
　　第五节　农业的变化:农业人力资本深化的进一步解释 …… (197)

第六节　本章结论 …………………………………………… (199)
附　录 ………………………………………………………… (201)

第十章　农业部门人力资本配置的门槛条件 ……………… (203)
第一节　农业人力资本配置的供给分析 …………………… (203)
第二节　农业人力资本配置的需求分析 …………………… (212)
第三节　人力资本农业配置的门槛条件 …………………… (218)
第四节　本章结论 …………………………………………… (227)

第五篇　现代农民成长的政策环境

第十一章　补偿性教育:农村人力资本供给增长政策 …… (231)
第一节　补偿性教育的含义及相关研究 …………………… (231)
第二节　补偿性教育分析模型 ……………………………… (233)
第三节　补偿性教育的最优化问题:个体决策 …………… (234)
第四节　补偿性教育的最优化问题:政府决策 …………… (235)
第五节　本章结论 …………………………………………… (240)

第十二章　人力资本的农业就业:需求管理政策考量 …… (241)
第一节　现行农业人力资本政策评价 ……………………… (242)
第二节　人力资本农业就业政策的目标和内容 …………… (245)
第三节　人力资本农业就业政策的效应评价 ……………… (248)
第四节　人力资本农业就业政策实施的条件与可行性 …… (251)
第五节　本章结论 …………………………………………… (254)

参考文献 ……………………………………………………… (256)

后　记 ………………………………………………………… (270)

前　言

在工业化、城镇化的进程中,中国农业劳动力转移呈现明显的择优性特征。未来谁种地?现代农业建设所需的新型农民如何形成?成为一个令人困惑和极富挑战性的研究课题。在工业化、城镇化引致的劳动力"逆淘汰"背景下,揭示现代农业合格生产经营主体的生成机制和成长路径,构成本书讨论的主题。

第一节　现代农民的识别:就业选择集合的视角

现代农民是传统农民的对称。定义现代农民,往往是通过其与传统农民的对比做出的。一般,人们通过特征性事实列举法来区分传统农民和现代农民。这一方法的突出问题是,难以形成对定义对象的内涵和外延相对确定的一致认识。本书则把关注点集中于——无论是传统农民还是现代农民,他们是如何成为农民的——这样一个本源性问题,从而形成对传统农民和现代农民本质特征的一种新认识。

传统农民之所以是农民,是因为他们出身就是农民。他们不是变为农民的,而是与生俱来即为农民。[1] 假定任何社会的劳动者都存在一个就业选择集合,那么,传统农民的这一集合是由单一机会构成的。由此可以说,"没有选择是整个(传统)农民生活的特点"[2]。传统农民单一就

---

[1]　[法]孟德拉斯,H.:《农民的终结》,李培林译,社会科学文献出版社2010年第2版,第138页。

[2]　同上书,第139页。

业选择机会的存在，从总体来看无疑受限于传统社会单一的农业产业结构；在个体特征上，则与他们缺乏对极其稀缺的非农就业机会的选择能力有关。单一选择机会下，传统农民务农不是自主选择的，劳碌终身的农民生涯并不是他们真正意义上的"职业"。①

现代农业建成于高度工业化和充分市场化的社会。其时，不仅存在着众多高生产率和高工资率的非农产业部门及其提供的大量就业机会，而且农业与其他产业以及各非农产业之间又存在着相互开放和可流动的劳动力市场。在这样的背景下，包括现代农民在内的任一劳动者的就业选择集合，就不再是一种单一结构，而是由众多选择机会组成的集束结构。此时，从事农业是劳动者在拥有多种就业机会前提下的一种自主选择。正因为这种选择性特征，现代农民成为一种"职业"。② 由于开放的劳动力市场的存在，非农就业收入构成现代农民职业的机会成本。因而，现代农民的稳定性就业，需要以获得与非农从业者大体均衡的收入作为前提条件。与传统农民相比，现代农民不再是低人一等的"身份"，也不是无可选择的"选择"，而是在现代产业体系中充满活力和拥有自主选择权利的市场主体。

第二节　现代农民的孕育：工业化参与中的选择就业

对于农民而言，工业化创造出了传统农业社会完全没有和性质完全不同的新的就业岗位。从产业类别来看，这些岗位既存在于采掘业、制造业和建筑业等第二产业，也存在于交通运输、批发零售、餐饮服务、金融房产和教育科技等大量第三产业；在空间分布上，这些岗位同时出现在城市正规部门、城市非正规部门和农村非农产业部门。工业化扩张必然形成对劳动力的巨大需求。在工业化发展的一定阶段，由于城市人口比重较小，非农生产函数中的劳动投入，主要依赖于农业转移劳动力

---

① 李培林：《村落的终结——羊城村的故事》，商务印书馆2004年版，第28页。
② 因为职业一般被认为是个人自主选择的结果（李培林：《村落的终结——羊城村的故事》，商务印书馆2004年版，第27页）。

来充任。另一方面，由于"工业主义的到来对劳动力的实际工资是十分有利的"①，非农部门的高工资率必然对农业劳动力转移就业形成激励。因此，农业劳动力的大规模非农就业，构成工业化进程的典型化事实。虽然工业化不能保证农民的农业就业，但它扩大了农民的就业选择集合，使传统农民向现代农民的转变迈出了一大步。

工业化的就业机会扩展效应终结了传统身份农民的存在。身份农民的存在需满足如下条件：农业之外没有其他可选择的高收益率的从业机会；或机会存在但由于制度性藩篱限制了选择；抑或缺乏对非农就业机会的选择能力。工业化恰恰是拆除传统农民"身份围城"的过程。它不但创造出大量非农就业机会；同时形成了日益开放和充分流动的城乡劳动力市场；还终将引致人口生产量质偏好转型，提高农民的人力资本水平。② 因此，伴随工业化进程，必然是身份农民的终结。这无疑是工业化不可忽略的革命意义所在——延续了几千年的农业文明在工业化面前衰亡了，"永恒的'农民精神'在我们眼前死去了……这是工业社会征服传统文明的最后一块地盘的最后战斗"③。同时，工业化结束了几千年来以"身份决定饭碗"的生存逻辑和职业选择规则。

第三节　现代农民的供给：人口转型与农民的代际优化

在非农产业部门，劳动者职业选择自由度的大小和职业稳定性的高低，与其人力资本正相关。那些具有吃苦耐劳精神但缺乏文化技能的离农谋业的农民工，其职业选择空间只能限定在低技术、低工资和临时性的非农次级劳动市场；若企望在高工资率且相对稳定的城市一级劳动市场寻得一份心仪的职业，唯有通过人力资本投资大幅度提高可跨越该类职业门槛的劳动技能和职业素质。④

---

① ［英］希克斯，约翰：《经济史理论》，厉以平译，商务印书馆1987年版，第135页。
② 人口生产转型的分析参见本前言第三节。
③ ［法］孟德拉斯，H.：《农民的终结》，李培林译，社会科学文献出版社2010年第2版，第12页。
④ 假设不存在排斥农业户籍劳动者在正规部门就业的制度性障碍。

作为理性经济人,农民对于工业化所显现的"能改变他们命运的经济良机不会无动于衷"①。短期,他们通过空间流动,寻求现有劳动的最优价格;长期,将逆转其家庭人口生产的量质偏好结构。即,面对城市劳动市场的就业规则,农民会增加其家庭成员特别是其子女的人力资本投资。这将导致农村人口生产的代际优化;若以补偿性人力资本政策②相配合,最终可实现城乡人口素质的趋同,使农村劳动力也成为一级劳动市场的竞争性就业者。那时的农民,"因其对自身人力资本的巨大投资而成为资本家"③了。根据贝克尔④的新家庭经济学,以及 Becker, Murphy & Tamura⑤、卢卡斯⑥和 Galor & Weil⑦等人的人口内生的经济增长理论,家庭人口生产的数量和质量方面存在着替代关系。这是因为,在收入增加和时间价值提高的情况下,一方面,人口生产的直接成本和机会成本增加;另一方面,家庭人口数量投资的贴现率远高于人口质量投资的贴现率。因此,"当家庭收入增加时,父母会选择少要一些孩子,用孩子的质量代替数量"⑧。工业化的就业机会扩展效应瓦解了身份农民生存的外部环境,而

---

① [美]舒尔茨、西奥多·W.:《报酬递增的源泉》,姚志勇、刘群艺译,北京大学出版社2001年版,第240页。

② 这里"补偿性"的含义是,首先消除教育、医疗服务和其他公共基础设施的城乡差异化制度设计,并在一定时期,出台加大教育机会供给等有利于加速农村人力资本积累的倾斜性扶持政策。

③ [美]舒尔茨、西奥多·W.:《报酬递增的源泉》,姚志勇、刘群艺译,北京大学出版社2001年版,第68页。

④ [美]贝克尔,加里·斯坦利:《家庭论》,王献生、王宇译,商务印书馆2005年版。

⑤ Becker, Gary S., Kevin M. Murphy and Mark M. Tamura: Human Capital, Fertility, and Economic Growth. *Journal of Political Economy*, 1990, Vol. 98, No. 5, 734–754.

⑥ [美]卢卡斯,小罗伯特·E.:《经济发展讲座》,施炜、谢兵、苏玉宏译,江苏人民出版社2003年版,第五章。

⑦ Galor, Oded and David N. Weil: Population, Technology, and Growth: From Malthusian Stagnation to the Demographic Transition and Beyond. *The American Economic Review*, Vol. 90, No. 4, September 2000, pp. 806–828.

⑧ [美]舒尔茨、西奥多·W.:《对人进行投资——人口质量经济学》,吴珠华译,首都经济贸易大学出版社2002年版,第6页。工业化的人口转型效应还表现在性别偏好的减弱。在低技术的传统经济中,男性偏好有其经济合理性;当知识和技术成为决定收入的关键因素时,家庭人口生产的性别偏好就会减弱;越是发达的经济环境,性别偏好越弱。(当代中国农村家庭性别偏好的变化,参见郭剑雄、刘琦《生育率下降与农村女孩教育的逆歧视性增长》,《思想战线》2013年第4期)

工业化的人口转型效应则根除了传统农民代际存续的自身条件。

第四节　现代农民的需求：农业的企业化和技术进步

工业化在扩展农民就业选择集合和逆转农村人口生产偏好的同时，亦将引致农业自身的系统性和结构性变化。（1）资源结构转变。随着劳动力大规模非农转移，劳动由过剩资源逐渐转变为稀缺性资源；由于劳动力的释放，劳均或户均土地装备率渐进提高；相对价格的变化使资本品成为农业产出增长的廉价源泉，资本作为劳动的替代资源大规模进入农业，逐渐成为影响农业产出的决定性因素。（2）技术类型升级。基于劳动的内卷化，传统农业以劳动密集型技术为适宜技术，该技术呈典型的报酬递减性质和低劳动生产率特征；资源结构的前述改变，资本密集型技术将演化为农业的典型技术，因土地（资本）劳动比的改善，该类技术应用的结果是劳动生产率的大幅度增长。工业化时期的技术进步机制与传统农业不同，"新技术直接来自实验室的研究"[1]，技术进步速率因此大大加快。（3）生产组织变迁。在资源结构和技术类型改变的基础上，农业生产组织的性质终将由产量最大化的生存型农业转向利润最大化的牟利型农业；由无成本核算的非市场化资源配置方式转向机会成本权衡和投入产出核算的市场化配置机制；由生产决策依赖于消费决策的生产消费一体化农户，转变为生产决策独立于消费决策的生产消费分离的农业企业。

农业部门的资本密集型技术进步，体现在新机器设备的广泛投入、新粮食品种的引进、新生产工艺的采用、产品质量和生态环境的绿色安全要求等方面。该类技术日渐显现技能偏态的特征，即新技术的应用要求相应技能的劳动力与之匹配。在技能偏态技术进步条件下，"人力资本的积累和实物资本的积累，二者是相互促进的"[2]，这将促使农业资源结

---

[1] ［法］孟德拉斯，H.：《农民的终结》，李培林译，社会科学文献出版社2010年第2版，第10页。

[2] ［美］弗里德曼，米尔顿、罗丝·弗里德曼：《自由选择》，张琦译，机械工业出版社2014年版，第22页。

构优化和技术进步的良性互动,提高农业技术的贡献率。农业的市场化和企业化转型,要求农业生产经营者必须具备农产品市场风险的评估和化解能力,差异化农产品的创新能力和市场开拓能力,生产要素的优化配置能力等企业家才能。该种才能成为市场经济中决定农业企业生存和成长的关键因素。新技术操作技能和企业家才能在农业生产经营中作用的彰显,将形成对农业人力资本的现实需求。这一需求在随着人力资本作用提高而增强的同时,必然伴生人力资本农业工资的"溢价"。

第五节 供给与需求的均衡:现代农民形成的门槛条件

在农业企业化转变和农业收益率显著增长的背景下,农业也将逐渐成长为一个人力资源的竞争性就业部门。(1)当农业企业化演进使企业家才能农业就业的回报率不小于其非农就业回报率时,农业经营就会成为企业家才能就业选择集合中的可行选择。农业企业家才能的供给主体,既包括农业规模化和市场化经营中成长起来的农民企业家,也包括部分接受高层次教育和培训以及非农就业训练的新生代农民,还可能将部分非农企业家吸纳进来[①]。(2)与企业家才能一样,农业技能劳动力的来源也涉及农村和非农两个部门,也包括"干中学"形成的实践型技能人才和通过正规教育和专业培训形成的知识型技能人才。其选择农业就业的条件,也是农业和非农两部门就业收益率的权衡[②]。(3)农业技术进步并不能实现资本对劳动的完全替代,即使在发达农业阶段,劳动仍将构成农业生产的基本投入。农业的企业化过程同时是农业从业者的职业分化

---

① 企业家型职业农民形成的条件,除具有企业家才能或经营管理企业的经验及专业知识外,还应是资本所有者:(1)有能力大规模和长期租赁土地;(2)有能力进行农业基础实施投入;(3)有能力投资现代农业生产工具;(4)有能力承担农业投资的沉没成本;(5)有能力支撑农业投资的长期回报;(6)有能力雇佣农业工人等。相应地,其农业职业门槛条件是:(1)企业家才能的农业经营回报率≥其企业家才能非农经营的回报率;(2)资本农业企业投资的回报率≥资本非农企业投资的回报率。

② 接受高层次教育的农村子女一般可以在城市一级劳动市场获得工作。因此,他们的农业就业应满足农业职业回报率≥非农一级市场职业回报率。

过程，有人以农业企业家为其主要职能，有人以专业技能主要从事农业技术服务，更多的人还需充任农业生产过程的一般劳动力。那些缺少企业家才能和技能专长的农村劳动力，虽然拥有在非农次级劳动市场打工的就业选择机会，但当其农业工资率大于等于打工工资率时，他们就会转身为农业工人。

农业企业化产生了对农业从业者的选择：并非出生在农村就可以成为农业企业家，经营农业首先取决于他们的农业经营才能；除非拥有专业技能，否则，即使出生在农村也不能享有农业技术进步和农业企业化带来的工资"溢价"；除上述两种途径以外，留在农村，只能成为农业工人或农业部门的临时性就业者。在工业化背景下，无论是农业企业家、农业技术劳动力还是农业工人，他们都至少拥有非农和农业两种就业机会构成的就业选择集合。此时从事农业，与他们是否出身于农民家庭关系不大，而主要是各自农业就业收入相对于其所放弃的非农就业机会成本占优的结果。此时，当农民[①]不再是与生俱来的一种命运安排，而是从业者和农业组织双向选择的结果。农民由此走向职业化或现代化。

第六节　现代农民成长的政策环境营造

本书研究表明，以农业企业家、农业专业技术人才为代表的现代农民的成长，首先是农民参与工业化和农业自身市场化的经济演化过程的自然结果。同时也必须强调，现代农民成长是特定农业发展政策的函数。顺应现代农民成长自然演化要求的农业发展政策，无疑有助于农业人力资本市场的健康发展和促进现代农民的顺利成长。促进现代农民成长的政策包括供给和需求两个方面。

农业人力资本供给增长政策。为了加速人力资本积累，提高农村人力资本水平，保持农业人力资本长期的代际的良性增长，对农村应实施"补偿性教育"政策。这主要包含两个方面：一是增加农村教育机会的供给；二是实行"优先扶持"，即在分配教育资源时对农村进行"弱势倾

---

① 此处的农民是农业企业家、农业技术劳动力和农业工人的合称。

斜"。主要内容包括：增加农村的生均教育支出，扭转长期以来的教育资源不均衡状态；针对不同农民需求，加大职业教育和培训；对一些农村特困地区和人口，通过教育基金、教育补助券等形式进行扶持，增加其教育支付能力。①

农业人力资本需求增长政策。促进人力资本农业就业的基本内容包括：加速土地流转，实现土地的规模化经营；培育企业化农业生产经营组织；动员和引导物质资本下乡，提高农业资本劳动比；加大农业基础设施建设投入，缩小城乡基础设施差距；加速农业技术进步，提高农业产出增长的技术效率；稳定农产品价格，对主要农产品实行保护等。该类政策由于能够降低单位农产品产出成本，促进生产者总产出和净收入的增长，以及引致农业与非农产业要素收益率的收敛变化，因而对农业发展和高素质劳动力的农业就业产生积极影响。处于工业化中后期的当代中国，已经具备了实施人力资本农业就业促进政策的条件和可行性。

---

① 必须指出的是，补偿性教育只是在农业发展尚没有形成足够的人力资本时所采取的政策，当农业发展到一定阶段，农业发展与人力资本形成良性循环时，人力资本量质转换完成，补偿性教育则失去其效力，届时农业发展人力资本收益率与非农部门收益率趋同，二元经济完成向一元化的转变。

第一篇

现代农民的识别与成长背景

第 一 章

工业化、选择性就业与农民的转型

第一节 现代农民成长问题的提出

将农业现代化和农民现代化（或农民职业化）视作"一枚硬币的两面"，大概不会被证伪。因为，无论在历史还是现实的经验事实中，尚难找出传统农民与现代农业、现代农民与传统农业交叉共生的例证。经过改革开放40年以来市场化、工业化和城镇化的成功推进，中国现代农业建设已由过去的远景规划转变为当下的具体实践。现代农民或职业农民[①]的形成和培育，成为当前和今后中国农业发展自然涵括且日益紧迫的一项任务。由于城乡部门的二元结构性质，农业劳动力的转移呈现明显的"择优性"特征。未来谁种地？农业现代转型所需要的新型农民如何形成？成为一个令人困惑和极富挑战性的研究课题。在工业化、城镇化引致的劳动力"逆淘汰"背景下，揭示现代农业合格生产经营主体的生成机制和成长路径，构成本书讨论的主题。

劳动力"逆淘汰"与农业现代化的冲突，触发了人们对现代职业农民形成问题的高度关注。关注点主要集中于：（一）现代农民或职业农民的内涵。学界对职业农民的界定有两种理论渊源。其一，党的十七大报告对有文化、懂技术和会经营的新型农民基本特征的概括被广泛认可。在此基础上，不同学者又从多维度对新型农民的本质做出引申：新型农

[①] 我们将现代农民、职业农民和新型农民视为同义，有时相互替代，有时交叉组合。它们都是传统农民的对称。

民是满足市场需求实现报酬最大化的市场主体[1]；新型农民的收入主要来自农业，且把农业作为终身职业[2]；新型农民是农业先进生产力的代表，是受社会尊重的高收入者[3]；他们还应当具有政治、法律、思想道德等素质和社会责任感[4]。其二，某些国外经典文献成为部分学者认知新型农民的理论工具。根据美国人类学家沃尔夫（Wolf，EricR.）关于传统农民（Peasantry）和职业农民（Farmer）的区别，认为职业农民的本质特征是超越了"身份"限制而获得自主择业的自由[5]。借鉴阿玛蒂亚·森（Amartya Sen）"发展即自由的扩展"的思想，主张新型农民成长的实质在于通过制度和立法扩大其选择权利和提高其可行能力[6]。（二）现代农民或职业农民形成的农业条件。加大对农业的支持和保护，使农业生产获得社会平均利润，使务农收入接近或相当于外出打工收入，是职业农民形成的前提[7]。分散的小农户经营只能产生兼业农民，较大经营规模基础上形成的家庭农场是新型职业农民的载体，为此，需要加速土地流转和稳定土地使用权制度[8]。（三）现代农民或职业农民的培育。职业农民的现

---

[1] 朱启臻、闻静超：《论新型职业农民及其培育》，《农业工程》2012年第3期；朱启臻：《新型职业农民与家庭农场》，《中国农业大学学报》2013年第2期；肖黎、刘纯阳：《新型农民培育的产品属性及其供给主体的行为分析》，《农业经济问题》2010年第3期。

[2] 朱启臻、闻静超：《论新型职业农民及其培育》，《农业工程》2012年第3期；朱启臻：《新型职业农民与家庭农场》，《中国农业大学学报》2013年第2期。

[3] 朱启臻、闻静超：《论新型职业农民及其培育》，《农业工程》2012年第3期；魏学文、刘文烈：《新型职业农民：内涵、特征与培育机制》，《农业经济》2013年第7期。

[4] 肖黎、刘纯阳：《新型农民培育的产品属性及其供给主体的行为分析》，《农业经济问题》2010年第3期；朱启臻、闻静超：《论新型职业农民及其培育》，《农业工程》2012年第3期。

[5] 赖作莲：《土地流转与职业农民教育——基于美、英、法、日等国的经验》，《经济研究导刊》2014年第22期；陈池波、韩战兵：《农村空心化、农民荒与职业农民培育》，《中国地质大学学报》2013年第1期。

[6] 李丙金、徐璋勇：《赋予选择权利和提高可行能力：新农村建设中新型农民培养的核心》，《西北大学学报》2012年第6期。

[7] 吴宏耀：《培育新型职业农民要提升农业吸引力》，《农民科技培训》2012年第5期。

[8] 朱启臻：《新型职业农民与家庭农场》，《中国农业大学学报》2013年第2期；张晓山：《家庭农场将培养出一批职业农民》，《农村工作通讯》2013年第6期；赖作莲：《土地流转与职业农民教育——基于美、英、法、日等国的经验》，《经济研究导刊》2014年第22期；曾福生、夏玉莲：《农地流转与新型农民培育研究——基于多项式分布滞后模型的实证研究》，《农业技术经济》2014年第6期；夏益国、宫春生：《粮食安全视域下农业适度规模经营与新型职业农民》，《农业经济问题》2015年第5期。

代技能和高素质是教育和培训投资形成的高价值和高生产率产品[1]。培育职业农民的主要途径包括基础教育、职业教育和技能培训[2]。职业农民的培育对象主要是新生代农民、种田能手和种田大户、城市回流农民[3]，大学生可否成为新型农民也进入研究者的视野[4]。（四）现代农民或职业农民培育政策包括：（1）政府主导的教育和培训。2012 年 8 月农业部印发《新型职业农民培育试点工作方案》，在全国范围内确定了 100 个县（市、区）开展培育试点；2014 年进一步将试点县规模扩大到 300 个。（2）建立以政府投入为主导、农业院校为主体、社会培训机构为补充、农场企业为基地的教育培训体系[5]。（3）建立职业技能鉴定和资格认证制度[6]，并认为发达国家职业农民培育的相关政策，可以为中国所借鉴[7]。

现有文献关于现代农民或职业农民研究有待深化的问题是：第一，对职业农民界定遵循的是现象描述基础上的特征归类法。依据该方法，难以形成对职业农民内涵和外延相对确定的一致认识。第二，关于职业农民形成和培育多于具体途径的陈述，缺乏对传统农民和现代农

---

[1] 肖黎、刘纯阳：《新型农民培育的产品属性及其供给主体的行为分析》，《农业经济问题》2010 年第 3 期。

[2] 白蕴芳：《农村劳动力外移背景下的新型农民培育》，《西北农林科技大学学报》2007 年第 1 期；朱启臻、闻静超：《论新型职业农民及其培育》，《农业工程》2012 年第 3 期。

[3] 陈池波、韩战兵：《农村空心化、农民荒与职业农民培育》，《中国地质大学学报》2013 年第 1 期；魏学文、刘文烈：《新型职业农民：内涵、特征与培育机制》，《农业经济》2013 年第 7 期；胡小平、李伟：《农村人口老龄化背景下新型职业农民培育问题研究》，《四川师范大学学报》（社会科学版）2014 年第 3 期。

[4] 赵培芳、李玉萍、金华旺、姚晓磊：《大学生入职新型职业农民意愿实证分析——基于山西省高校的调研》，《山西农业大学学报》（哲学社会科学版）2015 年第 5 期；郑兴明、曾宪禄：《农科类大学生能成为新型职业农民的主力军吗？——基于大学生农村基层服务意愿的实证分析》，《华中农业大学学报》（社会科学版）2015 年第 5 期。

[5] 魏学文、刘文烈：《新型职业农民：内涵、特征与培育机制》，《农业经济》2013 年第 7 期。

[6] 魏学文、刘文烈：《新型职业农民：内涵、特征与培育机制》，《农业经济》2013 年第 7 期；张春艳、韦子平：《改革创新体制机制，培育新职业农民——以安徽省为例》，《经济研究导刊》2014 年第 27 期。

[7] 张桃林：《新型职业农民，农业现代化发展的核心》，《农业·农村·农民》2012 年第 4B 期；叶俊焘、米松华：《新型职业农民培育的理论阐释、他国经验与创新路径》，《江西社会科学》2014 年第 4 期。

民本质差异临界条件的高度概括。我们企望简化对现代或职业农民本质特征和形成途径的认识。这一研究尝试基于如下考虑：如果说经济学是一门对于既定资源在各种可能的运用机会中做出最优选择的科学，那么，农民的现代化或职业化，是其做出这类选择的艺术的提高，还是其作为选择前提的机会的增多？换言之，相对于现代农民，传统农民是缺乏选择的艺术，还是缺乏选择的机会？对于这个问题，既有文献没有给出明确交代。我们的基本观点是，无论是传统农民还是现代农民，均满足理性经济人假设。农民的现代化，不是主要体现为其理性化程度的提高，而是其理性本质和理性能力对改变了的环境的适应。选择机会的变化对于现代农民形成的意义，构成本书与现有文献相关研究的差异化视角。

第二节　选择集合视角的传统农民和现代农民

基于状态特征归纳方法，可以列举出传统农民和现代农民的诸多重要区别：（1）收入水平和生产目标不同。传统农民处于勉强维持生存的"马尔萨斯陷阱"，其生产目标只能是保障生存的产出最大化。现代农民则可以获得与现代工商产业从业者大体均衡的收入；与工商企业一样，现代农业生产组织也是利润的追逐者。（2）生产手段和技术体系相异。传统农民的基本资源是土地和劳动。在人地关系日渐紧张的情形下，劳动密集化投入成为技术进步路径的合理选择。由于土地报酬递减规律的强约束，该类技术呈现长期均衡状态。现代农民的关键资源是物质资本和人力资本，广义资本[①]的密集化配置成为现代农业技术体系的基本特征。人力资本规模报酬的递增性质，决定了现代农业技术进步的内生性和动态性。同时，由于劳动力的大规模非农转移，微观层面的土地约束减除；资本相对价格的下降，导致资本对劳动的大规模替代。（3）生产组织与经营制度有别。传统农民的生产组织是非企业性质的家庭，生产规模小，生产决策主要依附于其消费决策，因而他们仅与不完全的市场

---

① 广义资本是物质资本和人力资本的合称。

发生有限的联系。现代农民的典型生产组织是企业化农场①，该生产组织具有高土地装备率和高资本装备率的大规模生产特征。现代农民的生产经营完全商业化或市场化，其生产决策完全独立于自身的消费决策。此外，文化因素、政治品性和理性化程度等，也成为人们观察传统农民和现代农民广泛差异的视角②。

上述几个方面并未穷尽传统农民和现代农民的差异。只要愿意，可以给出二者之间差别的一个更长的清单。如果把关注点集中于——无论是传统农民还是现代农民，他们是如何成为农民的？——这样一个本源性问题，不仅能够大大简化对传统农民与现代农民差异的认识，而且形成的结论较前述方法更加接近于事物的本质。

回答传统农民的形成问题并不困难。第一，传统农民之所以是农民，

---

① 包括家庭农场、合作农场和公司化农场等。

② 许多学者给传统农民贴上了诸多异类的文化的或政治的标签。(1) 规避风险者："最低收入水平和关于这一水平的最大可接受风险两者被称为安全第一的经验法则"（[英]艾利思，弗兰克：《农民经济学》，胡景北译，上海人民出版社 2006 年版，第 98 页）。"注重生存问题的农民……在应付风险方面余地有限"（[美]斯科特，詹姆斯·C.：《农民的道义经济学：东南亚的反叛与生存》，程立显、刘建等译，译林出版社 2001 年版，第 31 页）。(2) 依附性："……'安全第一'的原则，体现在前资本主义的农民秩序的……社会的和道德的安排中，……它们……意味着一切人都有权利依靠本村的资源而活着，而这种活着的取得，常常要以丧失身份和自主性为代价"（[美]斯科特，詹姆斯·C.：《农民的道义经济学：东南亚的反叛与生存》，程立显、刘建等译，译林出版社 2001 年版，第 6—7 页）。"只有当田人受制于他们之外的社会阶层的权势者的需要和制裁的时候，我们才能够恰当地说他们是农民"（Woif, 1966. 转引自 [英]艾利思，弗兰克：《农民经济学》，上海人民出版社 2006 年版，第 5 页）。(3) 平均主义和激进主义的生存伦理："在大多数前资本主义的农业社会里，对食物短缺的恐惧，产生了'生存伦理'"，虽然这种生存伦理"并不意味着绝对平均主义"，但"农民的社会公正概念可以从互惠主义规划和生存权利中引申出来"（[美]斯科特，詹姆斯·C.：《农民的道义经济学：东南亚的反叛与生存》，程立显、刘建等译，译林出版社 2001 年版，第 3、6、14 页）。由于生存安全的威胁，"激进主义的主要社会基础一直是农民和城镇小手工业工人"（[美]斯科特，詹姆斯·C.：《农民的道义经济学：东南亚的反叛与生存》，程立显、刘建等译，译林出版社 2001 年版，第 247 页）。(4) 另类理性的争议：几乎在所有经典社会学家的论述中，农民的价值取向和群体特征都被作为与现代理性相对立的另一极（李培林：《村落的终结——羊城村的故事》，商务印书馆 2004 年版，第 66 页）。恰亚诺夫和斯科特也认为，小农所具有的仅仅是一种生存理性，他们与熊彼特式的企业家完全不同，对于新古典经济学的收益最大化几乎没有计算的机会。舒尔茨对经济学的重要贡献之一，是他大大弱化了农民另类理性观点的影响。

是因为他们出身就是农民。他们不是变为农民的，而是与生俱来即为农民[1]。第二，传统农民可否选择不做农民？机会并非完全没有，比如做小手工商业者，或通过科举进入社会权力系统，但这种机会极少[2]，对于绝大多数甚或90%以上的人来说，只能命定当农民。假定任何社会的劳动者都存在一个就业选择集合，那么，传统农民的这一集合是由单一机会构成的。由此可以说，"没有选择是整个（传统）农民生活的特点"[3]。传统农民单一就业选择机会的存在，从总体来看无疑受限于传统社会单一的农业产业结构；在个体特征上，则与他们缺乏对极其稀缺的非农就业机会的选择能力有关。在单一选择机会下，传统农民的从业与现代农民和其他现代产业的劳动者的就业是不同的：其一，他们没有从业年龄限制，没有工龄计算和退休年龄规定，具有劳动能力的一生，都是其务农生涯。其二，他们没有就业门槛，也不存在所谓"失业"问题。其三，没有适用于他们的最低工资法和劳动保护法规。其四，务农不是自主选择的，因而劳碌终身的农民生涯并不是他们真正意义上的"职业"[4]。

现代农业建成于高度工业化和充分市场化的社会。其时，不仅存在着众多高生产率和高工资率的非农产业部门及其提供的大量就业机会，而且农业与其他产业以及各非农产业之间又存在着相互开放和可流动的劳动力市场。在这样的背景下，包括现代农民在内的任一劳动者的就业选择集合，就不再是一种单一结构，而是由众多选择机会组成的集束结构。此时，从事农业是劳动者在拥有多种就业机会前提下的一种自主选择。正因为这种选择性特征，现代农民成为一种"职业"[5]。由于开放的

---

[1] ［法］孟德拉斯，H.：《农民的终结》，李培林译，社会科学文献出版社2010年第2版，第138页。

[2] 由于传统经济的自给自足性质，非农市场是极其狭小的，公共管理事务亦较单纯，因而非农职业机会极少。

[3] ［法］孟德拉斯，H.：《农民的终结》，李培林译，社会科学文献出版社2010年第2版，第139页。

[4] 李培林：《村落的终结——羊城村的故事》，商务印书馆2004年版，第28页。

[5] 因为职业一般被认为是个人自主选择的结果（李培林：《村落的终结——羊城村的故事》，商务印书馆2004年版，第27页）。

劳动力市场的存在，非农就业收入构成现代农民职业的机会成本。因而，现代农民的稳定性就业，需要以获得与非农产业从业者大体均衡的收入作为前提条件。与传统农民相比，现代农民不再是低人一等的"身份"，也不是无可选择的"选择"，而是在现代产业体系中充满活力和拥有自主选择权利的市场主体。

第三节 工业化与农民的选择性就业

一 工业化与身份农民的终结

从经济结构演变的角度观察，工业化是以现代工业和现代服务业表征的新兴产业兴起和大规模扩张的社会经济结构再造过程[①]。工业化的结构效应表现在，产业和产品种类的横向裂变式分列[②]；各产业及各产品生产环节的纵向链条式分层；以及通过供给和需求建立起来的各产业类别和各产业层次的网络化联系。工业化的这种结构效应源于专业化分工的充分发展。"当交易效率低下时，人们必须自给自足，由于在自给自足的状态下，每人有限的时间不能用来生产太多种产品，所以产品种类很少。当交易效率上升时，专业化和消费品种类可以通过不同种专家之间的分工同时上升。"[③] 杨小凯指出，"分工的网络效应使市场大小与分工程度相互依赖"[④]。就是说，专业化分工的充分发展使得任何产业都不能离开其他产业独立存在。产业结构越复杂，产业之间的联系越紧密。因而伴随工业化过程，是日益开放和不断扩大的网络化市场体系的形成，是产业之间产品和要素的充分流动。

对于农民而言，工业化创造出了传统农业社会完全没有的且性质完

[①] 希克斯指出："工业革命是现代工业的兴起而不是工业本身的兴起。"（[英] 希克斯，约翰：《经济史理论》，厉以平译，商务印书馆1987年版，第128页）

[②] 具体表现在（1）三大产业部门的分列，（2）产业内产品种类的增多和专业化生产，（3）产品零部件的专业化生产，（4）生产工艺的专业化，（5）生产服务的专业化等方面。

[③] 杨小凯：《分工与专业化》，载汤敏、茅于轼主编《现代经济学前沿专题（第三辑）》，商务印书馆1999年版，第32页。

[④] 同上书，第21页。

全不同的就业岗位。从产业类别来看，这些岗位既存在于采掘业、制造业和建筑业等第二产业，也存在于交通运输、批发零售、金融房产、教育科技等大量第三产业；在空间分布上，这些岗位同时出现在城市正规部门、城市非正规部门和农村非农产业部门。工业化扩张必然形成对劳动力的巨大需求。在工业化发展的一定阶段，由于城市人口比重较小，非农生产函数中的劳动投入，主要依赖于农业转移劳动力来充任。另一方面，由于"工业主义的到来对劳动力的实际工资是十分有利的"①，非农部门的高工资率必然对农业劳动力转移就业形成激励。因此，农业劳动力的大规模非农就业，构成工业化进程的典型化事实。2013年，中国转移就业的农民工总量达26894万人②，与同年第一产业24171万人③的就业量折算，非农就业比重占52.8%。城乡收入的巨大差距表明，中国的劳动力非农转移过程尚未完成。

身份农民的生成需满足如下条件：农业之外没有其他可选择的高收益率从业机会；或机会存在但由于制度性藩篱限制了选择；抑或缺乏对非农就业机会的选择能力。工业化恰恰是拆除传统农民"身份围城"的过程。它不但创造出大量非农就业机会；同时形成了日益开放和充分流动的城乡劳动市场；还终将引致人口生产量质偏好转型，提高农民的人力资本水平④。因此，伴随工业化进程，必然是身份农民的终结。这无疑是工业化不可忽略的革命意义所在——延续了几千年的农业文明在工业化面前衰亡了，"永恒的'农民精神'在我们眼前死去了……这是工业社会征服传统文明的最后一块地盘的最后战斗"⑤。同时，工业化结束了几千年来以"身份决定饭碗"的生存逻辑和职业选择规则。需要强调的是，身份农民的改变一定是其自愿选择的结果，任何非自愿或强制改变

---

① ［英］希克斯，约翰：《经济史理论》，厉以平译，商务印书馆1987年版，第135页。
② 数据来源：中华人民共和国农业部：《2014中国农业发展报告》，中国农业出版社2014年版，第125页。
③ 数据来源：国家统计局农村社会经济调查司：《2014中国农村统计年鉴》，中国统计出版社2014年版，第27页。
④ 人口生产转型的分析参见本章第四节。
⑤ ［法］孟德拉斯，H.：《农民的终结》，李培林译，社会科学文献出版社2010年第2版，第12页。

农民身份的对策,尽管出于良好的动机,也不能被视为工业文明精神的体现。

二 二元劳动市场下农户的选择就业模型

在工业化背景下,对于农民而言,假设:(1)存在农业和非农产业两类就业市场,两类市场之间不存在劳动力流动的制度性障碍。(2)由于劳动力转移带来的人地比例关系的变化,农业部门存在着土地流转市场。(3)农户有多个劳动力。因先天禀赋和后天投资的差异,不同劳动力之间人力资本不同。为分析方便,设农户有 A、B、C 三个劳动力,其中人力资本水平 C 高于 B,B 又高于 A。(4)农业仍属传统部门,其技术呈非技能偏态性质[①],因此每个劳动力的劳动生产率相同;由于土地流转市场的存在,农业劳动力的边际生产率不变。(5)非农部门内的不同产业或不同就业岗位的技术效率不同,就业门槛不同,工资水平也不同,且工资水平是人力资本的正函数。(6)农户劳动力配置的目标是家庭收入(效用)最大化,户内个体劳动力的效用函数统一于家庭效用函数。

当存在农业和非农产业两类就业市场时,农户劳动力的选择就业模型可借助图1—1做出说明。图1—1中的纵轴度量实际收入,横轴刻画累加的家庭劳动时间。$O-TPP$ 线是农业生产函数,因劳动边际生产率不变,其为直线。$O-W$ 线是非农工资函数,由于不同劳动力的能力不同,各劳动力的工资率不同。家庭收入的最大化需满足农业劳动边际生产率(MPP)等于非农就业工资率(w)这一均衡原则。若 MPP 大于 w,家庭劳动配置于农业部门,相反,则配置于非农部门。图1—1中,静态条件下,家庭劳动配置最优点为 E,此时,仅有 C 选择非农就业;当非农工资函数改变为 mm' 时,家庭劳动配置最优点则为 D,非农工资率的提高导致 B、C 均离农就业。

[①] 非技能偏态技术是指,不依赖于劳动者经过专门培训或支付成本获得的技能而使用的技术。

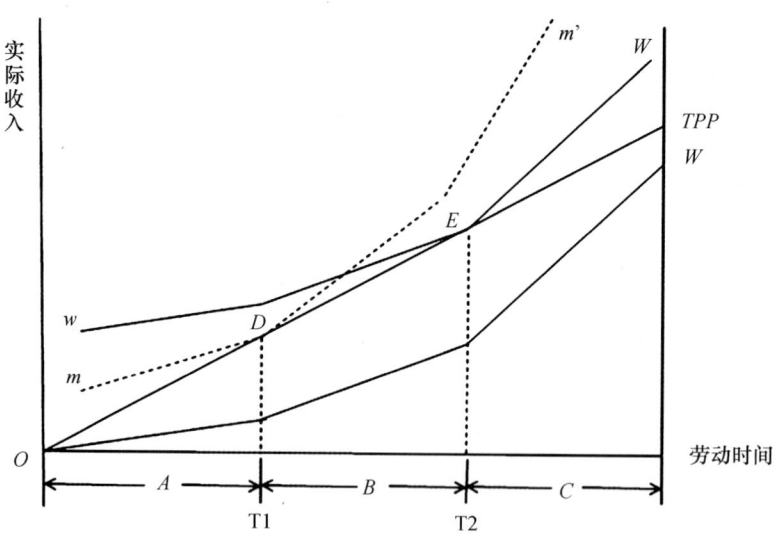

图1—1 农户劳动力选择性就业模型

第四节 农民选择性就业能力的适应性调整

区别于传统农业,工业化中的非农产业呈现明显的异质化特征——不同产业及产业内不同企业的资本装备率不同;技术类别和技术水平不同;劳动生产率和工资率也不相同。由于竞争性市场机制的作用,工业化中的非农产业组织往往又处于资源结构调整、经营方式转换和技术手段改进的动态化成长过程。大量经验事实表明,异质化和动态化的非农产业部门的就业,是完全不同于传统农业的一种择强汰弱[①]的非道义游戏。劳动者职业选择自由度的大小和职业稳定性的高低,与其人力资本正相关。那些具有吃苦耐劳精神但缺乏文化技能的离农谋业的农民工,其职业选择空间只能限定在低技术、低工资和临时性的非农次级劳动市场;若企望在高工资率且相对稳定的城市一级劳动市场寻得一份心仪的职业,唯有通过人力资本投资大幅度提高可跨越该类职业门槛的劳动技

---

① 此处的强弱仅指专业知识和技术能力的差别。

能和职业素质①。

面对新的就业环境，农民将做出何种反应，是无奈坚守，还是适应性改变？这取决于农民是否满足理性经济人假设。在舒尔茨看来，"全世界的农民都在与成本、利润和风险打交道，从这一角度讲，他们都是时刻在算计个人收益的经济人。在自己那小小的、个人的和进行资源配置的领域里，这些农民都是企业家"②。尽管学界曾有过争议③，但在舒尔茨之后，农民理性人假设被普遍认可。

作为理性经济人，农民对于工业化所显现的"能改变他们命运的经济良机不会无动于衷"④。短期，他们通过空间流动，寻求现有劳动的最优价格；长期，将逆转其家庭人口生产的量质偏好结构。即，面对城市劳动市场的就业规则，农民会增加其家庭成员特别是其子女的人力资本投资。这将导致农村人口生产的代际优化；若以补偿性人力资本政策⑤相配合，最终可实现城乡人口素质的趋同，使农村劳动力也成为一级劳动市场的竞争性就业者。那时的农民，"因其对自身人力资本的巨大投资而成为资本家"⑥了。根据贝克尔⑦的新家庭经济学，以及 Becker，Murphy & Tamura⑧、卢卡

---

① 假设不存在排斥农业户籍劳动者在正规部门就业的制度性障碍。
② [美]舒尔茨、西奥多·W.：《对人进行投资——人口质量经济学》，吴珠华译，首都经济贸易大学出版社 2002 年版，第 9 页。
③ 参见 [俄]恰亚诺夫，A.《农民经济组织》，萧正洪译，中央编译出版社 1996 年版；[美]斯科特，詹姆斯·C.《农民的道义经济学：东南亚的反叛与生存》，程立显、刘建等译，译林出版社 2001 年版。
④ [美]舒尔茨、西奥多·W.：《报酬递增的源泉》，姚志勇、刘群艺译，北京大学出版社 2001 年版，第 240 页。
⑤ 这里"补偿性"的含义是，首先消除教育、医疗服务和其他公共基础设施的城乡差异化制度设计，并在一定时期，出台加大教育机会供给等有利于加速农村人力资本积累的倾斜性扶持政策。
⑥ [美]舒尔茨、西奥多·W.：《报酬递增的源泉》，姚志勇、刘群艺译，北京大学出版社 2001 年版，第 68 页。
⑦ [美]贝克尔，加里·斯坦利：《家庭论》，王献生、王宇译，商务印书馆 2005 年版。
⑧ Becker, Gary S., Kevin M. Murphy and Mark M. Tamura: Human Capital, Fertility, and Economic Growth. *Journal of Political Economy*, 1990, Vol. 98, No. 5, 734-754.

斯①和 Galor & Weil②等人的人口内生的经济增长理论，家庭人口生产的数量和质量方面存在着替代关系。这是因为，在收入增加和时间价值提高的情况下，一方面，人口生产的直接成本和机会成本增加；另一方面，家庭人口数量投资的贴现率远大于人口质量投资的贴现率。因此，"当家庭收入增加时，父母会选择少要一些孩子，用孩子的质量代替数量"③。工业化的劳动市场扩展效应瓦解了身份农民生存的外部环境，而工业化的人口转型效应则根除了传统农民代际存续的自身条件。

工业化进程中的人口生产量质偏好转型，可以为工业化国家（地区）的大量经验事实所证实。图1—2中显示，在20世纪不同时期的10多年间，美国、英国、日本和中国台湾地区的受教育人数大幅度增长的同时，其生育率均显著下降。经历最近40年高速工业化和市场化，中国农村人口生产也纳入了量质偏好逆转的轨道。从1990年到2012年，中国农村劳动力平均受教育年数由6.41年提高至8.38年，出生率则由21.06‰下降到12.08‰（见表1—1）④。人口转型的结果之一是农业劳动力人力资本的提升。根据美国农业部的研究报告，1985年，美国农场主中完成8年以下教育的人数只占农场主总数的13.3%，完成8—12年的占10.9%，完成12年以上教育的人数占到75.5%。参加农业劳动的家庭劳动力的文化水平更高，上述三个类别的比例分别为9.6%、13.4%和77.1%。农场主受教育年数的中位数是12.6年。⑤

---

① ［美］卢卡斯，小罗伯特·E.：《经济发展讲座》，江苏人民出版社2003年版，第五章。
② Galor, Oded and David N. Weil: Population, Technology, and Growth: From Malthusian Stagnation to the Demographic Transition and Beyond. *The American Economic Review*, Vol. 90, No. 4, September 2000, pp. 806–828.
③ ［美］舒尔茨、西奥多·W.：《对人进行投资——人口质量经济学》，吴珠华译，首都经济贸易大学出版社2002年版，第6页。工业化的人口转型效应还表现在性别偏好的减弱。在低技术的传统经济中，男性偏好有其经济合理性；当知识和技术成为决定收入的关键因素时，家庭人口生产的性别偏好就会减弱；越是发达的经济环境，性别偏好越弱。（当代中国农村家庭性别偏好的变化，参见郭剑雄、刘琦《生育率下降与农村女孩教育的逆歧视性增长》，《思想战线》2013年第4期。）
④ 此处生育率是城乡平均数据。关于中国农村人口生产转型的原因分析，参见刘琦、郭剑雄《人口生产数量偏好向质量偏好的转变》，《西北师范大学学报》2013年第5期。
⑤ 徐更生：《美国农业政策》，经济管理出版社2007年版，第174页。

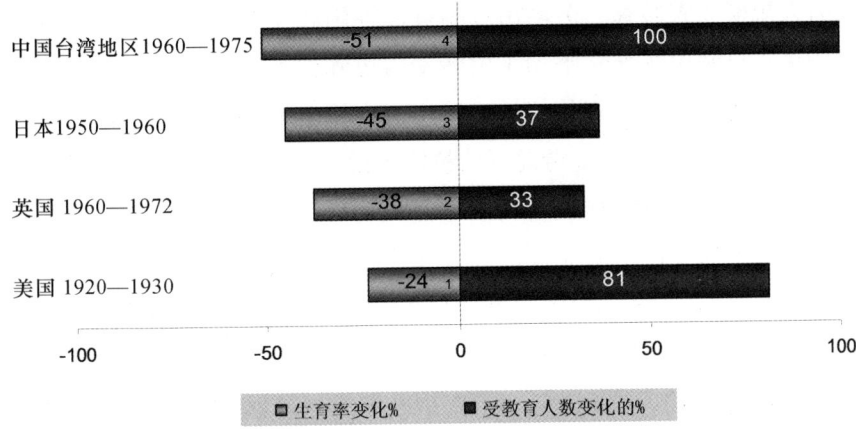

图1—2 若干国家（地区）不同历史时期的生育率和受教育水平的变化

说明：图中生育率的变化均为负，美国、英国是15—44岁妇女的出生率，日本、中国台湾地区是15—49岁妇女的总和生育率；受教育人数的变化率均为正，美国为在中学注册的14—17岁的人数，日本为完成初中教育的25—34岁的人数，中国台湾地区为完成高中教育的25—34岁的人数，英国是有文化的男性人数。

数据来源：［美］贝克尔，加里·斯坦利：《家庭论》，王献生、王宇译，商务印书馆2005年版，第177—180页。

表1—1　　　　　　　　中国农村居民家庭的人口转型

年份	出生率（城乡平均)‰	农村居民家庭劳动力文化状况　年
1990	21.06	6.41
2000	14.03	7.75
2012	12.08	8.38

说明：农村居民出生率用全国平均数替代。

数据来源：生育率数据来源于国家统计局人口和就业统计司《中国人口和就业统计年鉴2014》，中国统计出版社2014年版，第8页；农村居民家庭劳动力文化状况数据来源于国家统计局《中国农村统计年鉴2014》，中国统计出版社2014年版，第29页。

第五节　农业的企业化与农民的职业化

工业化在扩展农民就业选择集合和逆转农村人口生产偏好的同时，

亦将引致农业自身的系统性和结构性变化①。(1) 资源结构转变。随着劳动力大规模非农转移，劳动由过剩资源逐渐转变为稀缺性资源，劳动报酬的决定机制由制度性平均工资转变为边际生产力方程；由于劳动力的释放，微观上土地约束的放松，劳均或户均土地装备率渐进提高，最终"相对于机械设备和农业劳动者的技能来说，土地变成一种不太重要的生产资料"②；相对价格的变化使资本品成为农业产出增长的廉价源泉，资本作为劳动的替代资源大规模进入农业，逐渐成为影响农业产出的决定性因素③；农业生产函数中的投入变量相应地由土地、劳动转换为资本和劳动，亦即由古典形式转变为新古典形式。(2) 技术类型升级。基于劳动的内卷化，传统农业以劳动密集型技术为适宜技术，该技术呈现典型的报酬递减性质和低劳动生产率特征；资源结构的前述改变，资本密集型技术将演化为工业化农业的典型技术，虽然资本仍服从报酬递减律，但因土地—劳动比和资本—劳动比的改善，该类技术应用的结果是劳动生产率的大幅度增长。工业化时期的技术进步机制与传统农业完全不同，"新技术直接来自实验室的研究，而不是来自农业劳动者的摸索"④。"……人类智慧的有组织的创造力已经成为一种生产力，足以补偿土地和自然资源的种种局限"⑤。技术进步速率因此大大加快，"这个世界从工业革命以来区别于以往世界的不同点就是，它把科学和技术系统地、经常

---

① 需要注意，农业自身变化对工业化影响的反映有一个滞后期。"未参加第一次工业革命和资本主义体系的农业是带着前机械化的和前资本主义的社会结构进入工业社会的"（［法］孟德拉斯，H.：《农民的终结》，李培林译，社会科学文献出版社 2010 年第 2 版，第 10 页），只有工业化推进到一定阶段，农业的结构性变化才会充分显现。

② ［法］孟德拉斯，H.：《农民的终结》，李培林译，社会科学文献出版社 2010 年第 2 版，第 192—193 页。

③ "劳动者数量的减少和土地的集中将要求大量的投资，以便改造和装备企业"（［法］孟德拉斯，H.：《农民的终结》，李培林译，社会科学文献出版社 2010 年版，第 202 页）。结果是"农业较迟地经历着第二次工业革命……借助于拖拉机和联合收割机、内燃机使机器作用于固定的劳动资料上，从而战胜了空间的约束"（［法］孟德拉斯，H.：《农民的终结》，李培林译，社会科学文献出版社 2010 年第 2 版，第 9 页）。

④ ［法］孟德拉斯，H.：《农民的终结》，李培林译，社会科学文献出版社 2010 年第 2 版，第 10 页。

⑤ ［美］罗斯托，W. W.：《这一切是怎么开始的——现代经济的起源》，黄其祥、纪坚博译，商务印书馆 2014 年版，第 6 页。

地、逐步地应用于商品生产和服务业方面"①。(3) 生产组织变迁。在资源结构和技术类型改变的基础上，农业生产组织的性质终将由产量最大化的生存型农业转向利润最大化的牟利型农业；由无成本核算的非市场化资源配置方式转向机会成本权衡和投入产出核算的市场化配置机制；由生产决策依赖于消费决策的生产—消费一体化农户，转变为生产决策独立于消费决策的生产—消费分离的农业企业。概言之，"'工业化'这个词意味着农业在自身现代化过程中将追随工业的足迹"②。

农业部门的资本密集型技术进步，体现在新机器设备的广泛投入，新粮食品种的引进，新生产工艺的采用，产品质量和生态环境的绿色安全要求等方面。该类技术日渐显现技能偏态的特征，即新技术的应用要求相应技能的劳动力与之匹配。正如舒尔茨指出的，"一般来说，在技术上优越的生产要素是农业增长的一个主要源泉的地方，就要考虑教育的重要性。"③"许多新的要素只有在农民进行很繁杂的技术变更之后才会有收益。这就要求农民了解信息，并学习新技术。"④ 在技能偏态技术进步条件下，"人力资本的积累和实物资本的积累，二者是相互促进的"⑤，这将促使农业资源结构优化和技术进步的良性互动，提高农业技术的贡献率。更为重要的是，"农业中人发挥的作用遵从报酬递增率"⑥，这构成农业可持续增长的源泉。农业的市场化和企业化转型，要求农业生产经营者必须具备农产品市场风险的评估和化解能力，差异化农产品的创新能力和市场开拓能力，生产要素的优化配置能力等企业家才能。该种才能

---

① [美] 罗斯托，W. W.：《这一切是怎么开始的——现代经济的起源》，黄其祥、纪坚博译，商务印书馆2014年版，第5—6页。

② [法] 孟德拉斯，H.：《农民的终结》，李培林译，社会科学文献出版社2010年第2版，第10页。

③ [美] 舒尔茨、西奥多·W.：《改造传统农业》，梁小民译，商务印书馆1987年版，第142页。

④ [美] 舒尔茨、西奥多·W.：《报酬递增的源泉》，姚志勇、刘群艺译，北京大学出版社2001年版，第209页。

⑤ [美] 弗里德曼，米尔顿、罗丝·弗里德曼：《自由选择》，张琦译，机械工业出版社2014年版，第22页。

⑥ 参见马歇尔《经济学原理》第五篇，第十章，第8节，转引自 [美] 舒尔茨、西奥多·W.《报酬递增的源泉》，姚志勇、刘群艺译，北京大学出版社2001年版，第19页。

成为市场经济中决定农业企业生存和成长的关键因素。"在决定谁能生存下来时,教育的效应非常显著,它提高了应对农业生产变化的能力。"[①]新技术操作技能和企业家才能在农业生产经营中作用的显现,将形成对农业人力资本的现实需求。这一需求在随着人力资本作用提高而增强的同时,必然伴生人力资本农业工资的"溢价"——相对于农业普通劳动力工资的显著增长,以及相对于非农就业工资差距的收敛直至趋同。

在农业企业化转变和农业收益率显著增长的背景下,农业也将逐渐成长为一个人力资源的竞争性就业部门。(1)企业家才能的农业就业。当农业企业化演进使企业家才能农业就业的回报率不小于其非农就业回报率时,农业经营就会成为企业家才能就业选择集合中的可行选择。农业企业家才能的供给主体,既包括农业规模化和市场化经营中成长起来的农民企业家,也包括部分接受高层次教育和培训以及非农就业训练的新生代农民,还可能将部分非农企业家吸纳进来——因为进入工业化后期,低端产业利润空间在缩小[②]。(2)技能劳动力的农业就业。与企业家才能一样,农业技能劳动力的来源也涉及农村和非农两个部门[③],也包括"干中学"形成的实践型技能人才和通过正规教育和专业培训形成的知识型技能人才。其选择农业就业的条件,也是农业和非农产业两部门就业收益率的权衡[④]。(3)农业工人的形成。农业技术进步并不能实现资本对劳动的完全替代,即使在发达农业阶段,劳动仍将构成农业生产的基本投入。农业的企业化过程同时是农业从业者的职业分化过程,有人以农

[①] [美] 舒尔茨、西奥多·W.:《报酬递增的源泉》,姚志勇、刘群艺译,北京大学出版社2001年版,第51页。

[②] 企业家型职业农民形成的条件,除具有企业家才能或经营管理企业的经验及专业知识外,还应是资本所有者:(1)有能力大规模和长期租赁土地;(2)有能力进行农业基础实施投入;(3)有能力投资现代农业生产工具;(4)有能力承担农业投资的沉没成本;(5)有能力支撑农业投资的长期回报;(6)有能力雇佣农业工人等。相应地,其农业职业门槛条件是:(1)企业家才能的农业经营回报率≥其企业家才能非农经营的回报率;(2)资本农业企业投资的回报率≥资本非农企业投资的回报率。

[③] "具有高度教育水平的城市人在农业现代化中比教育水平低的农民要有利。"([美]舒尔茨、西奥多·W.:《改造传统农业》,梁小民译,商务印书馆1987年版,第142页)

[④] 接受高层次教育的农村子女一般可以在城市一级劳动市场获得工作。因此,他们的农业就业应满足农业职业回报率≥非农一级市场职业回报率。

业企业家为其主要职能，有人以专业技能主要从事农业技术服务，更多的人还需充任农业生产过程的一般劳动力。人口生产转型无疑可以提高农村劳动者的平均受教育程度，但不能保障每个劳动者获得相同的人力资本水平和无差异的就业机会。那些缺少企业家才能和技能专长的农村劳动力，虽然拥有在非农次级劳动市场打工的就业选择机会，但当其农业工资率大于等于打工工资率时，他们就会转身为农业工人。

以上分析表明，农业企业化产生了对农业从业者的选择：并非出生在农村就可以成为农业企业家，经营农业首先取决于他们的农业经营才能；除非拥有专业技能，否则，即使出生在农村也不能享有农业技术进步和农业企业化带来的工资"溢价"；除上述两种途径以外，留在农村，只能成为农业工人或农业部门的临时性就业者。在工业化背景下，无论是农业企业家、农业技术劳动力还是农业工人，他们都至少拥有非农和农业两种就业机会构成的就业选择集合。此时从事农业，与他们是否出身于农民家庭关系不大，而主要是各自农业就业收入相对于其所放弃的非农就业机会成本占优的结果。此时，当农民①不再是与生俱来的一种命运安排，而是从业者和农业组织双向选择的结果。农民由此走向职业化或现代化。

第六节　本章结论

农民的现代化发端于现代工业和现代服务业大规模兴起的工业化进程。其时，不仅衍生出众多高生产率和高工资率的非农产业部门及其提供的大量就业机会，而且农业与其他产业以及各非农产业之间又存在着相互开放和可流动的劳动力市场。与传统农民不同，处于工业化进程中的农民的就业选择集合不再是一种单一结构，而是由众多选择机会组成的集束结构。作为理性经济人，农民对于工业化所显现的能改变他们命运的经济机会不会无动于衷。短期，他们通过空间流动，寻求现有劳动的最优价格；长期，为适应城市劳动市场的就业规则，则将逆转其家庭

---

① 此处的农民是农业企业家、农业技术劳动力和农业工人的合称。

人口生产的量质偏好结构，实现人口生产的代际优化和乡城人口素质的趋同，使农村劳动力有能力成为现代高收益率部门的竞争性就业者。工业化进程同时也是农业自身资源结构、技术体系和组织形态的系统性和结构性变化过程。这一变化最终可将农业改造成为一个高工资率的现代产业部门。当农业工资率大于等于非农工资率时，从业务农就可以是劳动者在拥有多种就业机会前提下的一种自主选择。此时的农民，不再是低人一等的"身份"，也不是无可选择的"选择"，而是在现代产业体系中拥有自主选择权利和高收入水准的市场主体之一。工业化的劳动市场扩展效应瓦解了身份农民生存的外部环境，工业化的人口转型效应则根除了传统农民代际存续的自身条件，而农业的企业化进一步把农民变成了一种自愿选择的职业[①]。

如果说农民的职业化取决于工业化进程中的非农就业市场拓展、人口生产量质偏好转型以及农业企业化的系统性和关联性变化，那么，促进职业农民形成的政策就应当从助推上述三个方面的积极变化着眼。首先，从当今中国经济发展的实际来看，农业部门远未形成农业就业收益率大于等于非农就业收益率的劳动力优先选择的门槛条件。为此，加速农业企业化转变的相关对策应当构成农民职业化政策的最主要内容。其次，农业的企业化依赖于农业劳动力的充分转移，制约当前中国农民非农转移的一个突出因素是其非农就业能力不足。针对农民教育和培训机会供给的增加，不仅有利于农民的转移就业，也有利于农业劳动力整体素质的提升。此外，中国尚未完成其工业化进程。非农就业机会的创造，不仅是工业化的题中之意，也是农业现代化和农民职业化的基本前提。

---

① "工业革命的发生正是由自由激发的"，"自由的生命力，在农业方面展现得淋漓尽致"。（[美]弗里德曼，米尔顿、罗丝·弗里德曼：《自由选择》，张琦译，机械工业出版社2014年版，第4、5页）没有工业化进程中农民就业选择机会扩展，没有自由市场机制引入农业，就没有农民的职业化。

第 二 章

选择集视角下现代农民
成长的困境与出路

第一节 现代农民本质与成长研究的基础

随着工业化、城镇化进程的纵深推进,中国农业发生了巨大的变化。农业劳动力日渐成为一种稀缺性资源,人均土地装备率、人均物质资本装备率大幅度提高,农业生产单位转变为利润追逐型的企业化组织,农业生产经营纳入市场化运行的轨道。总的来说,传统农业已迈上向现代农业转型的进程。现代农业是以现代农民为生产经营主体的发达产业,农业的现代化必然伴随着现代农民的成长。那么什么是现代农民呢?学界从不同视角对现代农民内涵进行了界定:(1)基于现代农民的综合素质和人力资本角度,Carr-Saunders 从专门的技能训练、最低限度的薪酬、专业协会建立以及专业实践的伦理规范等方面对其进行界定[1];Grenwood 提出职业化农民必须具备系统的理论、专业权威、社会认可、伦理行为守则和专业文化等五个要素[2]。党的十七大报告首次提出培养造就"有文化、懂技术、会经营的新型农民",之后国内不少学者进一步指出新型农

---

[1] Carr-Saunders, A. M.: *Profession: Their Organization and Place in Society*, Oxford: The Clarendon Pres, 1928: 3 – 31.

[2] Grenwood, E.: Attribute of a Profession, *Social Work*, 1957, 2 (3): 44 – 55.

民还应该具有组织性和创新精神,具有较多人力资本积累①。(2)从市场主体角度出发,艾利斯认为职业农民是完全参与市场的利润追求型农民②。新型农民利用市场机制和规则使其利润最大化,实现农业产业化、农业生产者专业化和职业化,且其收入主要来自农业③。(3)从权利视角进行的研究,Larson认为职业化农民应具有特定权利与声望④,Forsyth和Danisiewicz指出权利是职业化的核心概念⑤。现代农民应享有和市民同等的权利和义务,超越传统农民"身份"限制,获得自主选择职业的自由,能积极正当维护自己权益和主动建设自己的生活⑥。

对于现代农民的成长和培育,中西方学者有不同思路:(1)与农民培养相关的研究大多集中在人力资本投资领域。舒尔茨在其经典著作《改造传统农业》中,着重讨论了人力资本投资在推动农业技术进步和改造传统农业中的作用⑦。Benjamin等认为,受过良好教育的农民能更好地把握经济转型所带来的机会;Myrdal在对南亚国家的研究中发现,基础教育对于农民掌握先进技术具有更为重要的作用⑧。(2)现代职业农民的

---

① 鲁可荣、朱启臻:《社会主义新农村建设与新型农民培养》,《未来与发展》2006年第9期;岳佐华、李录堂:《农村人力资本团队及其形成基础研究》,《大连理工大学学报》(社会科学版)2007年第2期。

② [英]艾利斯,弗兰克:《农民经济学》,胡景北译,上海人民出版社2006年版,第392页。

③ 郭智奇、齐国、杨慧:《培育新型职业农民问题研究》,《中国职业技术教育》2012年第15期;朱启臻、闻静超:《论新型职业农民及其培育》,《农业工程》2012年第3期;郑瑞、彭必源:《鲶鱼效应与现代农民的培养》,《集团经济研究》2007年第1期。

④ Larson, T J.: *The Rise of Profesionalism: A Sociological Analysis*, Berkeley: University of California Press, 1977: 5.

⑤ Forsyth, P. B., T. J. Danisiewicz: Towards a Theory of Profesionalization, *Work and Ocupations*, 1985, 12 (1): 59-76.

⑥ 周应堂:《论农业劳动分工与新型农民培养》,《农业经济》2007年第2期;张雷声:《建设社会主义新农村必须是新型农民》,《福建论坛》2006年第7期;赖作莲:《土地流转与职业农民教育——基于美、英、法、日等国的经验》,《经济研究导刊》2014年第22期;孙娟:《关于农民职业化的若干问题思考》,《天水行政学院学报》2007年第5期。

⑦ [美]舒尔茨、西奥多·W.:《改造传统农业》,梁小民译,商务印书馆1987年版,第13页。

⑧ 申潞玲、侯向娟:《农民职业化研究述评及展望》,《山西农业大学学报》(社会科学版)2014年第5期。

培育需知识化、去身份化和专业化①。Wilensky 认为，职业化农民的培育需要经历倡导者关注技术的推广、推动建立专业协会、进行垄断技术的法律保护、规范行为守则这些过程②。(3) 李丙金、徐璋勇等借鉴阿马蒂亚·森"发展即自由的扩张"的思想，认为新型农民培养的实质是通过制度和立法扩大农民的选择权利，提高农民的可行能力③。(4) 基于韦伯斯特④、英格尔斯⑤等人的现代化视角的研究，现代农民的标志是现代性的养成，拥有真正的主体性是新型农民与传统农民的本质区别，因此必须培养其主体能力⑥。(5) 在现代农民培育政策的选择上，主张应以政府投入为主导、农业院校为主体、社会培训机构为补充、农业企业为基地建立教育培训体系，并建立职业技能鉴定和资格认证制度⑦。

对于现代农民成长的制约条件或存在问题的研究，学界主要集中在以下几点：一是中国长期存在的城乡二元结构导致农民现代化缺乏内部机制；二是低下的农业比较收益破坏了农民现代化的利益动因；三是土地流转机制对于农民现代化产生了不利影响；四是贫乏的文化知识、较低的技术水平和较少的经营技巧制约了农民现代化⑧。城乡二元结构、农业的产业化不足是农民职业选择不够充分的重要障碍；农村职业技术发

---

① 孙娟：《关于农民职业化的若干问题思考》，《天水行政学院学报》2007 年第 5 期；田园：《我国农民职业化问题制约因素分析》，《宝鸡文理学院学报》2013 年第 4 期；周雪松、刘颖：《传统农民向职业农民转化问题研究》，《第一资源》2013 年第 4 期。

② Wilensky, H. L.: The Profesionalization of Everyone?, *American Journal of Sociology*, 1964 (70): 137–158.

③ 李丙金、徐璋勇：《赋予选择权力和提高可行能力：新农村建设中新型农民培养的核心》，《西北大学学报》（哲学社会科学版）2012 年第 6 期。

④ [英] 韦伯斯特, 安德鲁：《发展社会学》，陈一筠译，华夏出版社 1987 年版，第 21—92 页。

⑤ [美] 英格尔斯, 阿历克斯：《人的现代化》，殷陆君译，四川人民出版社 1985 年版，第 5—6 页。

⑥ 陈明：《农业现代化下农民的现代性困境解析》，《农业现代化研究》2010 年第 6 期；陈亚萍：《主体性视域下的新型农民》，《生产力研究》2008 年第 13 期。

⑦ 魏学文、刘文烈：《新型职业农民：内涵、特征与培育机制》，《农业经济》2013 年第 7 期；张春艳、韦子平：《改革创新体制机制，培育新型农民——以安徽省为例》，《经济研究导刊》2014 年第 27 期。

⑧ 郝丽霞、委玉奇：《农民职业化的制约因素及对策分析》，《岭南学刊》2009 年第 12 期；赵强社：《职业农民培育路径探微》，《理论导刊》2009 年第 3 期。

展滞后是制约职业农民形成的重要因素。此外，有学者指出农民的"守土"情结、消极兼业的存在、农业经营信贷资金缺乏等都成为农民现代化的制约因素①。

总体观之，关于现代农民问题研究文献内容较为庞杂，且主要以规范分析和政策研究为主，以定性方法居多。现代农民的内涵界定大多以现象描述为主，对其特征从不同视角进行描述、归纳或列举，没有形成对现代农民内涵和外延相对确定的一致性认识；现代农民成长与培育的文献内容，无论是从人力资本投入、职业化过程中的机会变化，还是以"发展即自由的扩展"思想为借鉴对农民权利的培养，以及基于人的现代化研究视野中对于现代农民主体性的培养，大多停留在具体途径的陈述，缺乏对现代农民形成条件的揭示；而现代农民成长制约因素的研究，也主要以问题罗列为主，缺乏对问题产生本源的揭示和研究。值得肯定的是，现有文献对现代农民内涵的研究，无论是综合素质与人力资本视角还是市场主体与权力视角，都展现了现代农民应该具备的能力素质和利益动因，一定程度上为我们的研究提供了分析脉络；现代农民的培养和成长途径的研究，对于本章试图推进的研究工作提供了启发和借鉴；而农民成长中的种种制约因素分析，对现代农民成长中的困境破解提供了有益的思路。本章的研究逻辑是，对现代农民较之传统农民的本质差异进行高度概括，并以此本质差异作为本源和研究视角，探讨现代农民在成长中面临的困境，并简要讨论现代农民的成长之路。

第二节　选择集视角下现代农民的识别

舒尔茨在《改造传统农业》一书中，认为传统农民的特征是，所使用的生产技术落后并长期保持不变，经济来源长期只依赖土地，生产经营方式自给自足且长期不产生任何变化②；《大英百科全书》认为，传统

---

① 韩福庆：《影响农民职业化水平因素的经济学分析》，《阜阳师范学院学报》2010年第2期。

② [美]舒尔茨、西奥多·W.：《改造传统农业》，梁小民译，商务印书馆1987年版，第26页。

农民具有受外部权势支配的本质特征；马克思则指出传统农民的小生产方式使人成为传统规则的奴隶①。国内有学者认为，传统农民具有生产方式上自给自足、小农意识严重、文化素质较低、对土地依赖严重、自主性缺乏等特征。尽管学界的界定众多，但是不同的观点均诠释出，传统农民其实是社会等级的产物，他们具有被动的文化心理、世袭的身份，并且不能自主选择生存状态。正如孟德拉斯在《农民的终结》里所言，"在一个受传统支配的乡村和社会里，人们甚至会怀疑个人选择的存在"②，"在农村，人们生来是农民，并且一直是农民"③。这意味着传统农民不是其选择的职业，而是与生俱来的身份。

现代农民是相对于传统农民而言的。国内外学者对于现代农民内涵的界定视角虽然多维，但较少明确涉及现代农民在职业选择上从单一走向多元、从被动走向主动、从不平等的权利主体走向平等的权利主体这些特征，更无法形成传统农民与现代农民本质差异的高度概括。我们对于传统农民较之现代农民所具有的"世袭"身份和缺乏职业选择的区别，构成对现代农民本质特征的识别视角。现代农民在工业化、城镇化背景下面临着流动和开放的劳动力市场，拥有了大量的就业机会，摆脱了受外部权势支配的世袭身份，可以根据自己的知识、技能、兴趣进行主动择业。劳动者面临的是由众多选择机会组成的就业集合，在职业选择上具有两个或两个以上的选择项，这种多种就业机会下的自主选择，使得现代农民较之传统农民具有了选择集合的特征。正如奈斯比特在《大趋势》中所言，当今时代是一个"从非此即彼的选择到多种多样选择"的时代。因此，传统农民的"世袭"和"别无选择"与现代农民对于职业在多种选择机会下的自主选择，成为传统农民与现代农民的本质差异。

选择集视角的现代农民，由于其最大特征在于职业的可选择性，可在选择集合这一"可能性空间"中收缩其自由度。但是，对于传统农民

---

① 《马克思恩格斯选集》（第2卷），中央编译局编译，人民出版社1972年版，第266页。
② ［法］孟德拉斯，H.：《农民的终结》，李培林译，社会科学文献出版社2005年版，第98页。
③ 同上书，第176页。

而言,"没有选择是整个(传统)农民生活的特点"[①],当然这种没有选择的选择也囿于传统社会单一农业产业结构带来的稀缺的非农就业机会,农民个体素质欠缺所导致的低下的自主选择能力,以及经济利益与权利的城乡不平等。而工业化城镇化在扩展农民就业选择集的同时,非农产业部门呈现异质化和动态化的就业特征,现代农业中人均土地装备率、人均物质资本装备率大幅度提高所引致的技术进步,使得劳动者在职业选择中自由度和职业稳定性与其人力资本等个体能力素质呈正相关。伴随着农业劳动力大规模转移、技术类型升级和生产组织变迁,农业收益率显著增长,农业与非农产业之间工资差距的收敛和趋同,又将成为劳动者选择现代农民这一职业的利益动因。

现代农业建成于高度工业化和充分市场化的社会。以上分析表明,在农业现代化建设中,农民的职业选择产生了一系列机会变化,同时也产生了对农业从业者个体能力和职业素质的更高要求。现代农民的选择机会集合,既须符合农民现实要求和客观情况,又须符合社会发展和市场化的需求。拥有此选择机会的农民则需要自主选择能力的提高,以凸显现代人所具有的独立自主、能动创新的能力素质;能够和市民享有同等权利,有平等的发展机会和足够的社会尊重,有独立的社会地位和职业特征,在收益上能够平均分享经济发展成果,这样才能从动因和意愿上自主选择职业和劳动方式。处于社会转型过程中的中国农民,在成长中面对着选择机会、选择能力、选择动因的种种变化,其需要做出适应性调整。

第三节　选择集视角下现代农民成长的困境

舒尔茨在《改造传统农业》中把农业划分为传统农业、现代农业和过渡农业,认为过渡农业是处于传统农业与现代农业之间的失衡阶段,传统农业中的农民引入新的生产要素,可以打破传统农业均衡,实现传

---

① [法]孟德拉斯,H.:《农民的终结》,李培林译,社会科学文献出版社 2005 年版,第 179 页。

统农业向现代农业的根本转变，最终实现农业现代化[①]。农民作为转型的主体，正在经历由传统到现代的中间发展阶段和动态转型，具有市场机制下自主选择职业的自由，但同时，农民的权利难以保障，工作上升通道缺失，加上农业比较利益低下，农民在城乡之间徘徊游离，使得这一群体实际上存在着霍布森选择困境，即有限制条件的选择或者没有选择余地的选择。这种困境源于不完善的选择机会、思维方式的封闭性及综合素质的局限性所导致的低下选择能力，其现实表现则是现代农民在职业选择机会、选择能力和选择动因上的困境，这成为打破传统农业均衡的羁绊和制约。

一 选择机会的困境

在从传统到现代的转型中，农民正在感受自我生存方式变化，其职业选择性大大提升，同时也面临着中国社会结构转型所带来的断裂[②]，这种断裂有其历时性和共时性的特征，即户籍制度导致的城乡"二元"社会发展的不平衡和地区发展的不均衡。

从历史原因来看，1958年颁布的户口登记条例，将城乡居民分为城市户口和农村户口，人为形成了城乡二元分割。这种户籍制度隐含着就业、福利、教育、公共服务等一系列二元社会制度体系的不平等。随着城乡一体化的发展，其负面影响愈来愈凸显，尤其在农村人口大量转向城市时限制了农民身份的转变和择业迁移的自由。国家统计局数据显示，2015年中国的城镇化率已达到56.1%，但按照户籍人口统计还不到40%，可见农民工的流动迁徙只是地理位置上的，其身份却并没有转换，无法成为新市民。这种禁锢剥夺了农民转换身份的自由，造成了农民在权利保障和受尊重程度上的不平等。进城务工的农民没有获得城市居民身份，没有享受与市民平等的基本公共服务，其主体性发展受到严重束缚。尤其大城市的户籍政策限制，使大量农民工或返乡或徘徊于城乡之

[①] [美] 舒尔茨、西奥多·W.:《改造传统农业》，梁小民译，商务印书馆1987年版，第92—93页。

[②] 陈明:《农业现代化下农民的现代性困境解析》，《农业现代化研究》2010年第6期。

间。同时，由于家庭联产承包经营制对农业的规模生产形成阻碍，也束缚了农村主要劳动力离土离乡。

从现实原因来看，中国的转型发展存在地区上的共时性，尚未完成工业化和城市化进程。清华大学孙立平教授曾以美国著名未来学家托夫勒的《第三次浪潮》作分析，认为目前中国的许多大城市正在处于第三次浪潮之中，以高新技术开发区、科技园区等形式表现出来；同时，很多以钢铁、石油、化工等作为发展支柱的资源型城市，正处在"第二次浪潮"之中；在广大而又边远的农村，农民耕作简单重复，仍处于"第一次浪潮"中。社会的不同部分既是一种共时性存在，但又处于不同发展时期，几乎无法形成一个整体的同步发展的社会。这使得农民在由传统向现代转变过程中，一方面，不满足于现有的利益状况，产生出超越传统的需求，自觉地寻求改变；另一方面，城乡社会发展的巨大差异使他们处在"断裂"的社会结构中，个人发展和职业选择被现实条件所限制，传统与现代交织的种种矛盾制约着现代农民的成长[1]。

此外，调查数据显示，除了有41%的农民工通过转换工作使薪酬和待遇得以提高之外，其技术等级、发展前景都难以得到较大改善，而近年来的民工荒则反映出农民工对职业模式选择的不满意[2]。总之，将农民这一职业作为选择集的元素之一，必须消除就业机会上的不平等和权利保障上的差异，以保证选择空间的完备和机会上的均等，进而体现出职业的社会性这一特点。

二 选择能力的困境

职业发展观认为，职业能力是个体将其知识、技术和态度在特定的职业活动中进行类化迁移与整合所形成的能完成一定专业任务的能力。对于现代农民而言，职业能力是指其适应现代农业发展的知识结构、能力要求、经营素质，并基于自己的知识、资金、经营管理水平等进行的

---

[1] 王建华、李俏、李录堂：《论中国农民现代化的现实需求与农村综合教育》，《农业现代化研究》2008年第6期。

[2] 刘立祥：《三次民工荒比较——新时期农村转移劳动力问题的反思》，《中国青年研究》2014年第6期。

自我选择，是对现代农业生产要素的综合驾驭能力。新型职业农民作为一种特殊群体，其职业能力与其他行业有很大的不同，需要农民学会如何更好地使用现代要素。农村社会的"乡土性"① 长期以来对农民的行为模式、思维方式和价值观影响巨大。因此，在引入现代农业要素进行生产和新的职业选择的时候，农民在文化水平、科学技术、经营管理等职业能力方面依然欠缺。

1. 文化与教育水平的欠缺。文化程度和受教育水平是个体素质形成的基础，也是个体能力不断提高的基本前提。一直以来，深受传统文化浸润的农民表现出安于现状、墨守成规、缺乏进取和担当的个性特点，这些都深刻地影响了新型农民的自我参与、自我管理、自我表达和创新意识，对于现代农民的成长形成了制约。而教育作为文化这一内涵的重要手段和方式，情况依然不容乐观。《中国统计年鉴》2000—2014 年数据显示，截至 2014 年中国农村劳动力平均受教育年限为 9.13 年（见图 2—1），受教育程度中小学占 27.74%，初中占 42.43%，高中占 17.65%，大专及以上占 12.18%（见图 2—2）。中国农村劳动力的受教育程度大部分在小学、初中阶段。据统计，法国农民 7% 以上具有大学文化程度，青年农民中有 60% 具有中专水平；日本农民具有大学文化程度的比例约为 5.9%，高中毕业者占 74.8%，19.4% 为初中毕业②。中国农村劳动力这种较低的文化程度极大地影响其接受新知识、掌握新技能的能力，限制其思维方式，在劳动力转移时，也只能在技术含量较低的岗位工作，极大制约了其职业选择，也不利于向现代农民转型。

2. 科学技术水平的欠缺。农业现代化对于农业生产的要求更高，在标准化、集约化经营的情况下，农业工人、专业大户、家庭农场主等职业农民，需要在园艺、蔬菜、果树、畜牧等种养殖方面具备专业技能，还需要具备与农业服务相关的技能以及经营管理能力。总体来说，农民需要应用新知识和新技术、新工艺和科学的生产经营模式来提高产品质

---

① 费孝通：《乡土中国生育制度》，北京大学出版社 1998 年版，第 87—127 页。
② 奂平清、何钧为：《中国农民职业化现状及其影响因素——基于中国综合社会调查（CGSS2010）的分析》，《武汉大学学报》（哲学社会科学版）2015 年第 4 期。

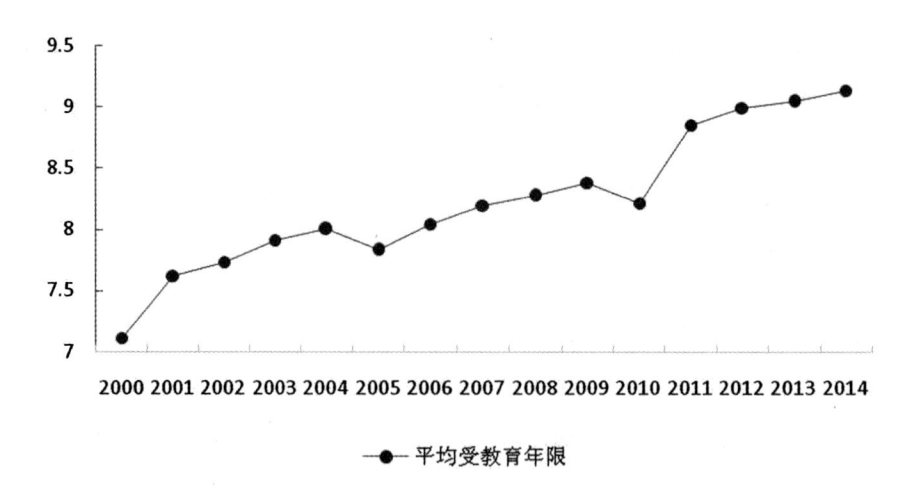

图 2—1　农村居民平均受教育年限

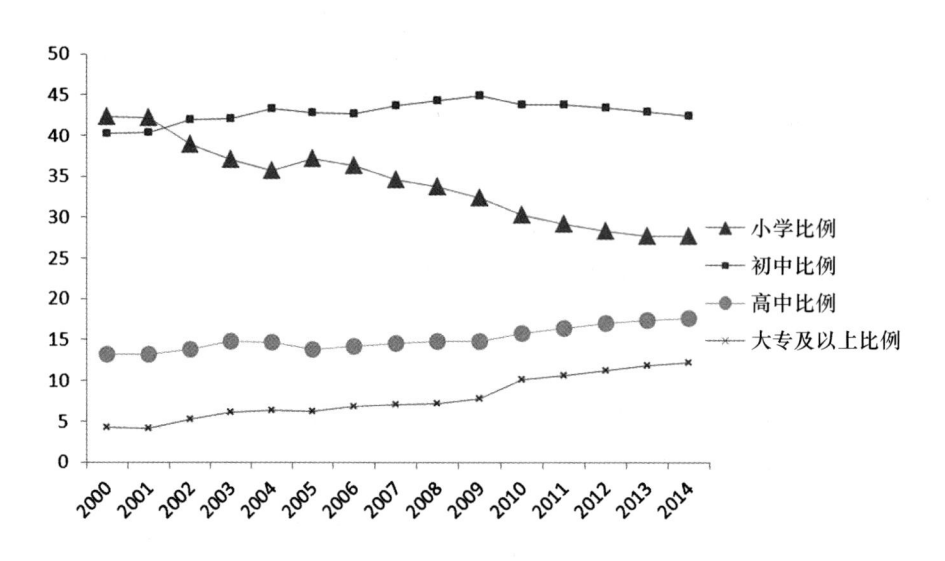

图 2—2　农村居民受教育程度比例

量，创新产品和服务，给市场提供具有更高附加值的农业产品。但目前，许多农业从业者由于缺乏现代农业生产经营技术，大多从事着传统的农业生产，农产品技术含量低或缺乏特色，农业附加值不高。农业的现代化所需的具有较高技术和经营水平的职业农民，需要通过系统的职业教育来培养。目前教育中普遍存在着偏重于学历教育、学生教育，而对职业教育、成人教育不够重视的现象。在农村教育普遍落后的情况下，农民专业技能培训和农业职业教育的比例极低，农民培训更多的是零散的单项技术培训。职业教育和职业技能培训的不足使得现代社会的现代因素、科技因素难以在农村有效渗透，这对于农民新技术新知识的使用、农民的现代化成长形成又一制约。

3. 经营管理能力的缺乏。大多数农业从业人员缺乏驾驭组织使其成长壮大的能力，难以适应现代农业生产的更高要求，对于市场的动态变化不够敏感，难以捕捉到经济效益好的农业投资项目，阻碍了他们向现代农业经营者、现代农业的领军人物转变。这包括对现有生产条件和经济资源进行合理配置和优化组合以获取最大利润的能力；对农业企业经营组织、进行管理创新的能力；合理配置农业劳动力及承担经营风险的能力；获取市场信息并进行科学决策的能力；具有现代企业经营理念，塑造品牌、联通终端市场的能力；平衡、协调与政府及其他利益关系方面的能力等。

三　选择动因的困境

职业动因来自于职业的吸引力，即职业对于选择个体的激励程度和期望程度，是职业的经济性要求。农业的收益低下，农业存在信贷约束，农业市场化程度低等诸多因素大大减弱了农民从事农业的动力和意愿。

1. 比较利益低下，农民从农业中获得的收入较低。当前城乡收入差距过大的问题从根本上影响了农民从事农业生产的积极性。《中国统计年鉴》数据显示，2000—2014 年，中国城镇居民人均纯收入由 6280 元增长到 29381 元，增长幅度为 4.7 倍；农村居民人均纯收入由 2253.4 元增长到 9892 元，增长幅度为 4.4 倍，农村居民人均纯收入增长幅度明显小于城镇居民人均纯收入增长幅度（见图 2—3）。从目前现实来看，农业收益的改善已陷入两难境地，粮油糖肉等大宗农产品价格全面倒挂，生产利润低且库存大，收储压力大。如果降低农产品支持价格，减少收储，农民的生产利润则会继续下降，极大挫伤他们的生产积极性；若继续保持或者提高支持价格，保护农民利益，则价格倒挂会导致国家收储潜亏进一步增大。此外，根据数据监测，2015年以来，国内小麦、玉米、大米等农产品平均批发价格高于进口到岸完税价的30%以上，猪肉、食糖价格高于进口价格2倍左右，棉花大豆价格也长期超过进口价格，因此导致农产品大量进口，极大地损害了国内农业生产者的利益和积极性[①]。另外，土地密集型农产品的比较利益一直较低。根据国家发改委2015年数据，2014年中国蔬菜净利润2069.78元/亩，是玉米的25.3倍，小麦的23.6倍，稻谷的10.1倍，这与苹果种植的情况相类似。而粮食、棉花、糖料、大豆等土地密集型农产品生产净利润都是负值。

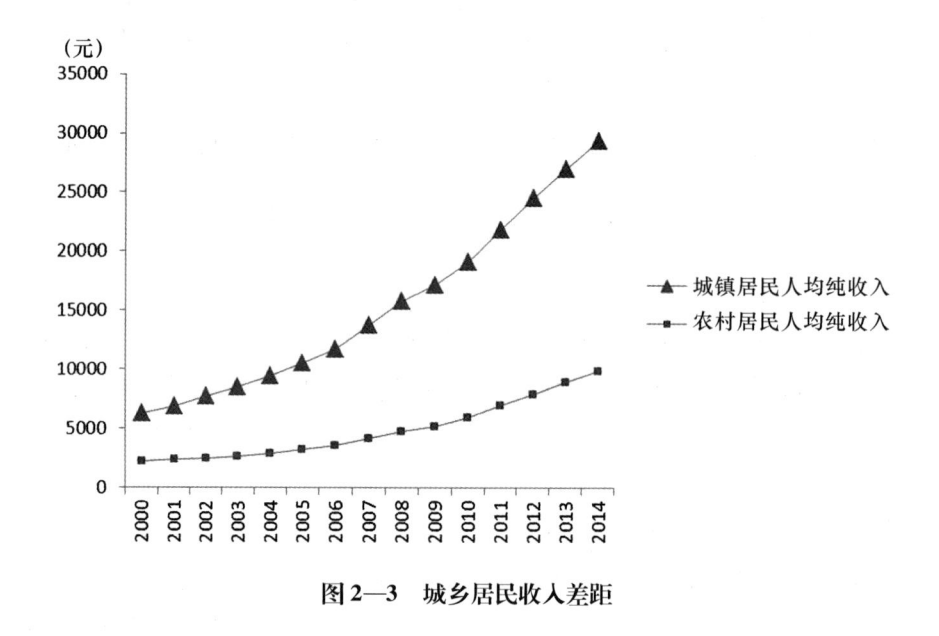

图2—3 城乡居民收入差距

2. 农民缺乏资金支持。具备一定条件的农业从业人员向农业企业家、合作社带头人、专业大户、家庭农场主等转变时，或者探寻到收入增加

---

① 伍振军：《农业供给侧改革，资源配置是关键》，《农民日报》2015年12月6日第4版。

的途径时，往往缺乏初始资金，包括农资投入、农机具的购置、厂房的建设等资金以及扩大再生产的资金。此外，农民贷款融资存在瓶颈。农业生产具有前期投入多、回报期长、比较利益低、抗风险能力弱等特点，加上缺乏有效的抵押物，贷款手续繁琐、隐性交易费用高等问题，使得农民在扩大经营规模、延长农业产业链时，存在很大的融资难度。据调查，金融机构在农村吸收的存款返还给农村的不足30%，且借款对象主要面向实力雄厚的大户。在招商引资方面，由于自然环境和市场环境影响巨大，农业投资周期长、利益少，引进资金同样存在困难。

3. 农民个体的市场化程度低。当市场化程度提高时，信息和生产要素可通过市场获取，经营者参与市场的程度越高，追求利润最大化的动机就越强，就会更加有利于生产的规模扩大。因此市场化程度对农民从事农业生产的积极性及农业收入、劳动力流动等影响巨大。农民由于较低的市场意识，导致农产品销售经常面临困难，因而缺乏扩大再生产的动力。

第四节 选择集视角下现代农民成长之路

Salisbury 和 Feinberg 在研究消费者行为选择中，将选择集效应区分为选择集形成阶段和选择阶段[①]，这对于探讨现代农民的职业选择集合同样具有启发意义。基于选择集视角的现代农民，需要政府在充分发挥市场资源配置的基础上为其职业选择的形成创造条件，提供一系列能够体现农民不同知识结构、技术特点、兴趣爱好、职业发展的就业机会，同时保证其权利平等，收益大体相当，使得职业选择既具有多样性，又注重农民个体差别，从而避免霍布森选择效应。因而，现代农民的成长，一方面需要继续推动农村劳动力转移，加快市民化进程，以提供更多的就业机会；另一方面，需要对农民进行人力资本投资，以培育其选择能力；此外，还需要提高农业比较收益，对农民的选择动因进行政策激励和

---

① 刘蕾、郑毓煌、陈瑞：《选择多多益善？——选择集大小对消费者多样化寻求的影响》，《心理学报》2015年第1期。

引导。

1. 继续大规模推动劳动力转移，加快城镇化和市民化进程，给农民提供更多择业机会。技术进步、结构转变和制度变迁是农业现代化的基本决定因素。城镇化的合理推进，是中国农业实现现代化的基本前提[1]。发达国家的经验表明，实现农民职业化的前提条件是转移劳动力。国家现代化治理的基本底线则是确保每个公民在全国范围内的权利平等和选择自由，实现农民及其家庭的市民化[2]。

因此，首先要加快户籍制度改革。社会文明进步的要求是充分尊重农民的自由选择权，让农民自己选择就业和生活的城市。习近平总书记在2016年2月《以人的城镇化为核心》的讲话中指出，农业转移人口市民化的本质是权利和福利与城镇户籍人口均等化，农业转移劳动力获得城镇户籍，就能够实现完全的市民化[3]。这就需要合理确定城镇落户条件，减少和消除工业化和城市化对农民的排斥，帮助农民适应和融入城镇工作和生活。伴随着户籍制度改革，要为农民提供均等的公共服务，推进和完善让城乡居民都能安居乐业的、统一的劳动力市场和现代社会保障体系，切实解决转移农民的就业、住房、社会保障及子女教育问题。其次，以家庭联产承包责任制作为基本经营制度，在创新土地承包权和经营权流转机制时，要充分兼顾农民意愿，充分尊重农民的选择，解决农民退出土地的后顾之忧，避免农民在城乡之间、农与非农之间犹豫徘徊。

2. 对农民进行人力资本投资，提高其主体选择能力。舒尔茨认为改造传统农业的关键是引入新的农业生产要素，其中之一就是对农民进行人力资本投资，形式包括教育、在职培训以及提高健康水平，使他们获得必要的新技能和新知识[4]。统计资料显示，在已转移的农村劳动力中，

---

[1] 郭剑雄：《城市化与中国农业的现代化》，《经济问题》2003年第11期。
[2] 张英洪：《农民工市民化的认识误区》，《中国经济时报》2014年7月7日第5版。
[3] 习近平：《以人的城镇化为核心》．[2016 – 03 – 08]．http://news.china.com.cn/2016 – 02 – 2 8/con – tent 37890312.htm.
[4] [美]舒尔茨、西奥多·W.：《改造传统农业》，梁小民译，商务印书馆1987年版，第151页。

85%以上没有接受过专业技能培训。近年来不断出现的"民工荒"本质则表现为"技工荒",广州、深圳等地企业对于技术性岗位的需求达到70%,其中40%要求持证上岗,但应聘者中仅20%持有证书[①]。伴随产业升级,企业用工也由体能型逐渐转向知识技能型,农民的文化技术水平、操作经验等日渐受到重视。因此,农民迫切需要技术培训,以提高其就业能力。此外,在发达国家,一般都采取严格的职业农民教育培训考试制度和农民职业资格认证制度,以此保证稀缺的农业资源能够由高素质的从业者经营。目前,中国部分地区已经开始探索农民职业资格认证制度,这既有助于从制度上促进和保障农民的职业素质,也有助于对当前农民教育培训的质量及效果进行监督评估,对农民的培训和继续教育形成倒逼机制,从而推进农民专业化和农业现代化。

3. 以市场化提高农民的比较收益,增强其选择动因。托达罗人口流动模式认为,比较收益与成本的理性考虑是人口流动的基本力量。农业部数据显示,城乡收入比2009年为3.33∶1,2013年为3.03∶1。虽然略有下降,但数字表明外出务工收入的贡献率依然较高,而且工资性收入持续超越经营性收入,这也决定了农民职业选择的流向。中国人均土地资源很低,土地密集型产业比较优势很难培育,因此,在保证粮食安全生产的前提下,应大力支持劳动密集型产业,培育农业比较优势,提高农产品竞争力。同时,应提高农业的市场化程度,发挥市场应有的资源配置作用,完善价格机制,创新收储政策,有条件地逐步取消对玉米、大豆、油菜籽、棉花、食糖等的价格支持。发展适度规模经营,整合农业生产链条,实现生产成本规模递减。加强对全球农业开发潜力环境与风险分析及国外市场的开拓。提高农业的比较利益,使农民获得与非农产业从业者大体均衡的收入,这是新型职业农民成长和职业选择的前提条件和物质动力。此外,给予职业农民充分的社会尊重,包括推行农民退休机制,这也是现代农民成长的精神动力。

---

① 欧阳中球:《新三农问题:农民分化、农业弱化、农村空心化》.[2015-06-30],中国乡村发现官网:http://www.zgxcfx.com/。

第五节　本章结论

　　伴随工业化和市场化的成功推进，农民的职业选择机会发生了变化，由单一的、被动的选择走向由众多职业选择项组成的选择集合。在农业现代化的建设任务下，农业劳动力的供给和需求都在发生着不同变化。基于理性经济人假设，面临外部条件变化下的资源重新配置，农民个体具有理性本质和理性能力以适应环境的改变。将现代农民置于选择集视角下予以识别，是在阐明选择机会变化对现代农民影响的基础上，从集合的机会选择、农民主体能力、选择动因等方面对其成长困境进行分析，并以此为依据探寻现代农民成长之路，即扩展其就业机会，提高其就业能力，增强其职业动因。这既是对习近平总书记所指出的"城镇化的核心是人"的诠释，又是对农业供给侧改革措施的具体施行。

第二篇

人口转型与农民的代际优化

第 三 章

工业化进程中的农村人口生产转型

第一节 人口生产转型的国际经验

马尔萨斯曾经构建了一个包含人口变量的经济增长模型。该模型的核心思想可以概括为,人口增长率是人均收入的增函数,且存在一个最低生存水平,当人均收入高于这一水平时,人口增长率大于 0,反之则小于 0。人均收入增长率又是人口增长率的减函数,即在技术和总产出既定的条件下,生育率的提高会降低人均收入水平,使人均收入趋向最低生存水平[1]。因此,在马尔萨斯理论所刻画的世界中,技术进步所带来的生产能力的提高,只会导致人口的增加,而不会改变真实人均收入[2],人均收入长期收敛于仅能够维持生存的低水平均衡陷阱[3]。在西方经济学界,马尔萨斯模型是被用来作为解析具有超稳态结构的传统经济的有效

---

[1] [英] 马尔萨斯、托马斯·罗伯特:《人口原理》,朱泱、胡企林、朱和中译,商务印书馆 1992 年版。

[2] 马尔萨斯模型的突出优点是,能够在人口和技术冲击下预测到不变的生存消费水平的存在。或者说,在一个人均收入保持不变的世界中,人口增长本身就能测量生产增长,从而也能测量技术变化率。参见 [美] 卢卡斯、小罗伯特·E.《经济发展讲座》第五章"工业革命:过去与未来",罗汉、应洪基译,江苏人民出版社 2003 年版,第 113—179 页。

[3] 从人类社会最早期开始直到 19 世纪初左右,世界人口以及商品和服务的产出量大致以不变的速度缓慢增长着。人均收入水平大致维持在 600 美元左右(1985 年美元),穷国与富国的人均收入差距不超过 ±200 美元。参见 [美] 卢卡斯、小罗伯特·E.《经济发展讲座》第五章"工业革命:过去与未来",罗汉、应洪基译,江苏人民出版社 2003 年版,第 113—179 页。

工具。

后马尔萨斯时代,世界经济的发展呈现出与以前历史大不相同的特征。第一,在工业革命发生并成功推进的国家或地区,人均收入出现快速和持续增长。以 1985 年美元计,1800 年美国的人均 GDP 为 870 美元,到 1900 年、1950 年和 1990 年,分别增长到 3943 美元、8772 美元和 18054 美元。1990 年与 1800 年相比,先行工业化国家人均 GDP 的增长均超过了 15 倍,有的甚至超过 20 倍。后起的工业化国家或地区,人均收入的变动也显现了同样的趋势(见图 3—1)。

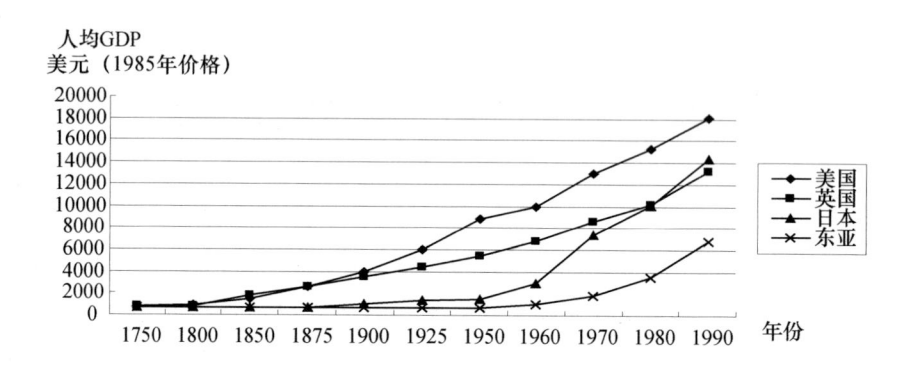

图 3—1 工业化国家(地区)人均 GDP 变化

数据来源:[美]卢卡斯、小罗伯特·E.:《经济发展讲座》,罗汉、应洪基译,江苏人民出版社 2003 年版,附录表 5.2,第 181 页。

第二,无论是最早开始工业化的欧洲国家,还是后起工业化的美、日等国,伴随其工业化过程,人口增长率并未与人均收入增长率同步提高,人口生育率都经历了一个由高到低的转变。1871—1901 年间,英格兰和威尔士妇女的生育率下降了 26 个百分点;1920—1930 年、1960—1972 年,美国妇女的生育率分别降低 24 个百分点和 38 个百分点①。1820—1992 年,每百人出生率,英国和德国分别由 3.03 和 3.99 下降为 1.37 和 1.11,后者仅及前者的 45% 和 28%;美国和加拿大由 5.52 和

---

① [美]贝克尔、加里·斯坦利:《家庭论》,王献生、王宇译,商务印书馆 2005 年版,第 177—180 页。

5.69 降至 1.59 和 1.47，降幅分别达到 71% 和 74%；日本则从 1900 年的 3.17 下降到 1992 年的 0.97，成为该时期内人口出生率最低的国家（见表 3—1）。人均收入高速增长经济体的生育率下降趋势至今一直在延续着。比如，美国家庭户均人口数 1970 年是 3.33 人，1980 年减少为 2.76 人，2003 年进一步降至 2.57 人[①]。

表 3—1　　　　　　　1820—1992 年主要国家的出生率

国家	每100人出生		
	1820	1900	1992
英国	3.03	2.87	1.37
法国	3.17	2.13	1.30
德国	3.99	3.56	1.11
荷兰	3.50	3.16	1.30
瑞典	3.30	2.70	1.42
美国	5.52	3.23	1.59
加拿大	5.69	2.72	1.47
日本	NA	3.17	0.97

数据来源：[英] 麦迪森、安格斯：《世界经济二百年回顾》，李德伟、盖建玲译，改革出版社 1997 年版，表 1—7，第 7 页。

说明：NA 表示未获得数据。

第三，与人口出生率下降相反，工业化进程中人口的平均人力资本水平显著提高。表 3—2 中列示的数据反映了 1820—1992 年间六个工业化国家的人均受教育年数的增长情况。美国和日本平均每人的人力资本[②]增加了 10 倍，英国增加了 7 倍。在 1913 年之前，最先爆发工业革命的英国的人均受教育年数要比美国、日本高，之后这一数字随着相对经济增长

[①] 陈奕平：《人口变迁与当代美国社会》，世界知识出版社 2006 年版，第 102 页。
[②] 仅以受教育程度来衡量。

率的变化被两国超越。

表3—2　　1820—1992年6个工业化国家15—64岁年龄组人均受教育年数

年份	美国	法国	德国	荷兰	英国	日本
1820	1.75	NA	NA	NA	2.00	1.50
1870	3.92	NA	NA	NA	4.44	1.50
1913	7.86	6.99	8.37	6.42	8.82	5.36
1950	11.27	9.58	10.40	8.12	10.60	9.11
1973	14.58	11.69	11.55	10.27	11.66	12.09
1992	18.04	15.96	12.17	13.34	14.09	14.87

数据来源：[英]麦迪森、安格斯：《世界经济二百年回顾》，李德伟、盖建玲译，改革出版社1997年版，表2—3，第15页。

说明：表中的教育年限经过了加权，初等教育、中等教育、高等教育分别赋值为1、1.4、2。

工业化及其人均收入持续、快速增长过程中生育率下降和人均人力资本水平提高的规律性变化，同样可以在世界各国的横截面数据中观察到。表3—3中显示，高收入国家20世纪80年代的人口增长率大多低于10‰，有的仅为2‰—3‰，甚至等于0。1985年，这些国家的人口平均受教育年数介于6.3—11.8年之间。与此形成显著反差的是低收入国家，他们同期的人口增长率高达25‰以上，而人均受教育年限一般低于4.3年，个别国家甚至不到1年。处于中等收入水平的国家或地区，人口增长率和人均受教育程度也介于前述两类国家之间。如果说，发达国家的现状大体上展示了发展中国家未来的情景，那么，工业化过程中人口生产数量与质量偏好的转变就是一条普适性规律。

表3—3 不同发展水平国家（地区）的人口增长率和平均受教育年限

国家（地区）	劳均GDP （1990）（美元）	平均人口增长率 （1980—1990）（‰）	平均受教育年限 （1985）
美国	36810.0	9	11.8
加拿大	34233.3	10	10.4
瑞士	32760.9	6	9.1
意大利	30920.4	2	6.3
法国	30184.2	5	6.5
西德	29448.0	3	8.5
瑞典	28343.7	3	9.4
英国	26871.3	2	8.7
丹麦	25030.8	0	10.3
日本	22454.1	6	8.5
中国台湾	18405.0	13	7.0
韩国	15828.3	12	7.8
阿根廷	13251.6	14	6.7
巴西	11043.0	21	3.5
前南斯拉夫	9938.7	7	7.2
巴基斯坦	4785.3	31	1.9
津巴布韦	2576.7	34	2.6
赞比亚	2208.6	35	4.3
加纳	1840.5	33	3.2
肯尼亚	1840.5	37	3.1
卢旺达	1472.4	29	0.8
马里	1104.3	25	0.8

数据来源：[美]琼斯、查尔斯·I.：《经济增长导论》，舒元等译，北京大学出版社2002年版，附录B"经济增长数据"，第176—179页。

对于工业化[①]背景下人口生产数量偏好向质量偏好的转变，贝克尔[②]

[①] 本书所谓的工业化指市场经济制度基础上的工业化，20世纪50年代至20世纪70年代中国计划经济体制时期推进的工业化除外。

[②] 参见[美]贝克尔、加里·斯坦利《家庭论》，王献生、王宇译，商务印书馆2005年版。

的新家庭经济学提供了一种颇具说服力的解释。以包括子女数量和质量在内的家庭效用函数为分析框架，贝克尔认为，家庭效用极大化目标的一个重要决策就是权衡子女的数量和质量，而影响这种权衡的因素主要有收入、时间价值、价格效应和利他主义投资的贴现率等。随着工业化的推进和人均收入的增长，父母对子女数量需求的收入弹性小于对子女质量需求的收入弹性；收入的提高改变了人们从事非市场活动时间的机会成本，进而增加了养育孩子的经济成本；在生产时间收入增加以及非生产时间所放弃的收入亦增加的条件下，子女的价格日益昂贵，子女成为家庭的"奢侈品"；父母对子女人力资本投资与该项投资的贴现率负相关，出生率的上升提高贴现率，阻碍父母对子女的人力资本投资，反之，则增加该项投资。理性的家庭决策者在收入增加的条件下倾向于对孩子的质量投资。Becker, Murphy and Tamura[①]，以及卢卡斯[②]的包含生育率和人力资本积累率的内生增长模型的研究表明，联结生育率和人力资本积累率关系的是人力资本投资收益率。较高的人力资本投资收益率不仅引起孩子质量对数量的替代，且降低未来消费的贴现率，诱导父母对子女更多的质量投资。而人力资本投资收益率的提高，正是工业化进程中所发生的典型性事实。

本章拟讨论的问题是，随着市场化改革的推进，中国正在经历快速的工业化和城镇化进程。相关研究显示，中国已进入工业化中期阶段的后半段[③]，2016年城市化率达到57.35%[④]。如果说人口生产数量偏好向质量偏好的转变是工业化过程的一般规律，那么，这种转变在当今中国是否正在发生？特别是，在长期以来存在显著高生育率偏好的中国农村地区是否发生？如果中国农村的人口生产偏好已经或正在改变，那么这

[①] Becker, Gary S., Kevin M. Murphy and Mark M. Tamura: Human Capital, Fertility, and Economic Growth, *Journal of Political Economy*, 1990, Vol. 98, No. 5, pp. 734–754.

[②] ［美］卢卡斯、小罗伯特·E.：《经济发展讲座》第五章，罗汉、应洪基译，江苏人民出版社2003年版，第113—179页。

[③] 周叔莲等：《中国的工业化与城市化》，经济管理出版社2008年版，第16页。

[④] 数据来源：中国国家统计局：《中国统计年鉴2017》，中国统计出版社2017年版，第31页。

种变化对于中国农业和农村发展具有何种意义？

第二节 中国农村人口生产转型的经验事实

一 总和生育率下降

新中国成立后，中国人口特别是农村人口迅速增长。农村总和生育率1955年为6.39，1970年为6.38。20世纪70年代中央政府在全国实施了计划生育政策，具有强制性的计划生育政策使得农村妇女总和生育率快速下降，1975年下降到3.95，五年时间生育率减少了38%。20世纪80年代初期，计划生育被定为基本国策，并实行严格的奖罚制度，农村生育率在小幅度波动中保持着下降趋势。1992年农业人口年龄别生育率下的总和生育率和递进生育率下的总和生育率分别降到1.83和2.04[1]，均低于2.1的生育更替水平。

汤兆云[2]的研究表明，中国乡村总和生育率在1950年至1981年期间呈现振荡下降，其中1963年达到峰值7.78，20世纪70年代之后较平稳地下降，1981年降至2.91。1991年中国社会科学院进行的"中国家庭经济和生育研究"抽样调查结果显示，农村妇女平均期望生育数为1.89个，1997年国家计划生育委员会组织的"全国人口和生殖健康抽样调查"显示的农村妇女平均期望生育数为1.80个[3]。从Poston等人绘制的中国生育率趋势图（见图3—2）中可以清晰地观测到农村生育率的变化趋势[4]。从国内外学者所列数量来看，中国农村总和生育率自1970年以来总体处于下降趋势。

农户家庭规模趋于缩小是生育率下降的结果。选取历年有关人口统计资料中的农村人口数和农村家庭户数，二者之比得平均每个农户家庭

---

[1] 国务院人口普查办公室、国家统计人口和社会科技统计司：《转型期的中国人口》，中国统计出版社2005年版，表1，第24页。
[2] 汤兆云：《农村计划生育与人口控制》，江苏大学出版社2009年版，表8，第34页。
[3] 路遇：《新中国人口五十年》（上），中国人口出版社2004年版，第129页。
[4] 叶华、吴晓刚：《生育率下降与中国男女教育的平等化趋势》，《社会学研究》2011年第5期。

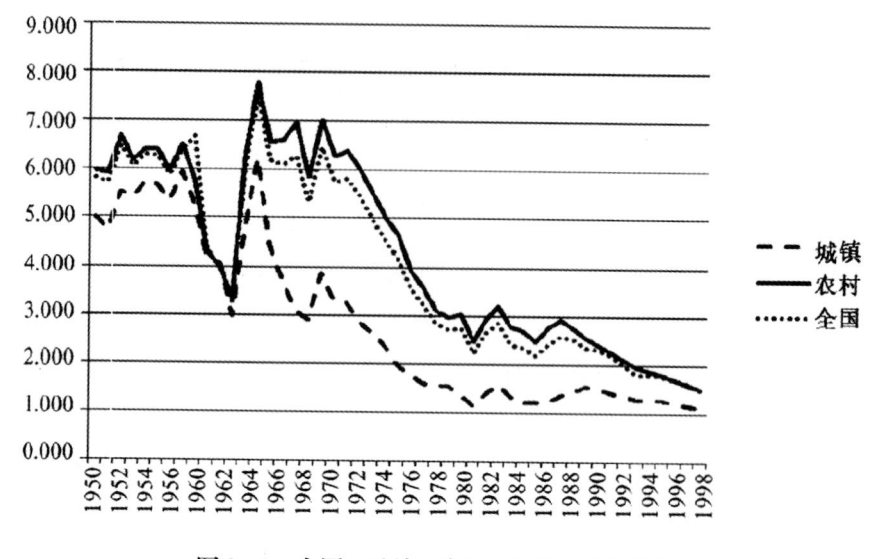

图3—2 全国、城镇、农村人口生育率趋势图

数据来源：叶华、吴晓刚：《生育率下降与中国男女教育的平等化趋势》，《社会学研究》2011年第5期。

的人口数。1975年农村户均人口数为4.72人，之后一直递减，2010年下降到3.66人（见图3—3）。这表明，到2010年，无论是"核心"还是"扩展"的家庭类型，平均每个农村家庭拥有的子女数不超过两个。

根据《中国综合社会调查2008》（CGSS2008）数据库记录的农村样本，计算出生于不同年代的被访问者的兄弟姐妹数，也可以反映农村人口生育率的变化。为了比较不同世代人口的兄弟姐妹数，我们把1950年至1990年出生的农村被访问者分为三个世代[1]，分别为1950—1970年、1971—1980年和1981—1990年。结果表明，三个世代的被访问者的平均兄弟姐妹数依次为3.95个、2.94个、1.71个（见表3—4）。出生于20世纪80年代的被访问者比出生于20世纪五六十年代的被访问者的平均兄弟姐妹数减少了2.24个。平均兄弟姐妹数随着出生世代递减的趋势，再

---

[1] 本章研究的起始时间是新中国成立之后出生的农村人口，故选取的样本中删去了1949年（含1949年）之前出生的农村人口，CGSS2008中记录的最年轻的被访问者是1990年。

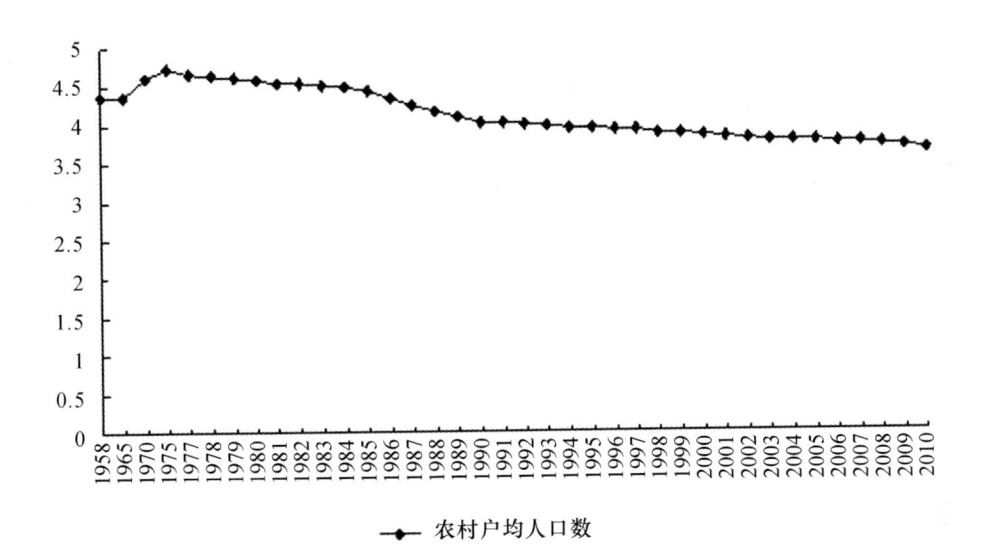

图3—3 农村户均人口数变动趋势

数据来源：1958—2008年数据来源于中华人民共和国农业部编《新中国农业60年统计资料》表1—1—2，中国农业出版社2009年版，第4页；2009—2010年数据来源于国家统计局农村社会经济调查总队《中国农村住户调查年鉴2011》表2—1，中国统计出版社2011年版，第13页。

一次表明农村人口生产在数量方面的变化与农村总和生育率和农户家庭规模的变动趋势是一致的。

表3—4　　　　　　　三个世代平均兄弟姐妹数比较

世代	平均兄弟姐妹数	频数	标准差
1950—1970	3.95	1088	1.79
1971—1980	2.94	389	1.30
1981—1990	1.71	194	0.94

二　人力资本水平显著提升

人力资本一般是指通过教育、培训、保健、劳动力迁移、就业、信息获得等凝结在劳动者身上的技能、学识、健康状况的总和。目前比较容易量化的人力资本指标是个体的受教育年数。

参考郭剑雄、李志俊[①]关于人均受教育年数的计算方法，利用相关统计年鉴中各教育层次的劳动力百分比以及每个教育层次相应的学制年数，最后求和得出每年的农村劳动力平均受教育年数[②]。表3—5中显示，农村劳动力平均受教育年数逐年递增，1985年的劳均受教育年数为5.6年，接近小学毕业文化水平；到2010年劳均受教育年数增加到8.36年，接近初中毕业水平，2010年比1985年延长了近一个教育层次。

表3—5　　　　1984—2010年农村劳动力平均受教育年数[③]

年份	平均受教育年数	年份	平均受教育年数	年份	平均受教育年数
1984	6.17	1993	6.76	2002	7.79
1985	5.60	1994	6.86	2003	7.83
1986	5.73	1995	6.99	2004	7.87
1987	5.82	1996	7.25	2005	8.01
1988	5.92	1997	7.36	2006	8.08
1989	6.03	1998	7.45	2007	8.16
1990	6.20	1999	7.54	2008	8.22
1991	6.55	2000	7.67	2009	8.30
1992	6.63	2001	7.76	2010	8.36

数据来源：1985—2011年《中国农村统计年鉴》有关数据计算得到。

[①] 郭剑雄、李志俊：《人口偏好逆转、家庭分工演进与农民收入增长——基于中国农户经验的分析》，《南开学报》（哲学社会科学版）2010年第6期，第110页注释②。

[②] 劳均受教育年数计算方法：各层次教育年数分别乘以各级受教育劳动力比重再加总求和，其中，"不识字或识字很少"以0年计，"中专"和"高中"合并以12年计，"大专及大专以上"合并以15.5年计。

[③] 最早的《中国农村统计年鉴》是1985年版。

CGSS2008 数据库记录了被访问者从小学开始一共受过多少年学校教育①。同样把 1950—1990 年出生的农村人口分为三个世代（划分标准与表 3—4 相同），比较不同世代之间的人均受教育年数，结果见表 3—6。出生于 20 世纪五六十年代的农村人口平均受教育年数 5.59 年，接近于小学毕业；20 世纪 70 年代出生的农村人口平均受教育年数延长到约 7 年，相当于初中一年级水平；最年轻世代的平均受教育年数达到 8.56 年，已接近初中毕业水平。表 3—6 的微观调查数据说明农村人口的人力资本水平随着出生世代的递进稳步提升，与宏观统计数据保持一致。

表 3—6　　　　　　　三个世代平均受教育年数比较

世　代	平均受教育年数	频数	标准差
1950—1970	5.59	1088	3.54
1971—1980	6.99	389	3.37
1981—1990	8.56	194	3.30

三　人口生产偏好转变强度的测度

人口生产数量偏好的减弱和质量偏好的提升，可以用人口生产偏好转变强度一个指标做出统一度量。如果我们用反映人口生产质量的指标如人均受教育年限（E）作分子，用反映人口生产数量的指标如总和生育率或家庭人口规模（N）作分母，二者之比可以定义为人口生产质量偏好强度（Q），即 $Q = E/N$。该指标越大意味着人口生产由数量偏好向质量偏好转变的强度越强，表明家庭更愿意以孩子的质量代替孩子的数量。

根据表 3—5 中所示的农村劳动力平均受教育年数和图 3—3 中表示的户均人口数，采用我们定义的人口生产质量偏好强度公式，测算出 1984—2010 年中国农村人口生产质量偏好转变强度指数如表 3—7 和图 3—4 所示。在 1985—2010 年间，中国农村人口生产质量偏好转变强度逐年增大，而数量偏好在减弱。

---

① 样本中有部分被访问者还处于在学状态，此处计算的平均受教育年数被低估，但这不影响我们观察随着出生世代递进的人口受教育水平的趋势。

表 3—7　1984—2010 年中国农村人口生产质量偏好转变强度指数

年份	Q	年份	Q	年份	Q
1984	1.37	1993	1.70	2002	2.04
1985	1.26	1994	1.74	2003	2.07
1986	1.32	1995	1.77	2004	2.09
1987	1.37	1996	1.85	2005	2.13
1988	1.42	1997	1.88	2006	2.15
1989	1.48	1998	1.92	2007	2.18
1990	1.54	1999	1.95	2008	2.21
1991	1.63	2000	2.00	2009	2.24
1992	1.66	2001	2.03	2010	2.28

数据来源：1984—2008 年农村户均人口数来源于中华人民共和国农业部编《新中国农业 60 年统计资料》，中国农业出版社 2009 年版，第 4 页；2009—2010 年农村户均人口数来源于国家统计局农村社会经济调查总队《中国农村住户调查年鉴2011》表 2—1，中国统计出版社 2011 年版，第 13 页。1984—2010 年农村劳动力平均受教育年数根据 1985—2011 年《中国农村统计年鉴》有关数据计算得出。

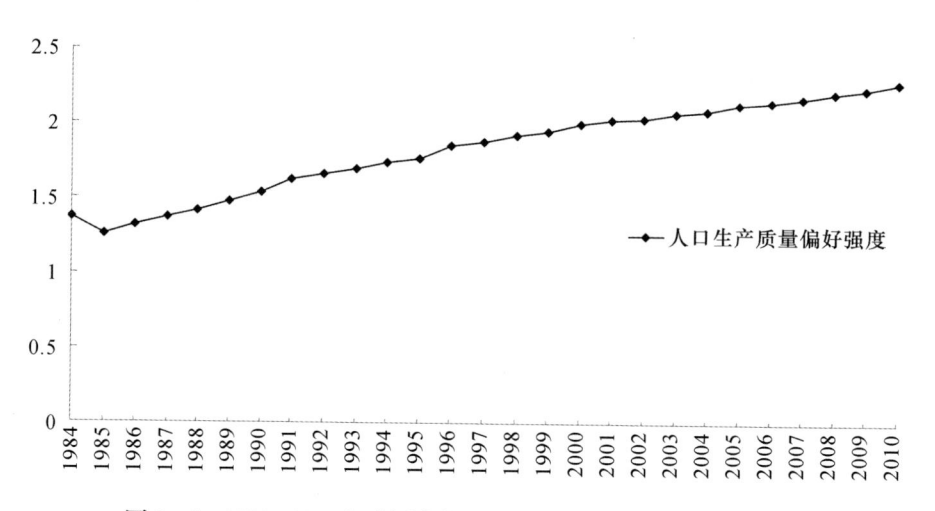

图 3—4　1984—2010 年中国农村人口生产质量偏好转变强度趋势

数据来源：1984—2008 年农村户均人口数来源于中华人民共和国农业部编《新中国农业 60 年统计资料》，中国农业出版社 2009 年版，第 4 页；2009—2010 年农村户均人口数来源于国家统计局农村社会经济调查总队《中国农村住户调查年鉴2011》表 2—1，中国统计出版社 2011 年版，第 13 页。1984—2010 年农村劳动力平均受教育年数根据 1985—2011 年《中国农村统计年鉴》有关数据计算得出。

第三节 中国农村人口生产转型的原因

与先行工业化国家一样,在工业化、城镇化进程中,中国农村人口生产也经历了由数量偏好向质量偏好的转变;但与先行工业化国家不同,在人口生产由数量偏好向质量偏好转变的过程中,中国同时推行了计划生育政策。这就使得中国农村人口生产偏好转变的原因呈现出一定的复杂性。现有文献关于中国生育率下降原因的讨论大体分为三种观点。第一种观点也是主流观点,认为中国的生育率转变是"强制型生育转变",主要强调政府干预(计划生育政策)在生育率转变中的决定性作用[1]。第二种观点认为工业化、城镇化表征的经济社会发展是生育率下降的主要原因,特别是人均收入、医疗、教育等因素的提高[2]。第三种观点认为生育率下降是计划生育政策和经济社会因素互交作用的结果,计划生育政策对生育率下降具有直接影响,而经济社会发展则同时具有直接和间接

---

[1] Arid, J. S.: Coercion in family planning: causes, methods, and consequences, in U. S. Congress, 1986, Joint Economic Committee, China's Economy Looks Toward the year 2000, Vol. 1, The Four Modernizations (Washington, DC: Government Printing Office); Feeney, G and F. Wang: Parity progression and birth intervals in China: the influence of policy in hastening fertility decline, *Population and Development Review*, 1993, Vol. 19, pp. 61 – 101; Hesketh, T. and Lu, L. and Xing, Z. W.: The effect of China's one – child family policy after 25 years. *New England Journal of Medicine*, 2005, Vol. 353 (11), pp. 1171 – 1176.

[2] Becker, G. S.: Family Economics and Macro Behavior, *American Economic Review*, 1988, Vol. 78, pp. 1 – 13; Greenhalgh, S.: Socialism and fertility in China, Annals of the American Academy of Political and Social Science, World Population: Approaching the Year 2000, 1990, pp. 73 – 86; Mcelroy, M. and Tao Yang: Carrots and Sticks: Fertility Effects of China's Population Policies, *The American Economic Review*, 2000, Vol. 90 (2), pp. 389 – 392; Narayan, P. K. and Xiujian Peng: An Econometric Analysis of the Determinants of Fertility for China, 1952 – 2000, *Journal of Chinese Economic and Business Studies*, 2006, Vol. 4 (2), pp. 165 – 183; Yong Cai: China's Below – Replacement Fertility: Government Policy or Socioeconomic Development? *Population and Development Review*, 2010, Vol. 36 (3), pp. 419 – 440; 曹景椿:《农村经济改革与计划生育》,《人口与经济》1986 年第 4 期。

作用①。这些研究文献都是以微观调查得到的截面数据来进行检验的，而且是针对全国整体生育率下降而言的。我们认为，农村人口生产偏好转变的原因是计划生育政策和工业化、城镇化综合作用的结果，但是二者在时间序列上有主次之分。即人口生产偏好转变起初是由政府实施的计划生育政策推动的，计划生育政策是人口生产偏好转变的外生变量。随着20世纪90年代市场经济体制在中国的确立和不断完善，经济社会发生了深刻变革，特别是市场化、工业化、城镇化得到快速发展，经济社会因素逐渐代替强制性的计划生育政策在人口生产偏好转变方面起着主导作用。

一 人口生产偏好转变的外生力量——计划生育政策

1. 生育率显著下降时间与计划生育政策开始实施时间相吻合。中国的计划生育政策被称为世界上第一个以国家名义实施的强制性计划生育方案②。1955年全国总和生育率为6.26，农村为6.39，1970年全国总和生育率下降到5.81，农村为6.38③。农村生育率在16年间仅下降0.01，几乎未发生变化。在基数庞大且膨胀较快的人口压力下，政府在20世纪70年代实施了覆盖城乡范围的"晚、稀、少"政策，中国人口生产出现了逆转，全国总和生育率由1970年的5.81下降到1980年的2.24④，农村总和生育率1980年为2.68，比1970年减少3.7⑤，10年间下降了58%。农村总和生育率在较短的时间内如此大幅度的下降，而且下降的起点时间与计划生育政策开始实施的时间相吻合，这不能排除计划生育

---

① Tien, H. Y.: Induced fertility transition: impact of population planning and socioeconomic change in the People's Republic of China, *Population Studies*, 1984, Vol. 38 (3), pp. 385 – 400; Poston Jr, D. L. and Gu, B.: Socio – economic development, family planning and fertility in China, *Demography*, 1987, Vol. 24, pp. 531 – 551; 邬沧萍、钟声：《社会经济发展和计划生育工作的完善是我国农村生育率下降的前提和必要条件——苏南农村人口转变的启示》，《人口研究》1992年第5期。

② Banister, J.: *China's Changing Population*. Stanford: Stanford University Press, 1987.
③ 田雪原：《中国人口政策60年》，社会科学文献出版社2009年版，第231页。
④ 杜鹏：《新世纪的中国人口》，中国人民大学出版社2011年版，第87页。
⑤ 田雪原：《中国人口政策60年》，社会科学文献出版社2009年版，第231页。

政策的强制性约束作用。

2. 差异化的计划生育政策和差异化的生育率：汉族与少数民族的比较。表3—8表明，汉族与少数民族在计划生育政策的实施方面差异较大，特别对汉族第二胎的严格控制和第三胎的坚决杜绝，而少数民族地区内部的汉族和城镇居民有条件地可生二胎，农村地区的少数民族则可以生第三胎。差异化的计划生育政策，导致了汉族和少数民族妇女不同的总和生育率（见表3—9）。少数民族生育率由1970年的6.49下降到1985年的3.07，而这一阶段正是计划生育政策在少数民族地区普遍开展的时期[①]，说明计划生育政策对少数民族人口控制效果是明显的。更重要的是，少数民族生育率历年均高于全国水平，更高于汉族，这与对汉族和少数民族实施的严格与宽松的计划生育政策不无关系。

表3—8　　　　　　汉族与少数民族地区生育政策比较

地区	一胎	二胎	三胎
汉族	大力提倡只生一胎	严格控制生育二胎	坚决杜绝生育三胎
西藏	汉族干部、职工、城镇居民一对夫妻只允许生育一胎	藏族干部、职工、城镇居民可有间隔地生育两个孩子，严格控制三胎	在腹心农牧区，有三个孩子的夫妇不再生育，边境农牧区的乡（区）和门巴族、珞巴族、夏高巴人等暂不提倡生育指标
内蒙古	汉族公民一对夫妻只允许生育一个子女	蒙古族及其他少数民族居民允许生育两个子女	蒙古族农牧民已有两个女孩的可生第三胎，达斡尔族、鄂温克族、鄂伦春族提倡少生，适当优生
新疆	城镇汉族居民一对夫妻生育一个子女	城镇少数民族居民，农牧民可以生育两个子女	少数民族农牧民可生育三个子女，特殊情况可再生一个
宁夏	汉族干部、职工、城镇居民只允许生育一胎	农村居民、夫妇双方或一方为少数民族的，允许生育第二胎	固原、海原、西吉、隆德、泾源、彭阳、盐池、同心八县少数民族农民，最多生育三个孩子

---

① 少数民族地区的计划生育政策开展较晚。

续表

地区	一胎	二胎	三胎
广西	一对夫妻只生育一个孩子	夫妻双方为1000万人口以下的少数民族，经批准可生育第二胎	无论何人、何种民族都不允许生育第三胎

数据来源：张树安：《民族地区人口与经济可持续发展论》，民族出版社2005年版，第375页。

表3—9　　　　　全国、少数民族妇女总和生育率的变化

年份	1970	1975	1980	1985	1989	2000
全国	5.70	3.50	2.31	2.20	2.29	1.22
少数民族	6.49	5.52	4.00	3.07	2.91	1.65

数据来源：路遇：《新中国人口五十年》，中国人口出版社2004年版，第817页。

3. 差异化的计划生育政策和差异化的生育率：城乡比较。计划生育政策规定，农村家庭在第一胎为女孩的情况下可以生第二胎[①]，所以农村地区实施的不是严格的独生子女政策，实际上是"一孩半"政策，与城镇相比较为宽松。由于计划生育政策在城乡的紧松不同，导致城乡生育率在下降初期的高低差别较大，农村地区始终大于城镇。如表3—10中所示，1975—1980年间对应着计划生育政策全面开始实施时期，城镇生育率由2.49下降到1.51，平均减少1个孩子；而农村地区则由5.24降到4.97，平均减少0.27个孩子，农村平均每个妇女要比城镇妇女多生3.46个孩子。如此大的差距显然与城乡分别实施紧、松计划生育政策有关。

---

① White, Tyrene：Two Kinds of Production：The Evolution of China's Family Planning Policy in the 1980s，*Population and Development Review*，1994，20.

表 3—10　　1950—1990 年主要年份全国、城镇、农村总和生育率

	1950—1955	1956—1960	1961—1965	1966—1970	1971—1975	1976—1980	1981—1985	1986—1990
全国	6.24	5.04	5.93	5.99	4.76	2.90	2.36	2.45
城镇	5.34	5.07	4.36	3.37	2.49	1.51	1.33	—
农村	6.25	5.49	6.43	6.51	5.24	4.97	2.83	—

数据来源：[美]约翰逊、D.盖尔：《经济发展中的农业、农村、农民问题》，商务印书馆 2004 年版，第 172 页。

二　人口生产偏好转变的内生动力——工业化、城镇化

1992 年邓小平"南方谈话"对中国 20 世纪 90 年代的经济改革与社会进步起到了关键的推动作用，一系列的市场化改革促使各项经济社会事业蓬勃发展。一方面是农村生产力获得解放，乡镇企业异军突起，农民就业领域拓宽，剩余劳动力转移加快，有关户籍、教育、医疗和社会保障等制度改革为农村经济发展创造了有利条件；另一方面城镇化、工业化不断提速，第三产业得到长足发展，各种所有制企业大量涌现，为农村剩余劳动力转移提供更多的机会。农村自身的发展和工业化、城镇化的加深提高了农民收入，特别是来自非农的收入。根据中国经济社会自 20 世纪 90 年代以来发生的巨大变化，我们推断，20 世纪 90 年代中期之后主导农村人口生产偏好转变的因素是以工业化、城镇化为代表的中国经济社会的快速发展。其原因如下：首先农民收入提高增加了养育子女的时间的机会成本，特别是农村妇女教育水平在代际之间逐渐提高，进城务工的机会增多，从事非农工作获得较高的收入提高了妇女的时间价值，从而放弃生育更多的子女。其次，城镇非农产业的高工资率吸引着农村劳动力向城镇转移，而这种转移是选择性的，具有较高人力资本的劳动力才有利于进入城市非农部门[1]，人力资本的门槛倒逼农村家庭减少子女数量，重视对子女质量的投资。再次，养育子女的成本随着家庭收入增加而增加，因此孩子越来越"昂贵"，更多的孩子已经不是"耐用

---

[1] 郭剑雄、李志俊：《劳动力选择性转移条件下的农业发展机制》，《经济研究》2009 年第 5 期。

消费品",而是"奢侈品",其需求价格弹性抑制了家庭对孩子的需求。最后,农村社会保障制度逐步完善,农民的"多子多福"传统观念发生转变,农村老年人口养老模式不再完全依靠子女。因此,农村生育率转变由起初计划生育政策外部推动逐渐内化为家庭对于经济因素变化的自觉行为。

1. 经济社会发展因素与人口生产偏好强度之间的相关系数发生结构性变化。为了比较1992年前后经济发展水平对生育率影响的差异,选取1984—2010年以不变价格计算的农村人均纯收入和人口城镇化率来表征经济因素,以1992年为界,分别计算1984—1992年、1993—2010年期间两个指标与表3—7计算的人口生产偏好强度的相关系数,结果见表3—11。表3—11从统计学角度反映城镇化水平、农村人均纯收入与人口生产偏好强度的相关系数在1992年前后发生了显著变化,相关系数在1984年和1992年分别为0.875和0.836,1993年和2010年分别达到0.989和0.937。由此可以看出,社会经济因素对人口生产偏好转变的作用是逐渐增强的,另一方面说明计划生育政策的作用在减弱。

表3—11　人口生产偏好强度与农村人均纯收入、城镇化率相关系数

	时　期	城镇化率	农村人均纯收入
人口生产质量偏好强度	1984—1992	0.875**	0.836**
	1993—2010	0.989**	0.937**
	1984—2010	0.947**	0.903**

说明:①** 表示在0.01水平(双侧)上显著相关。②采用的是Pearson相关性检验方法。

2. 少数民族人口生育率持续下降。20世纪70年代开始实施的计划生育政策抑制了少数民族人口生产(见表3—9),根据20世纪80年代针对少数民族的具体人口政策(见表3—8),可以推算出少数民族妇女在政策允许范围内至少可以生育2个子女,或者平均可以生2.5个。但是少数民族生育率从1970年以来总体呈现递减趋势,1992年为2.09个,达到更替水平,2000年进一步减少到1.70个,比政策允许的平均生育率低0.8个(见表3—12)。表3—12中显示,20世纪90年代少数民族人口生育

率在小幅度振荡中总体保持下降,孩次递进比随着孩次递进而递减,证实少数民族人口生产偏好发生了显著变化。计划生育政策对少数民族地区人口生育的约束是恒定的,在这种宽松的计划生育政策下,少数民族人口生育率保持了下降趋势,从一个侧面说明计划生育政策对人口生产不再是主要影响因素,主要原因还是归结于中国总体工业化、城镇化的宏观背景以及少数民族地区自身的发展。农民在收入最大化动机的驱使下减少生育数量、注重对子女质量的培养,是对工业化、城镇化、市场化带来的人力资本回报不断增加的趋势做出的积极反应。

表3—12　　　　1990—2000年非汉族生育率及孩次递进比

年份	总和生育率	孩次递进比			
		0孩→1孩	1孩→2孩	2孩→3孩	3孩→4孩
1990	2.55	0.990	0.884	0.514	0.333
1991	2.28	0.961	0.831	0.552	0.136
1992	2.09	0.977	0.738	0.381	0.394
1993	2.02	0.973	0.701	0.402	0.162
1994	1.86	0.975	0.684	0.265	0.177
1995	1.89	0.987	0.653	0.315	0.216
1996	1.90	0.971	0.697	0.269	0.374
1997	1.74	0.956	0.632	0.245	0.167
1998	1.67	0.974	0.583	0.188	0.192
1999	1.54	0.938	0.547	0.151	0.113
2000	1.70	0.982	0.605	0.179	0.152

数据来源:国务院人口普查办公室、国家统计人口和社会科技统计司:《转型期的中国人口》,中国统计出版社2005年版,表6,第30页。

3. 城乡人均收入悬殊导致生育率趋同缓慢。长期的二元经济结构造成城乡居民收入存在较大差距(见表3—13),也即城乡社会经济发展不平衡。根据贝克尔的生育决策理论,收入与生育率成反向关系,由此推出城镇居民较高的工资水平,其时间价值较大,抚养子女的经济成本较高,城镇家庭更愿意少生育,而注重对孩子的质量的投资。相比较而言,农村地区农民的收入较低,时间价值较小,养育子女的成本较低,其对孩子质量的偏好弱于城镇家庭。所以城乡生育率在下降过程中始终存在着差距,农村地区生育率高于城镇。从图3—2中可以观察到,城乡生育率虽然有趋同的态势,但二者一直保持着距离。对于20世纪90年代之后仍然存在的这种差距,只能归结于城镇与农村的工业化和市场化程度的差异。城镇的工业化和市场化水平较高,居民收入增加较快,生育率下降迅速;而农村地区的工业化、市场化程度滞后于城镇,农民人均收入相对偏低,生育率下降缓慢。

表3—13　　　　1978—2010年主要年份城乡居民收入差距　　　　（单位:元）

年份	城镇居民家庭人均可支配收入	农村居民家庭人均纯收入	差　距
1978	343.4	133.6	209.8
1992	2026.6	784.0	1242.6
2000	6280.0	2253.4	4026.6
2005	10493.0	3254.9	7238.1
2008	15780.8	4760.6	11020.2
2009	17174.7	5153.2	12021.5
2010	19109.4	5919.0	13190.4

数据来源:中国国家统计局编《中国统计年鉴2011》,中国统计出版社2011年版,第378页。

4. 来自二孩生育政策试点地区的证据。中国人民大学人口与发展研究中心"21世纪中国生育政策研究"课题组(2009)在2005—2006年对甘肃酒泉、山西翼城、河北承德、湖北恩施、广东省等地区就二孩生育政策的实践进行了实地调研,形成了《八百万人的实践——来自二孩生育政策地区的报告》一书。书中详细报告了对五个二孩生育政策试验区调研所得到的数据以及结论。五个试点地区中,甘肃酒泉、山西翼城、河北承德三个地区主要针对的是农村地区,这三个地区的社会经济发展、人口状况、计划生育政策等均能代表中国广大农村地区的实际状况,具有典型性和代表性,为我们的推论提供了强有力的支持。甘肃酒泉在1985年实行农村"二孩"生育政策,经过20多年的试点,酒泉市的人口出生率和自然增长率均低于全省和全国平均水平。妇女生育水平在实施二孩生育政策后不仅没有上升反而进一步下降。到2000年达到1.4，远低于全省1.7的水平。而酒泉历年的农村人均纯收入远高于甘肃省和全国平均水平，社会经济基础较好。山西翼城也是1985年开始推行"晚婚晚育加间隔"的二孩生育政策试点，直至调研期间，翼城的出生率和自然增长率分别达到7‰—8‰、2‰—3‰，低于全国、全省平均水平，且降速仍在不断加快。河北承德1984—1986年实施生育二孩政策，调研结果显示，承德农村妇女生育水平低于1.8，自然增长率一直未超过8‰。调研同时通过访谈和问卷形式询问被访问者低生育行为的主要原因并进行了排序，经济负担、提高生活质量和孩子教育质量排在最前面，其次为身体原因和计划生育政策[①]。这三个农村地区的实地调研结果表明，农村家庭对于宽松的计划生育政策没有做出多生育的选择，生育率反而保持持续下降。农民减少生育的主要原因是经济因素，计划生育政策不再是约束农民生育行为的主要原因。

第四节　农村人口生产转型的发展含义

农村人口生产偏好转变的直接后果是农村劳动力数量减少和人力资本存量增加，农村人口"量""质"变化孕育着传统农业向现代农业转变的有利契机。

首先，人口生产偏好转变引致农业投入要素结构的转变。传统农业是"完全以农民世代使用的各种生产要素为基础"[②]，这些生产要素具体为劳动、土地，土地投入在宏观上是既定的，所以传统农业产出的增长主要依赖于劳动。而劳动具有边际报酬递减性质，对农业增长驱动作用是有限的。农村人口生产偏好转变，生育率下降，劳动力数量减少，相对增加劳均资本存量，根据新古典增长理论，劳均资本存量增加带来农

---

① 本自然段所列数据均来自《八百万人的实践——来自二孩生育政策地区的报告》相关调研报告。

② [美]舒尔茨、西奥多·W.：《改造传统农业》，梁小民译，商务印书馆1987年版，第4页。

业产出的增加。同时生育率下降为人力资本投资创造了有利条件。农村人力资本水平的提高，一方面为引进先进的技术设备准备了前提条件；另一方面人力资本水平较高的农民更容易向城市转移，缓解农村劳动力长期积累下来的过剩状态；还有人力资本能够提高物质资本的产出弹性，减缓边际收益下降速度。由于人力资本对农业生产所独有的积极作用，传统农业向现代农业过渡过程中越来越依赖于人力资本的推动作用，正如舒尔茨指出，改造传统农业的关键是引入现代生产要素，而人力资本是更具决定性意义的现代要素[1]。

其次，人口生产偏好转变引致农业发展方式的转变。根据农业生产投入要素结构的转变过程，相应地可把农业发展方式划分为三个阶段：第一个阶段称为古典农业发展方式，其主要依靠土地和劳动投入驱动农业产出增长，属于传统形态的农业。第二个阶段称为新古典农业发展方式，即在农业生产要素中引入物质资本，且物质资本成为农业增长的主要驱动力，该方式发展的前提是工业化要达到一定程度。第三个阶段称为内生农业发展方式，其主要依据新经济增长理论将人力资本引入农业生产函数，农业增长的驱动力由物质资本让位于包含人力资本在内的广义资本。目前中国的农业还处于新古典发展方式。随着人口生产偏好的进一步转变，农村人力资本的深化和广化将为由新古典方式向内生方式转变创造出有利条件，从而实现加速农业发展方式的现代化转变。

再次，人口生产偏好转变引致人均收入由马尔萨斯均衡状态向持续增长状态的转变。Becker, Murphy and Tamura 在对人力资本、生育率与经济增长的分析中认为，经济发展存在着"一高两低"——高生育率、低人力资本积累率和低人均收入水平——的马尔萨斯稳态，与"一低两高"——低生育率、高人力资本积累率和高人均收入水平——的持续增长[2]。单就农业部门发展来看，也存在着这两种稳态，马尔萨斯稳态是一种低水平均衡，农业在这种稳态中难以获得增长机会，不断复制着原有

---

[1] 参见 [美] 舒尔茨、西奥多·W.《改造传统农业》第十二章，梁小民译，商务印书馆 1987 年版，第 132—153 页。

[2] Becker, Gary S., Kevin M. Murphy and Mark M. Tamura: Human Capital, Fertility, and Economic Growth. *Journal of Political Economy*, 1990, Vol. 98, No. 5, 734–754.

发展水平，甚至会出现倒退。人口生产偏好转变后的低生育率和高人力资本积累率形成劳动力质量的代际优化，导致农民收入增加，农业发展就有机会跳出马尔萨斯陷阱，迈向高水平的持续增长轨道。

最后，人口生产偏好转变引致二元经济结构向一元经济转变。人口生产偏好转变一方面通过改变农业的投入要素结构，引致农业发展方式的转变，促使农业超越传统阶段和走向现代化转变进程；另一方面造就了高素质的劳动力。随着人口生产偏好进一步的转变，农村劳动力人力资本水平逐渐提升，与城镇劳动力人力资本水平趋同，城乡劳动力呈现同质性，二者在劳动力市场上自由竞争，在城乡之间自由流动，结果会出现城乡劳动力工资水平也趋于一致。当劳动力在城乡之间获得的报酬无差异时，都以边际产出作为劳动力定价的基础，这时城乡二元经济就转变为一元经济。这种转变的动力来自人口生产偏好转变引发的人力资本存量的动态增加，其具有内生性和持久性。

第五节 本章结论

本章考察中国工业化和城镇化过程中农村地区的人口生产偏好变化。首先从宏观统计数据和微观调查数据两方面描述农村人口生产偏好转变的经验事实。一方面农村生育率一直保持下降态势，农户家庭的子女数随着世代递进而减少。另一方面农村人口的平均受教育年数在不断延长，表明农村人口生产由"数量"偏好转向"质量"偏好。其次分析了这种转变的原因。把这种转变归结于计划生育政策和经济社会发展，但二者在不同的历史时期的地位不同。20世纪90年代之前计划生育政策对人口生产偏好转变起着决定性作用，而在20世纪90年代之后计划生育政策的作用和约束力逐渐减弱，主导地位被经济社会因素代替。农村人口生产偏好转变将引致农业投入要素结构和农业发展方式转变，促使农业发展跳出"马尔萨斯稳态"迈向持续增长，最终导致城乡二元经济向一元经济转变。

第 四 章

选择性转移对农村人口生产转型的影响

第一节 选择性转移人口转型效应的提出

本章提供了一个新的观察工业化进程中中国农村人口生产转型的视角。因为工业化的基本内容之一是劳动力的非农化配置，所以，工业化对农村人口生产转型的影响，可以通过劳动力转移与农村人口生产转型之间的相互关系进行分析。本章认为，二者间的相关性是建立在工业化对转移劳动力质量（或人力资本）的选择性基础之上的。

20世纪80年代以来，中国经济社会发生的最突出事件之一是农村劳动力的大规模非农转移。由于农村劳动力本身的异质性以及非农部门对劳动力的技能需求，转移的农村劳动力呈现出选择性特征：首先是年轻化，根据第二次全国农业普查数据，外出劳动力大都集中在20—40岁年龄段（见图4—1[①]）；再是男性化，2006年，全部农村劳动力中男性比例为52.6%，外出劳动力中男性劳动力占到63.2%。还有受教育程度较高，转移劳动力的平均受教育年数高出全部农村劳动力1年多（如图4—2[②]所示）。

[①] 数据来源：《第二次全国农业普查主要数据公报（第5号）》。
[②] 数据来源：农村转移劳动力的相关数据来源为：1990年数据来自《中国1990年人口普查资料》，1997—2000年数据来自《农村住户劳动抽样调查》（转引自中国教育与人力资源问题报告课题组《从人口大国迈向人力资源强国》，高等教育出版社2003年版，第279页）；2004年数据和农村劳动力文化程度的数据来自相关年份《中国农村住户调查年鉴》；2006年数据全部来自《第二次全国农业普查主要数据公报（第5号）》。

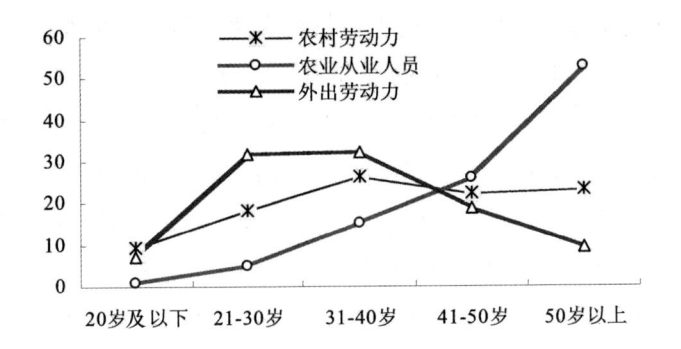

图4—1 2006年中国不同类别农村劳动力年龄分布（单位：%）

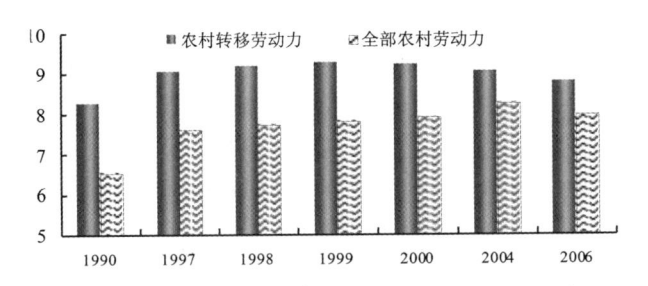

图4—2 中国不同年份农村转移劳动力与全部农村劳动力的受教育情况比较（单位：年）

与劳动力选择性转移过程相伴随的另一个典型化事实是，农村居民家庭人口生产偏好的显著转变。在改革开放之初，农民家庭的人口生产还存在着显著的数量偏好特征。比如1985年，农村妇女一般生育率高达88.83‰，2008年，这一数据降为43.10‰；农村户均人口规模从1980年的5.54人/户，下降到2000年的4.20人/户，进而又降低到2009年的3.98人/户，人口生产的数量偏好明显减弱。与此相对应，农户家庭人口生产的质量偏好特征逐渐凸显。从1985年到2005年，农村居民的文教娱乐支出占总支出的比例从3.91%提高到11.56%[1]；农村居民的平均受教育年限由1985年的5.89年提高到2008年的8.36年，增幅达到42%[2]。

---

[1] 数据来源为相应年份《中国统计年鉴》。

[2] 根据《中国农村统计年鉴》的相关数据计算而得，计算方法：不识字或识字很少×1+小学×6+初中×9+高中（中专）×12+大专及以上×15，其中，各级受教育人口以其比重计。

对于农村劳动力转移与家庭人口特征变化之间的相关性，Grabill 等[1]认为城市化是导致较低生育率的强劲力量，而发展中国家城市化的主要部分可归因于大量的乡城迁移[2]。一些人口学家针对迁移（尤其国际迁移）影响生育率的现象从不同的视角提出了若干理论假设：选择性理论[3]、适应性理论[4]和破坏性理论[5]。很多学者[6]分别针对不同的假设进行了检验，并指出劳动力转移可以抑制迁出地的生育率。中国学者根据调查和人口普查数据得到了类似的结论：农村劳动力的乡城转移对生育的抑制作用非常显著[7]；流动人口生育率有显著低于来源地农村人口生育率

---

[1] Grabill, W. H., C. V. Kiser and P. K. Whelpton: *The Fertility of American Women*, New York, John Wiley & Sons, Inc., 1958, pp. 16 – 19.

[2] Davis, K.: *The Urbanization of the Human Population*, in Scientific American (Editors), CITIES, New York, Alfred A. Knopf, Inc., 1966, pp. 3 – 24.

[3] 该理论认为，流动迁移行为本身是有选择性的，流动迁移者是具有某些特征的人群。相对于农村未流动迁移的人口而言，大都具有较高的文化素质和强烈的发展愿望。因此他们期望流动迁移到更优越的地方获得更多的工作和发展机会。对他们而言，发展需求占了主导地位，他们把大部分的精力和时间都倾注在自身发展上，因而会有意识地控制自己的婚姻和家庭规模，保持较低的生育率。Goldstein, S.: Interrelations between migration and fertility in Thailand, *Demography*, 1973, 10 (2), pp. 225 – 241.

[4] 该理论认为，目的地的平均生育率水平低于迁出地，迁移降低了生育率。从经济学的视角，这种适应性来自价格和收入变化（女性工资、抚养孩子的成本等）导致的对孩子数量需求变化。Easterlin, R. A and Crimmins, E.: *The Fertility Revolution: A Supply – Demand Analysis*, University of Chicago Press: Chicago, 1985.

[5] 迁移使夫妻分居两地从而降低生育率。Goldstein, Sidney and Penporn Tirasawat: The Fertility of Migrants to Urban Places in Thailand. Paper 43; Honolulu, Hawaii: East – West Population Institute, East – West Center, 1977.

[6] Kliewer, E. V.: Influence of Migrantson Regional Variations of Stomach and Colon Cancer Mortality in the Western United States. *International Journal of Epidemiology*, 1992, 21 (3), pp. 442 – 449; Brockeroff, M., and X. S. Yang: Impact of Migration on Fertility in Sub – Saharan Africa, *Social Biology*, 1994, 41 (1—2), pp. 19 – 43; Harding, S.: Social Mobility and Self – reported Limiting Long – term Illness among West Indian and South Asian Migrants Living in England and Wales. *Social Science & Medicine*, 2003, 56, pp. 355 – 361.

[7] 尤丹珍、郑真真：《农村外出妇女的生育意愿分析——安徽、四川的实证研究》，《社会学研究》2002 年第 6 期；傅崇辉、向炜：《深圳流动育龄妇女生育子女数的影响因素分析》，《南方人口》2005 年第 3 期；伍海霞、李树茁、悦中山：《城镇外来农村流动人口的生育观念与行为分析——来自深圳调查的发现》，《人口研究》2006 年第 1 期。

的倾向①。

基于劳动力国际迁移呈现出的选择性特征②,早期的研究者认为因技能劳动力与非技能劳动力的不完全替代性,技能劳动力的外迁对迁出国的人力资本水平会产生负面影响③。近来,新迁移经济学的研究认为,由于国外教育的报酬率较高,迁移的前景会提升人力资本投资的预期回报,诱使更多的国内劳动力进行教育投资④。关于农业部门高素质劳动力转移对中国农业发展带来的影响的研究可分为两类:一是认为,选择性转移导致了原本就薄弱的农村人力资本的损失,视其为城市对农村的又一次剥夺,并以此作为解释城乡发展差距扩大的一种原因⑤;另有学者则同时关注到劳动力转移对农村居民家庭教育需求和人力资本投

---

① 分别使用 1990 年和 2000 年中国人口普查数据,前者的研究结果为流动人口生育率显著高于目的地城市人口的生育率;后者的研究显示流动迁移人口的生育率低于城市人口的生育率。You Helen Xiuhong and Dudley L. Poston. Jr.: Are Floating Migrants in China " Childbearing Guerillas": an Analysis of Floating Migration and Fertility, *Asia and Pacific Migration Journal*, 2004, 13, No. 4, pp. 11 – 29; 陈卫、吴丽丽:《中国人口迁移与生育率关系研究》,《人口研究》2006 年第 1 期。

② Borjas, G. J.: Self – Selection and the Earnings of Immigrants: Reply, *The American Economic Review*, 1990, (80), pp. 305 – 308; Chiquiar, Daniel and Gordon H. Hanson: International Migration, Self – selection, and the Distribution of Wages: Evidence from Mexico and the United States, *Journal of Political Economy*, 2005, 113, 2, pp. 239 – 281.

③ Bhagwati, J. and C. Rodriguez: Welfare Theoretical Analysis of the Brain Drain, *Journal of Development Economics*, 1975, 2, pp. 195 – 221.

④ Mountford, A.: Can a Brain Drain Be Good for Growth in the Source Economy? *Journal of Development Economics*, 1997, 53, pp. 287 – 303; Stark, O., C. Helmenstein, and A. Prskawetz: Human Capital Depletion, Human Capital Formationand Migration: a Blessing or a Curse? *Economics Letters*, 1998, 60, pp. 363 – 367; Vidal, J.: The Effect of Emigration on Human Capital Formation, *Journal of Population Economics*, 1998, (11), pp. 589 – 600; Beine, M., F. Docquier and H. Rapoport: Brain Drain and Economic Growth: Theory and Evidence, *Journal of Development Economics*, 2001, 64 (1), pp. 275 – 289; Stark, O. and Y. Wang: Inducing Human Capital Formation: Migration as a Substitute for Subsidies. *Journal of Public Economics*, 2002, 86, pp. 29 – 46.

⑤ 侯风云、徐慧:《城乡发展差距的人力资本解释》,《理论学刊》2004 年第 2 期;侯风云、邹融冰:《中国城乡人力资本投资收益非对称性特征及其后果》,《四川大学学报》(哲学社会科学版) 2005 年第 4 期;侯风云、张凤兵:《从人力资本看中国二元经济中的城乡差距问题》,《山东大学学报》(哲学社会科学版) 2006 年第 4 期;侯风云、张凤兵:《农村人力资本投资及外溢与城乡差距实证研究》,《财经研究》2007 年第 8 期。

资的正向效应①。

现有的研究文献在宏观层面关注迁移对生育率的影响，而在家庭层面研究选择性转移对迁出地人力资本（形成）的影响，并未将生育率和人力资本投资共同纳入劳动力转移的模型中。本章首先拟建立一个包含农村居民家庭人口生产的劳动力转移模型，不仅涵盖转移决策中家庭孩子质量和数量的权衡，同时将家庭规模、劳动力转移的选择性等因素处理为转移成本变量，试图对农村劳动力选择性转移与农村居民家庭人口生产偏好之间的关系进行理论阐释，讨论二者的影响机制，并给出相应的经验证据。在此基础上，本章进一步将关注点集中在选择性转移对农村家庭人力资本积累率的影响方面，将人力资本积累率处理为转移决策过程的内生变量，讨论选择性转移条件下农村家庭人力资本的形成机制，同时也给出相应的经验证据。

第二节 选择性转移人口转型效应的模型分析

一 农村劳动力转移的选择性

假定农村劳动力是理性个体，他们非农转移的决策过程是基于成本收益的衡量。假定个体劳动力 i 的工资 w^i 的决定方程为：

$$\ln w^i = \overline{w}^i + r^i h \tag{4.1}$$

这里，$\overline{w}^i$ 表示农村劳动力在农业和非农部门就业的基本工资水平，h 为个体技能或人力资本水平，r^i 为个体技能或人力资本的报酬率，其中，$\overline{w}^i_{ag} < \overline{w}^i_{na}$，$r^i_{ag} < r^i_{na}$，② 此处的 ag 和 na 分别代表农业和非农部门。

假定转移成本为 C，为了分析的方便，令 $\varphi = C/w^i_{ag}$。农村劳动力进

---

① 申培轩：《农村劳动力转移及其对高等教育的需求》，《武汉大学学报》（人文科学版）2004年第5期；王兆萍：《迁移与我国农村区域贫困人口的人力资本积累——兼议地理环境决定论》，《干旱区资源与环境》2007年第3期；郭剑雄、刘叶：《选择性迁移与农村劳动力的人力资本深化》，《人文杂志》2008年第4期；郭剑雄、李志俊：《劳动力选择性转移条件下的农业发展机制》，《经济研究》2009年第5期；李志俊、郭剑雄：《选择性转移与人力资本深化：理论及实证》，《思想战线》2010年第4期。

② 尽管农业部门的人力资本相对缺乏，但由于农业部门还未发展为现代经济部门，因此，人力资本在农业部门的报酬率较低。

行非农转移的条件为：
$$\ln w_{na}^i - \ln(w_{na}^i + C) \approx \ln w_{na}^i - \ln w_{ag}^i - \varphi > 0 ① \quad (4.2)$$

假定，转移过程的选择性主要体现在克服转移成本方面，承载较高人力资本水平个体的转移成本相对较低：
$$\ln \varphi = c_\varphi - \delta_\varphi h \quad (4.3)$$

图 4—3 显示了当 $\delta_\varphi > 0$ 且 $w_{na}^i - w_{ng}^i < e^{c_\varphi}$ 时，农村劳动力的人力资本分布及其转移决策的结果。人力资本水平处于 $[h_L, h_U]$ 的农村劳动力会发生转移，而此区间外的劳动力会停留在农业部门；非农转移的选择性由农村劳动力的人力资本分布所体现②。

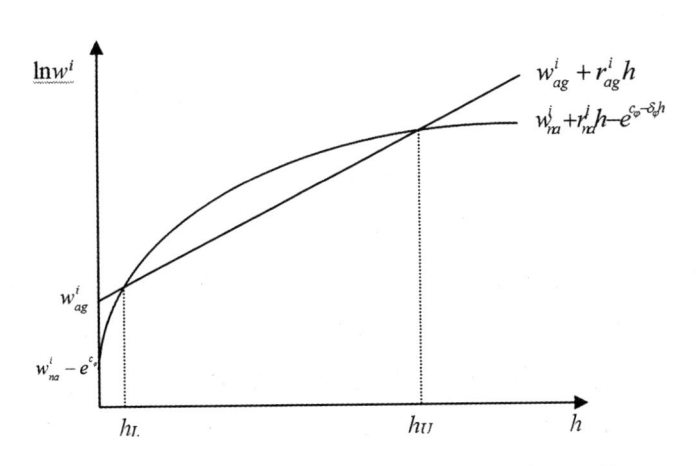

图 4—3　农村劳动力的人力资本分布及其转移决策

二　选择性转移与农户人口生产偏好转变

假定在世代交替经济体中，每个异质性的个体经历两个时期。一个典型的个体 i 在出生后的 t 时期，"继承"了经济体中的一般性知识（如人力资本）h_t，个体天生具有不同的能力 a^i。在其生命的第一时期进行工作和受教育的选择，而在第二时期全部工作。在最优决定其两个

---

① 此处利用如下定理：当 $x > -1$ 时，$\ln(x+1) \leq x$。
② 当 $h > h_U$ 时，因内生的人力资本投资决策，农业部门成为现代部门。

时期的居住地点的过程中最大化他的终身效用。每一个体面对的单位有效劳动的工资率为 w_t。我们对发生在两个时期的信用市场的消费不予考虑。

假定每一劳动力具有相同的 Cobb-Douglas 效用函数：

$$U = \log(c_{t,t}) + \eta[\phi \log(c_{t,t+1}) + (1-\phi)\log(nm)] \tag{4.4}$$

此处，$c_{t,t}$ 为个体劳动力在出生时期 t 的时点 T 的消费，η 为折现因子，n 是孩子的数量，m 是反映孩子质量的参数。

个体 i 在年轻的时期面临如下的预算约束：

$$c_{t,t} \leq w_t^{ag}(1-l^i)h_t \tag{4.5}$$

l^i 为个体 i 选择受教育所分配的时间，这样，（4.5）式为 t 期个体 i 在农业部门面临的预算约束，其收入为 $w_t^{ag}(1-l^i)h_t$。

个体的第二个生命时期所面临的预算约束中不包括教育：

$$\begin{aligned}c_{t,t+1} \leq &[w_{t+1}^{ag}h_{t+1}^i(1-\varepsilon_{ag}n_{ag}^i m_{ag}^i)]L_{t+1}\\&+\{w_{t+1}^{na}h_{t+1}^i(1-\varepsilon_{na}n_{na}^i m_{na}^i)-\kappa h_{t+1}^i n_{na}^i/\alpha^i\}(1-L_{t+1}^i)\end{aligned} \tag{4.6}$$

ε 为抚养孩子的成本，L_{t+1}^i 定义了 $t+1$ 期转移决策：若不转移，为 1；若转移，则为 0。（4.6）式右端的第一部分为不转移时考虑到抚养孩子成本的净收入。如果个体选择进行非农转移，将会面临的"新增"成本为 $\kappa h_{t+1}n/\alpha$。这一"新增"成本不仅包含了劳动力的转移成本和机会成本，同时也蕴含着与家庭有关的在非农部门生活的适应成本。这一成本刻画了如下构想：第一，能力越高的个体可以进行适应性调整，以较低的成本适应新环境；第二，转移成本是农业部门工作的机会成本（与人力资本成比例）的反映；第三，转移劳动力及其家庭因适应非农部门生活所带来的成本。因此，约束条件（4.6）式的第二部分是转移劳动力及其家庭在非农部门的净收入。

沿着 Lucas[①] 的人力资本积累方程，假定下一时期的有效劳动依赖于这一时期每一劳动力的受教育时间，我们用参数 θ 识别教育效率。

---

① Lucas, Robert E., On The Mechanics of Economic Development, *Journal of Monetary Economics*, 1988, 22, pp. 3–42.

$$h_{t+1}^i = h_t\,(1 + \theta\alpha^i l^i) \tag{4.7}$$

规模报酬不变的部门的生产为有效劳动的函数:

$$y_t = Ah_t \tag{4.8}$$

这里，A 为有效劳动的边际产品。考虑到两部门的劳动的边际产品不同，我们假定 $A_{na} = \mu A$（$\mu \neq 1$），表示两部门的技术差异。当市场均衡时，有 $w_t^{ag} = {}_{t+1}^{ag} = A$，$w_t^{na} = {}_{t+1}^{na} = \mu A$。

在这个模型中，劳动力个体 i 转移的选择性体现在：年轻时的 t 时期在农业部门接受教育（或培训），而在 $t+1$ 时期，由于前期人力资本积累可以克服非农部门的技能需求和转移成本的障碍，个体劳动力可以选择转移，也即 $L_{t+1}^i = 0$ 为选择转移。如果劳动力有能力转移，却没有选择离开农业部门，此时，$L_{t+1}^i = 1$。

家庭的决策是满足（4.5）式和（4.6）式的跨期预算约束时最大化其效用函数 [即（4.4）式]，我们得到最优解为：

$$n_{ag}^* = \frac{1-\phi}{\varepsilon_{ag} m_{ag}} \tag{4.9}$$

$$n_{na}^* = \frac{1-\phi}{\varepsilon_{na} m_{na} + (2\phi-1)\kappa/(\alpha^i \mu A)} \tag{4.10}$$

$$l^* = \frac{\eta\phi\theta\alpha^i - 1}{\phi\alpha^i(1+\phi\eta)} \tag{4.11}$$

从（4.9）式、（4.10）式、（4.11）式的均衡结果，我们得到如下结论：

第一，关于转移与未转移两种情形之下的生育率比较。若两部门抚养同样"质量"的孩子的成本相同，即 $\varepsilon_{ag} m_{ag} = \varepsilon_{na} m_{na}$，当且仅当 $\phi > 1/2$ 成立，即若个体或家庭整体表现出更偏好于消费时，转移劳动力的家庭的生育率 n_{na}^* 低于未转移的家庭生育率 n_{ag}^*。基于发展中国家城市和农村部门教育机会和教育资源的差异，通常情况下城市部门的教育投资和教育质量较高，也即 $\varepsilon_{na} m_{na} > \varepsilon_{ag} m_{ag}$。因此，（4.9）式中未转移情形下的均衡生育率 n_{ag}^* 高于有转移时的均衡生育率 n_{na}^*，有劳动力转移的家庭更趋小规模化。

第二，孩子数量和质量之间的替代关系。两种情形之下，家庭的孩

子的数量 n 和质量 m 之间都存在替代的关系。在贝克尔家庭经济理论中，解释人口数量与质量反向变动关系最为精致的工具是价格效应。相对于数量的子女的影子价格愈高，子女的质量愈高；相反，相对于子女质量的影子价格愈高，子女的数量就愈多[①]。有劳动力转移的情形下，因生育率较低，那么相对无转移的劳动力家庭，其子女的素质可能更高。

第三，劳动力教育投资时间配置的决定。劳动力接受教育的时间 α^i 与个体的学习能力 θ、教育效率参数 θ、折现因子 η 和消费偏好 ϕ 均正相关。（1）个体自身的学习能力越高，越容易在其出生后的 t 时期"专业化"于接受教育。（2）教育效率参数 θ 与劳动力市场的完备程度相关，在完备的劳动力市场环境下，教育的生产效率使劳动力进行人力资本投资的需求充分激发，从而延长了其接受教育或人力资本投资的时间。一般而言，相比较农村劳动力市场，城市部门的劳动力市场更为完善，教育的生产率效应更为明显，因而有转移倾向的劳动力接受教育的时间越长。（3）个体进行人力资本投资的时间也与折现因子 η 正相关。对于这两个变量之间的内在关系，贝克尔认为，对每个孩子的利他主义程度，从而父母效用与未来相关的权数，会随着孩子数量的增加而减少，因而，生育率的上升提高了对未来的贴现率，这将阻碍对孩子的人力资本投资；反之，生育率下降，贴现率降低，对子女的人力资本投资则会增加[②]。（4）个体人力资本投资的时间与消费的偏好 ϕ 有关。一般情况下，相对农村居民，城市居民的消费偏好更为明显[③]。因此，劳动力转移的家庭消费倾向更为显著，其人力资本投资的时间也会更长。

[①] 贝克尔还发现，子女数量的价格弹性超过子女质量的价格弹性。[美] 贝克尔、加里·斯坦利：《人类行为的经济分析》，王业宇、陈琪译，生活·读书·新知三联书店、上海人民出版社 1995 年版，第 242 页。

[②] [美] 贝克尔、加里·斯坦利：《家庭论》导论，王献生、王宇译，商务印书馆 2005 年。

[③] 中国的现实情况亦如此。而且，农户的规模与其消费增长存在显著的负面影响。林文芳：《区域性偏好与城乡居民消费差异》，《统计研究》2009 年第 11 期；高梦滔、毕岚岚：《家庭人口学特征与农户消费增长——基于八省微观面板数据的实证分析》，《中国人口科学》2010 年第 6 期。

第三节 选择性转移人口转型效应的计量分析

一 指标选取、数据来源及说明

这里使用中国 1985—2008 年的时间序列数据进行分析。农村转移劳动力（migration）为农村劳动力中从事非农产业的劳动力比重，数据来源于各年份中华人民共和国农业部（现更名为农业农村部）《中国农业发展报告》（中国农业出版社）。生育率为妇女一般生育率（fertility）[①]，其中，1986—1989 年和 1991—1992 年数据由线性内插法得到；2006、2007 年生育率数据来源于相应年份国家统计局国民经济综合统计司《中国人口和就业统计年鉴》（中国统计出版社）；其余年份生育率数据来源于各年份国家统计局人口和社会科技统计司《中国人口统计年鉴》（中国统计出版社）。对于人力资本投资情况，用文教娱乐支出在总支出中的比例（expend）来表征；而个体人力资本存量用平均受教育年限（education）来衡量，这两个指标的数据均来自国家统计局农村社会经济调查司相应年份的《中国农村住户调查年鉴》（中国统计出版社）[②]。本节的计量经济分析基于 Eviews 6.0。

二 时间序列的平稳性检验和协整检验

对各序列采用 Augmented Dickey – Fuller（ADF）方法进行单位根检验，考察各序列是否平稳。经检验，各指标的原序列都存在单位根，根据具有最小 Akaike 信息准则的滞后期的检验，在 0.05 的显著性水平上拒绝零假设，所有序列经过一阶差分后都拒绝单位根假设（详见表 4—1），这说明各变量的时间序列均为 I（1）。因此，接下来我们便可以进行协整分析，来检验各经济变量之间的长期关系。

[①] 其计算公式是：出生人数/平均育龄妇女人数×‰。

[②] 人均受教育年数的计算方法是，各级教育年数分别乘以各级受教育人口比重再加总求和，其中，"不识字或识字很少"以 1 年计，"中专""大专及大专以上"合并以 15 年计。

表4—1　　　　　　　　　　ADF 单位根检验

变量	ADF－t 检验值	滞后期	AIC	DW 值	R^2
migration	－3.4032	1	3.007	1.963	0.367
fertility	－4.6209	1	5.470	2.019	0.530
expend	－3.3117	1	1.722	2.041	0.381
education	－4.2913	1	－2.588	1.997	0.492

以 VAR（向量自回归）模型为基础的基于回归系数 Johanson 协整检验，是一种进行多变量协整检验的较好的方法。本节使用这种方法，通过建立迹统计量和最大特征值似然比统计量来确定各变量之间的协整关系。分别对 migration、fertility、expend 和 migration、fertility、education 两组变量进行协整检验，结果如表4—2、表4—3 所示。

表4—2　　migration、fertility、expend 的 Johansen 协整检验结果

协整方程个数假定	特征根	迹统计量	5%的临界值	P 值
0	0.6491	33.4264	24.2760	0.0027
≤1	0.3996	12.4833	12.3209	0.0470
≤2	0.1077	2.2786	4.1299	0.1548

表4—3　　migration、fertility、education 的 Johansen 协整检验结果

协整方程个数假定	特征根	迹统计量	5%的临界值	P 值
0	0.5708	38.9544	35.1928	0.0187
≤1	0.5006	20.3453	20.2618	0.0487
≤2	0.2059	5.0716	9.1645	0.2757

表4—2 和表4—3 均显示，在5%的临界条件下，拒绝假设"r＝0"和"r≤1"而接受"r≤2"，从而确定模型中序列 migration、fertility、expend/education 存在长期协整关系。

三　Granger 因果关系检验

上述协整检验结果表明，各变量序列之间存在长期稳定的均衡关系，但这种均衡关系是否构成因果关系还需进一步验证。为此，对关键变量进行 Granger 因果检验，结果如表4—4 所示。

表 4—4　　　　　　　　Granger 因果关系检验结果

零假设	滞后期	F 统计量	P 值	结论
migration does not granger cause fertility	1	3.4530	0.0779	拒绝
educationdoes not granger cause migration	1	3.5364	0.0747	拒绝
migration does not granger cause expend	1	9.5919	0.0057	拒绝
expend does not granger cause migration	1	3.5599	0.0738	拒绝
educationdoes not granger cause fertility	5	3.3383	0.0635	拒绝

从表 4—4 中看出，在 10% 的显著性水平下，migration 和 expend 呈双向的 Granger 因果关系，说明农村劳动力的非农转移与农户用于文教娱乐的支出比例的变动相互促进。migration 和 fertility 呈单向的因果关系：劳动力的转移在滞后一期下是农村生育率变动的 Granger 原因。农村受教育年限 education 是劳动力非农转移 migration 的 Granger 成因，表明了劳动力人力资本影响其非农转移，初步验证了劳动力转移的选择性。同时，受教育年限又是农村生育率的 Granger 原因，表明了农村人口质量与数量之间存在替代关系，不过，这种替代具有一定的时滞性。

四　影响效应分析

误差修正模型既能反映变量之间的长期均衡关系，又能够刻画变量的短期调整过程，通过长期和短期参数的明确划分，这一工具把变量之间长期表现与短期效应综合在一起。下面采用 EG 两步法构建误差修正模型，来研究劳动力转移对农村人口偏好转变的影响效应，模型结果为：

$$\Delta F = -4.5544 - 0.2421\Delta M_{t-1} - 0.7460\Delta M_{t-2} - 0.1440\Delta F_{t-1}$$
$$- 0.2048\Delta F_{t-2} - 0.1756 VECM_{t-1} \quad (4.12)$$

其中，$VECM_{t-1} = 1.4744 M_{t-1} - 100.4593$

$$\Delta ED = 0.1253 + 0.0013\Delta M_{t-1} - 0.0159\Delta M_{t-2} - 0.0314\Delta ED_{t-1}$$
$$- 0.0905\Delta ED_{t-2} - 0.0786 VECM_{t-1} \quad (4.13)$$

其中，$VECM_{t-1} = -0.0227 M_{t-1} - 6.7185$

$$\Delta EX = 0.2084 + 0.0879\Delta M_{t-1} + 0.0297\Delta M_{t-2} - 0.1659\Delta EX_{t-1}$$
$$- 0.2774\Delta EX_{t-2} - 0.3388 VECM_{t-1} \quad (4.14)$$

其中，$VECM_{t-1} = -0.5240M_{t-1} + 6.6343$

在上面误差修正模型结果的表达式中，F、M、EX、ED 分别是 fertility、migration、expend、education 的缩写。根据模型的参数估计量来看，在长期水平上，对于农村生育率、农村居民受教育年限和文教娱乐支出的比例的误差修正模型的三个误差修正项前的回归系数都为负且通过了5%的显著性检验，这表明前述协整检验得到的农村生育率和人力资本（投资和存量）与农村劳动力转移具有长期均衡关系的结论被进一步证实，农村劳动力的转移对农村家庭人口偏好转变的关系存在由短期波动向长期均衡状态的调整，即其检验结论是稳健的，劳动力转移是农村人口生产偏好转变的长期原因。具体来说：

（1）农村生育率的变动受到自身和农村劳动力转移的影响。其中，滞后一期、二期的自身变量 ΔF_{t-1}、ΔF_{t-2} 对农村人口出生率的变动的回归系数为负，说明农村生育率存在一定的状态依赖。滞后一期、二期的农村劳动力转移率对人口出生率的变动的回归系数也为负，说明农村劳动力转移率差分项具有时滞作用，且系数为负，表明农村生育率对农村劳动力转移的反馈效应。(4.12) 式中误差修正项的 $VECM_{t-1}$ 系数为负，符合反向修正机制，表示滞后一期的非均衡误差以 0.1756 的速度从非均衡状态向长期均衡状态调整。

（2）农村人力资本存量的变动受到其自身变动和农村劳动力转移率的影响。滞后一期、二期的高中文化程度以上的农村劳动力比重的系数均为负，说明这一变量的变动存在状态依赖。滞后一期的农村劳动力转移率对农村人力资本存量的系数为正，滞后二期的变动系数为负，且系数都很小，原因可能是滞后期数太短，而受教育的周期又较长造成的。误差修正项 $VECM_{t-1}$ 的估计系数的方向也符合反向修正机制。(4.13) 式中估计系数和误差修正系数都很小，说明长期而言，农村劳动力的转移对人力资本存量的影响较小，短期的调整力度也很微小。这也验证了表4—4 中高中文化程度以上劳动力比重（education）与转移率（migration）的 Gromger 因果关系的检验。

（3）文教娱乐支出的变动也同样受到自身变化和劳动力转移率的影响。误差修正项 $VECM_{t-1}$ 的估计系数的正负符合理论预期。但与农村人力资本存量的误差修正模型（4.13）式相比，估计系数更大，说明农村劳动力的转移导致农村居民对文教娱乐支出比重的较大增长。而误差修正系数也较大，表明劳动力转移对农村居民人力资本投资的短期调整力度作用也很显著。可能的解释为农村劳动力的非农转移直接导致农村居民家庭的收入效应，进而再影响到其支出结构，这种间接影响的时滞与农村人力资本的形成的周期相比显然很短。

第四节 选择性转移下农村人力资本的形成及其条件

本节借鉴 Oded Stark 和 Yong Wang[①] 的分析方法，构造选择性转移条件下的农村人力资本形成模型。

假定：（1）经济系统由传统的农业部门和现代城市（非农）部门构成。劳动力在两部门的流动没有政策性壁垒，但存在技术性障碍。（2）农业劳动力分为低能力劳动力 1 和高能力劳动力 2，数量分别是 N_1 和 N_2；高能力劳动力 2 符合非农部门的就业条件。（3）劳动力的人力资本形成的成本函数假定为线性的，$C(h) = k_i h$，$i = 1, 2$。人力资本形成对 1 类劳动力的成本更高，$0 < k_2 < k_1$[②]。（4）生产的唯一投入要素是劳动力，生产产品的价格为 1。

一 无非农转移的人力资本形成决策

对于个人而言，产出仅仅是劳动力人力资本的函数，假定其形式为 $f(h) = \alpha \ln(h+1)$，α 表示人力资本的回报。劳动力选择人力资本大小以最大化他的净收入[③]，即：

$$\max W(h) = \alpha \ln(h+1) - kh \qquad (4.15)$$

[①] Stark, O., Yong Wang: Inducing Human Capital Formation: Migration as a Substitute for Subsidies, *Journal of Public Economics*, 2002, (86), pp. 29–46.

[②] 这两类劳动力的人力资本投资成本的差异，可以理解为由劳动力本身的学习能力或认知能力的区别导致。

[③] 净收入等于产出减去人力资本的成本。

将 (4.15) 式对 h 求导,得到劳动力选择的最优人力资本水平为:

$$h^* = \frac{\alpha}{k} - 1 > 0 \qquad (4.16)$$

此时,α 足够大,1 类劳动力人力资本形成的最优水平为 $h_1^* = \alpha/k_1 - 1$,2 类劳动力人力资本形成水平为 $h_2^* = \alpha/k_2 - 1$。图 4—4 描述了这种产出的配置情况。因此,没有迁移的情况下,农业部门的人力资本的平均水平为 $\bar{h} = \dfrac{N_1 h_1^* + N_2 h_2^*}{N_1 + N_2}$。

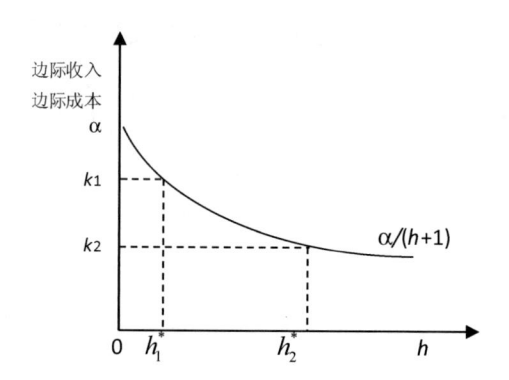

图 4—4　收入最大化时的最优人力资本配置

二　存在非农转移时的农业人力资本形成

假定存在农业劳动力转移到较高技术水平现代部门的机会,并假定人力资本在非农部门不升值也不贬值,且非农部门的人力资本回报率高于农业部门。劳动力在非农部门的产出即他的总收入为 $\hat{f}(h) = \beta \ln(h+1) + E$,此处,$\beta > \alpha$,$E \geq 0$,均为常数,且为模型外生①。

农业部门的劳动力在现代部门的就业概率为 π,$\pi > 0$,风险中性的劳动力的期望净收入为:

$$F(h) = \pi[\beta F \ln(h+1) + E] + (1-\pi)\alpha \ln(h+1) - kh \qquad (4.17)$$

---

① 这一产出方程暗含现代部门的人力资本回报率高于农业部门,由于现代部门的收入是传统农业部门的若干倍,因此这一假定 $\beta > \alpha$ 非常合理。常数 E 刻画了现代部门的强化收入因素,而非劳动力自身的人力资本,可能是人力资本外部性或福利效益。

劳动力的决策问题同样为其人力资本的数量选择以最大化（4.17）式，由于

$$\frac{\partial F(h)}{\partial h} = \frac{\pi\beta}{h+1} + \frac{(1-\pi)\alpha}{h+1} - k = \frac{\pi(\beta-\alpha)+\alpha}{h+1} - k$$

劳动力选择最优的人力资本水平[①]：

$$\tilde{h}^* = \frac{\pi(\beta-\alpha)+\alpha}{k} - 1 \qquad (4.18)$$

转移机会 π 的出现及更高的工资收入 $\beta\ln(\theta+1) + E$ 引致 2 类劳动力形成更多的人力资本。1 类劳动力因为他们无力形成高于转移到非农部门所需的最小人力资本水平。因此，存在转移机会的前提下，农业部门 1 类劳动力和 2 类劳动力形成的人力资本分别为 $\tilde{h}_1^* = h_1^*$, $\tilde{h}_2^* = \frac{\pi(\beta-\alpha)+\alpha}{k_2} - 1$。

这样，留在农业部门的劳动力的平均人力资本水平为：

$$\overline{h}_a = \frac{N_1 h_1^* + (1-\pi)N_2 \tilde{h}_2^*}{N_1 + (1-\pi)N_2} \qquad (4.19)$$

若 $\overline{h}_a > \overline{h}$，说明劳动力的选择性转移增加了农业劳动力的平均人力资本存量。这一条件等价于：

$$0 < \pi < \pi^m = 1 - \frac{(1-k_2/k_1)}{(\beta/\alpha-1)(1+N_2/N_1)} \qquad (4.20)$$

只要 $0 < \pi < \pi^m$，转移机会的出现使农业部门劳动力的人力资本平均水平高于没有转移机会的人力资本水平。这一结果暗含的结论是：随着从传统的农业部门向相对发达的非农部门转移机会的出现和增加，促使农民进行人力资本投资，一定条件下带来未转移劳动力的人力资本深化。

利用中国的实际情况对上述结果进行数理分析，根据侯风云估计的中国城乡收入的教育收益率分别为 9.289% 和 3.655%，我们以此来代替人力资本在农业部门和非农部门的报酬差异，那么，$\beta:\alpha = 2.54$。将 $N_2:N_1$ 定义为农村劳动力资源中高中及以上文化程度的人口与初中及以下的受教育人

[①] 由于 $f(\theta)$ 和 $\hat{f}\theta$ 函数为拟凹，那么有 $\frac{\partial^2 F(h)}{\partial h^2} = -\frac{\pi(\beta-\alpha)+\alpha}{(h+1)^2} < 0$ 成立。

口规模的比值,1985—2008 年间,中国农村居民高中文化程度的比率在 7.31%—14.90%之间①。高人力资本与低人力资本的投资成本比值在 0.9、0.8、0.6、0.5 的不同情形下的最优转移概率如表4—5 所示。

表4—5　　　　变量不同情形下农业劳动力转移的临界概率

k_2/k_1	$N_2:N_1$	π^m
0.9	1:9	0.9416
	2:8	0.9481
	4:6	0.9610
0.8	1:9	0.8831
	2:8	0.8961
	4:6	0.9221
0.6	1:9	0.7662
	2:8	0.7922
	4:6	0.8286
0.5	1:9	0.7078
	2:8	0.7403
	4:6	0.8052

基于统计数据的局限,对农业劳动力转移比率(Lr)用农业劳动力的转移人数(Ls)和农村劳动力人数的比值来计算②。中国 1985—2010 年农业劳动力的非农转移比率在 17.23%—52.59%之间,小于各情形下的临界概率。因此,按照目前的转移规模及速度,中国农业部门的人力资本水平会因转移倾向的出现而进一步提升,农村劳动力的非农转移将会引致农业人力资本深化。

---

① 数据来源于国家统计局农村社会经济调查总队《中国农村住户调查年鉴2008》,中国统计出版社 2009 年版。

② 关于中国农村非农转移的劳动力,因《中国统计年鉴》的统计依据为户籍登记,因此,转移劳动力实为乡村劳动力与农林牧渔劳动力之差。数据来源于各年《中国统计年鉴》。

第五节　基于脉冲响应函数的人力资本深化效应检验

本节所采用的研究方法是：（1）基于脉冲响应函数分析方法来分别考察农村劳动力转移与农村人力资本存量及其深化之间的动态冲击反应，以刻画农村劳动力转移与人力资本的长期的相互动态作用。在进行这一分析时，运用 Pearan and Shin[①] 等人提出的广义脉冲响应函数法（GIRF），消除了 Sims（1980）方法中变量排序对分析结果的干扰。（2）运用预测方差分解技术来进一步考察农村人力资本与劳动力转移在解释对方变动时的相对重要性。本节中，以 1983—2007 年中国农村居民人均受教育年限（H_1）和高中文化程度的比例（H_2）[②] 分别作为衡量人力资本水平的指标。

一　实证模型

大多数情况下，VAR 模型估计方程扰动项的方差—协方差矩阵不是对角矩阵，因此必须首先对其进行正交处理得到对角化矩阵，由 Sims（1980）提出的 Choleski 分解方法是最常用的方法。然而，Choleski 分解法的关键问题在于估计结果严重地依赖于 VAR 系统中各个变量的排序关系，因此，运用改进的广义脉冲响应函数法（GIRF）来进行分析。GIRF 方法首先由 Koop et al.[③] 提出，Pesaran and Shin 对这一方法进行了拓展研究。GIRF 方法的分析结果并不依赖于 VAR 系统中各个变量的排序，从而

---

① Pesaran, M., Y. Shin: Cointegration and Speed of Convergence to Equilibrium, *Journal of Econometrics*, 1996, (71), pp. 117 – 143; Pesaran, M., Y. Shin: Generalized Impulse Response Analysis in Linear Multivariate Models, *Economic Letters*, 1998, (58), pp. 17 – 29.

② 劳动力平均受教育年限 = 文盲% ×0 + 小学% ×6 + 初中% ×9 + 高中和中专% ×12 + 大学及以上% ×16，数据来源于各年份《中国农村住户调查年鉴》。考虑到对时间序列数据进行对数化后容易得到平稳序列，且并不改变时序数据的特征，因此本章实际分析时均采用各变量的对数值。

③ Koop, G., M. Pesaran and S. Potter: Impulse Response Analysis in Nonlinear Multivariate Models, *Journal of Econometrics*, 1996 (74), pp. 19 – 147.

大大提高了估计结果的稳定性与可靠性。

二 冲击响应分析

本节分析的 VAR 模型为包括两类人力资本指标（$\ln H_1$ 和 $\ln H_2$）与农村劳动力转移（$\ln Lr$）在内的双变量系统。由于脉冲响应函数的检验结果严格依赖于误差向量满足白噪声序列向量这一假设前提，因此首先对模型的时间序列变量进行平稳性检验。Johansen 协整检验结果表明在 5% 的显著性水平下，时间序列存在唯一的协整关系，满足原假设条件。运用 GIRF 方法来分别考察两类人力资本指标和劳动力转移之间的冲击响应，得到分析结果见表4—6。

表4—6　中国农村劳动力转移与人力资本的冲击响应分析结果

冲击反应期	Response of $\ln H_1$ to $\ln Lr$	Response of $\ln H_2$ to $\ln Lr$	Response of $\ln Lr$ to $\ln H_1$	Response of $\ln Lr$ to $\ln H_2$
1	-0.000376	0.005937	-0.001883	0.008604
2	-0.002298	0.011296	-0.007541	0.029033
3	-0.002499	0.020408	-0.003776	0.063757
4	-0.001013	0.029408	0.002092	0.098719
5	0.000967	0.036290	0.006192	0.133089
6	0.003405	0.042065	0.010236	0.169022
7	0.006579	0.047112	0.014615	0.205315
8	0.010350	0.051125	0.018750	0.241525
9	0.014571	0.054212	0.022744	0.278107
10	0.019231	0.056571	0.026699	0.314887
累计	0.048917	0.354424	0.088128	1.542058

1. 农村劳动力平均受教育年限与劳动力转移。观察表4—6第2列的模拟结果可以发现，在整个冲击响应期内，$\ln H_1$ 对当期 $\ln Lr$ 一个单位冲击的反应曲线形状大致呈√型：$\ln H_1$ 的前4期反应值均为负，并且先下降后

上升；然后在第 5 期以后，反应值直线上升到 0.019。计算在分析期内 $\ln H_1$ 的累计反应值（Accumulated Response）可发现，当期 $\ln Lr$ 冲击对 $\ln H_1$ 的总体影响为 0.049，这一结果的含义是农业劳动力转移先引起农村人力资本的下降，然后导致农村人力资本深化。表 4—6 第 4 列的结果显示，$\ln Lr$ 对 $\ln H_1$ 的冲击反应轨迹大致为直线趋势，然而 $\ln Lr$ 对 $\ln H_1$ 的冲击反应为正，且反应值很大（其累计冲击反应值为 0.088），说明农村居民人力资本深化对农业劳动力转移具有较大的促进作用。

2. 受教育程度在高中及以上的比重与劳动力转移。表 4—6 第 3 列的模拟结果显示，在整个冲击响应期内，$\ln H_2$ 对当期 $\ln Lr$ 一个单位冲击的反应曲线形状大致呈直线型：$\ln H_2$ 的当期反应值为 0.006，第二期便升为 0.011，随后又逐渐上升至 0.056 左右。在分析期内的累计反应值为 0.354，说明农村劳动力转移对农村人力资本的现状具有明显的改善作用。从第 5 列的模拟结果可以发现：$\ln Lr$ 对当期 $\ln H_2$ 冲击的反应轨迹亦呈直线型，从当期反应值为 0.009，直线上升为 0.315。其累计反应值为 1.542。说明农村居民高中及以上受教育比重的增加，对农业劳动力转移产生正面效应。

3. 比较农村居民人力资本及其深化与农业劳动力转移的累计脉冲响应值可知，农村人力资本对农业劳动力的非农转移的促进效应（0.088）明显大于农业劳动力转移导致的农村人力资本深化效应（0.049）；农村居民人力资本状况的改善对农业劳动力非农转移的引致效应略大于农业劳动力转移带来的农村人力资本水平的提升效应。因此，尽管冲击反应曲线轨迹和累计反应值存在差异，但农业劳动的转移与农村人力资本的状况及其深化的冲击影响均为正值，证实了中国农业劳动力转移与农村人力资本的改善之间动态的、良性的影响路径。

三　预测方差分解分析

进一步运用方差分解法来考察农业劳动力转移与农村人力资本之间的相互影响。与脉冲响应函数方法不同，方差分解法是将系统的预测均方误差分解成系统中各变量冲击所做的贡献，从而可以考察任意一个内生变量的预测均方误差的分解。

表 4—7　　　　　　　　　　　变量的方差分解结果

	Variance Decomposition of lnLr		Variance Decomposition of lnH_1		Variance Decomposition of lnH_2	
	lnH_1	lnH_2	lnH_2	lnLr	lnH_1	lnLr
1	0.20349	15.47376	0.00000	0.00000	62.24048	0.00000
2	0.71760	38.55785	0.00624	2.76878	56.50717	0.19884
3	0.54771	50.44996	0.37354	2.38942	54.28841	0.38563
4	0.62976	52.50756	1.59224	2.99100	53.48662	0.43098
5	0.56606	53.73053	4.91406	3.39402	53.80618	0.33691
6	0.52095	55.16288	8.95980	3.89045	54.88868	0.28611
7	0.49973	55.93936	12.79239	5.13261	56.05273	0.25867
8	0.47724	56.40635	16.95187	6.62436	57.14843	0.27229
9	0.45659	56.85970	21.24964	8.03638	58.28068	0.31946
10	0.43939	57.21484	25.19466	9.48832	59.41391	0.38389

农村人力资本与农业劳动力转移的方差分解结果见表 4—7。综合方差分解结果可以发现：人力资本两个指标对解释农业劳动力转移的预测方差起了很大的作用。其中，人力资本的两个指标对农业劳动力转移的贡献越来越大，从第 2 期以后，人力资本解释了农业劳动力转移的 50% 的预测方差，这个结果刻画了中国农村人力资本变化与农业劳动力转移之间的关系：农村人力资本的深化是促使农业劳动力转移的关键原因之一，导致了大量农村劳动力从农业、农村中释放出来。

与此相比较，农业劳动力的非农转移对农村人力资本的改善及深化的预测方差的解释贡献度较小，但其作用随着响应期的延长而逐渐增加。对这一估计结果大致有如下基本解释：（1）从微观视角，农户劳动力非农转移使其家庭收入增加，从而增加了对教育的投资；从对转移劳动力的需求看，由于第二三产业本身对劳动者技能的较高要求，促成农村转移劳动力的人力资本投资。然而，人力资本的投资效应往往存在一定的时滞。（2）农村劳动力迁移或非农转移能够增加个人的工作经历、获得相关信息和技能，从而提升其人力资本水平，但局限于人力资本的测度方法，本节未考虑此意义上的人力资本深化。（3）改革开放以来中国各级劳动力市场的全面开放仅有 20 余年的历史，还不能完全体现农业劳动力的转移与农村人力资本深化之间更为长期的内在关系。(4) 中国是一个尚未完成工业化和城镇化的发展中国家，劳动力及其附载的人力资本的非农化，是中国在当前及今后一个相当长时期仍将继续面临的事实[①]。

第六节 本章结论

本章研究所获得的主要结论如下：(1) 在人力资本报酬率外生给定、劳动力的人力资本对其转移收益和成本均有影响的条件下，农村劳动力非农转移的选择性由其人力资本分布所体现：人力资本超越某一临界点的劳动力才会非农转移。(2) 劳动力转移与否的理性决策，在于他们后天获得的人力资本报酬的增加可否补偿转移成本和因转移带来的机会成本。(3) 孩子质量和数量、人力资本投资及劳动力转移与否，都是家庭内部的决策。当家庭更偏好于消费时，转移劳动力家庭的生育率低于未转移家庭的生育率；在完备的劳动力市场条件下，有劳动力转移倾向的家庭人力资本投资的时间更长，也即劳动力的选择性转移导致农村家庭的小规模化和高素质倾向。利用中国 20 多年的时间序列数据、采用误差修正模型进行的计量分析发现：中国农村生育率和人力资本（包括投资和存量）与农村劳动力转移具有长期均衡关系，尤其是农村生育率和农户家庭的人力资本投资对农村劳动力转移的反馈效应更为明显；农村劳动力的转移对农村家庭人口生产偏好转变的关系存在由短期波动向长期均衡状态的调整，劳动力转移是农村人口生产由数量偏好转向质量偏好的长期原因。

本章的研究同时表明，农村居民整体人力资本水平的提升，能够孕育于农村劳动力的选择性转移过程之中。源于收入最大化的理性决策，满足一定条件时，农业从业者的人力资本深化，也可以是劳动力在农业和非农部门之间的选择性配置的结果。基于 VAR 模型的广义脉冲响应函数法，对中国 1983—2007 年期间农业劳动力转移与农村人力资本之间相

[①] 参见郭剑雄、李志俊《劳动力选择性转移条件下的农业发展机制》，《经济研究》2009 年第 5 期。

互动态影响的分析结果表明：一方面，农村居民人力资本对农业劳动力转移的冲击效果显著为正；另一方面，农业劳动力的转移对农村人力资本的深化同样具有正向的冲击，尽管这种冲击较小。方差分解结果显示，农村居民人力资本状况及其深化对解释农业劳动力转移预测方差起着重要作用，尽管劳动力转移对农村人力资本预测方差的贡献度较小，但随着响应期的增加，贡献度也在逐渐增加。这一结果暗示，农村劳动力非农转移不仅不是对农村剥夺，反而与农村人力资本深化产生协同效应。

如果说，农村人口生产偏好转变预示着农村经济社会的转型，而劳动力选择性转移又成为推动这一转型的重要因素，那么，当前政府农业和农村发展政策的重点应是致力于消除阻碍劳动力流动的制度因素，主要包括：（1）打破劳动力市场的分割，充分发挥市场机制在配置劳动力资源上的基础功能。逐步取消城乡二元户籍制度及其背后的城乡有别的二元福利制度，赋予农村劳动力在城乡间充分流动的自由和同等的就业选择机会，为构建城乡平等统一的劳动力就业市场创造条件。（2）推进城镇化，引导农村人口向中心城镇迁移。充分发挥城镇在区位、技术、人才、信息等方面的聚集效应，创造更多和更大规模的非农产业，为农村剩余劳动力提供更多的非农就业机会。（3）建立农村劳动力市场信息网络系统。借鉴城市部门已有的经验和政府部门的组织优势，考虑在农村地区也建立类似的服务机构，构建以乡镇政府和村委会为主体的农村劳动力市场信息网络系统，为顺畅传递各类就业信息、提高工作搜寻效率提供平台。（4）加强农村劳动力的转移就业培训，继续落实和实施"农村劳动力转移培训阳光工程"，提高进城农村劳动力的职业技能和就业能力。

第 五 章

城镇化对农村人口代际优化的影响

第一节 城镇化与农村人口代际优化相关性的提出

改革开放以来，伴随着工业化的快速发展，中国城镇化进程取得了较为显著的成效，无论是规模还是速度都领先于世界水平。1949年，中国城市人口比例为10%，1980年城市人口比例不过19%，到了2008年，中国城市人口比例达到45%（国际平均水平为50%），2011年，中国城镇化率首次超过50%，达到51.27%，2015年中国城镇化率达到56.1%，预计到2020年，中国城镇化水平将达60%左右。将城镇化率从30%提高到60%这一发展阶段，英国用了180年左右的时间，美国用了90年左右，日本用了60年左右，而中国大约只需要30年。按城镇常住人口计算，1978—2015年，城镇常住人口从1.7亿人增加到7.7亿人，整整增加了4.5倍之多。从城镇数目看，根据第六次全国人口普查数据，中国城市数目从1978年的193个，增加到2010年的658个，建制镇从1978年的2173个增加到2010年的19410个。

中国的快速城镇化过程，是由国家政策推动的。一方面，在一部分地区和一部分人先富裕起来的方针下，国家政策基本偏向于城市和工业的发展。农村和农业发展相对滞后。另一方面，国家对城镇化的速度有着明确的规划和目标，这体现在中国的五年计划当中。"十一五"规划要求"城乡区域发展趋向协调。社会主义新农村建设取得明显成效，城镇化率提高到47%"。"十二五"规划要求"城镇化水平要提高4个百分点，进一步增强城乡区域发展的协调性"。正是在这种强力政策的推动下，中国的城镇化水平获得快速提高。

与城镇化进程相伴而生的是农村人口质量的不断提升。这主要体现在农村人力资本积累率的提高。一般可以以人均受教育水平表示人力资本积累的程度。从农村人力资本的存量来看，改革开放40年来，农村居民的人均受教育水平的变化十分显著。1985年农村居民的人均受教育年限只有5.6年，基本相当于小学的水平；而到1994年、2003年和2012年，农村居民的人均受教育年限分别为6.86年、7.84年和8.33年，已经逐渐接近初中文化程度[①]。这样来看，如果以10年为一个周期的话，后一个年代农村居民的人均受教育程度明显高于前一个年代农村居民的人均受教育水平。按照不同的代际分析，根据《中国综合社会调查2008》所统计的农村居民相关数据显示，出生于1950—1970年、1971—1980年和1981—1990年三个不同年代的农村被访问者，其三个世代平均受教育年限分别为5.59年、6.99年、8.56年，逐渐从接近小学毕业水平达到接近初中毕业水平。也就是说，就农村居民而言，人均受教育水平存在着代际间的优化，农民人口质量得到了显著的提升。

城镇化是现代化的必由之路，推进城镇化是解决农业、农村、农民问题的重要途径。城镇化水平的提高离不开大量农村人口的乡城转移，这种转移为城市部门提供了廉价劳动力，促进了城镇的发展，同时也对农村发展产生了重要影响。本章试图回答的问题是：城镇化对农村人口的代际优化是否有影响？有着怎样的影响？以及通过哪些"路径"影响农村人口的代际优化？

第二节 城镇化对农村人口代际优化的作用机制

城镇化进程是农村人口不断从农村向城镇转移的过程，同时也是第

[①] 人均受教育年限根据各级受教育人数比重和教育年限（小学为6，初中为9，高中为12，大专及以上为16）计算得出，数据源于对应年份的《中国农村统计年鉴》。

二、三产业陆续在城镇出现，并集聚发展的过程。对于农村居民来说，城镇化水平的提升意味着就业环境、收入结构和生活环境等的转变：在发达的第二、三产业就业、工资性收入占总收入比重增加、现代化的生活观念形成等。所以，要研究城镇化对农村人口代际优化的作用机制，就必须关注城镇化所带来的社会环境的变化。而本章关于城镇化对农村人口代际优化影响的"路径"研究主要关注以下三个方面：（1）需求效应。随着城镇化的不断发展，产业结构与就业结构也在不断转变与升级；并且伴随产业结构的转变与升级，其对劳动力的需求也逐渐从数量偏好转向了质量偏好。这种对劳动力需求偏好的转变无形中对农村居民的非农就业设定了一定的门槛条件，本章选择以此来说明城镇化背景下农村人口代际优化的必要性。（2）收入效应。城镇与农村相比，具有高的人力资本回报率和收入，回报率的增加对农村人口代际优化具有激励作用。（3）示范效应。城镇居民现代化的生活方式及激烈的竞争环境会影响城镇居民人力资本的投资行为，城镇居民对待人力资本积累的态度及投资行为对农村人口的代际优化具有导向作用。

一　城镇化对农村人口代际优化的需求效应

1. 产业结构和就业结构的发展趋势

城镇之所以不同于农村，其关键在于城镇中拥有现代化的制造业和服务业；而在农村，农业是其主要的产业支柱。一般认为，随着经济社会的不断发展，产业结构和就业结构都在不断升级优化。

改革开放以来，中国三次产业增加值占国内总产值的比重发生了明显变化（图5—1）。第一产业增加值所占比重不断下降，从1978年的27.7%下降到2014年的9.1%，下降了18.6个百分点；第二产业增加所占比重相对稳定，总体在43%—48%之间变动；而第三产业增加值所占比重相应提高，由1978年的24.6%增加到2014年的47.8%，比重提高了将近1倍。说明随着经济发展，中国产业结构不断由以第一产业为主向以第二、三产业为主，尤其是以第三产业为重心的转变。

另外，伴随产业结构的调整，中国的就业结构也发生了明显的变化，主要体现为两个趋势（图5—2）：一是第一产业从业人员所占比重呈现持续下降的趋势,从1978年的70.5%下降至2014年的29.5%;二是第二、三产业就业人员所占比重相应的稳步提升,其中第二产业从业人员比重由17.3%上升至29.9%,第三产业从业人员比重从12.2%上升至40.6%。但相对而言,第三产业从业人员比重比第二产业从业人员比重上升得更为明显。

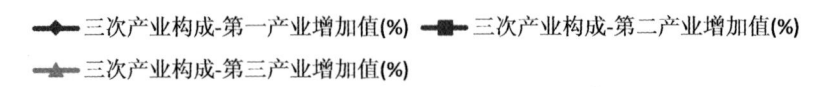

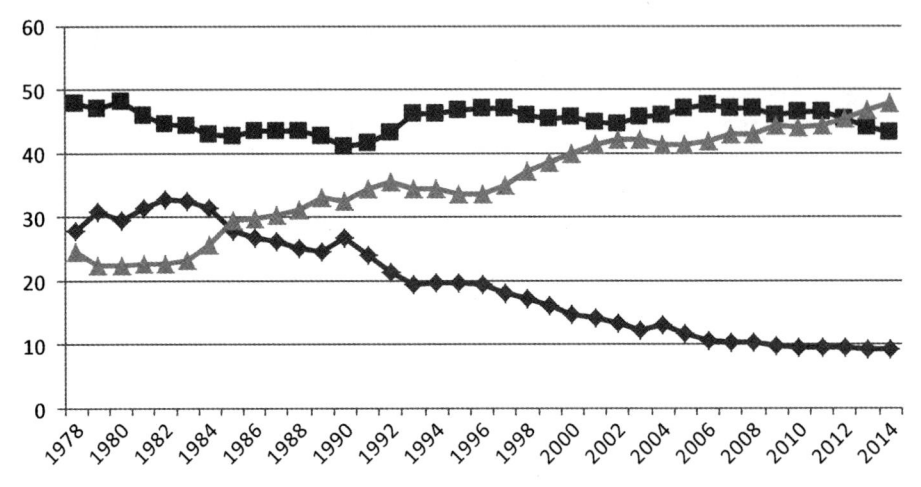

图5—1 三次产业构成变化①

2. 城镇化与产业结构和就业结构的关系

城镇化与产业结构和就业结构之间存在着相互作用的关系。产业结构升级和就业结构改善是城镇化的重要动力,是城镇化质量的重要体现;而城镇化的推进也是拉动产业发展和就业的重要力量,是产业结构升级和就业结构改善的空间体现。

---

① 相应数据根据国家统计局网站(http://www.stats.gov.cn/)整理所得。

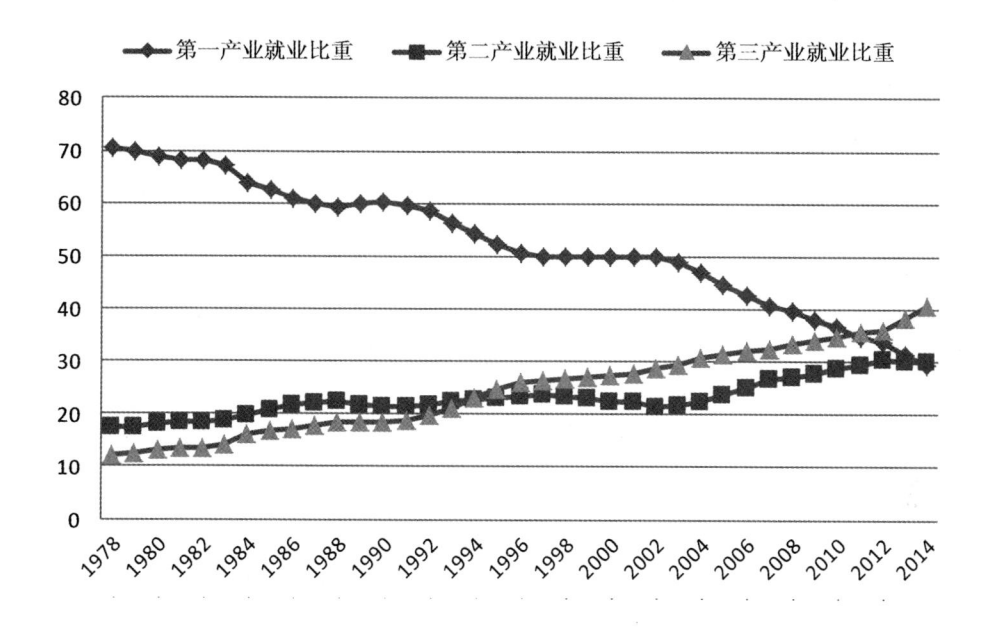

图 5—2 三次产业就业比重①

其中,城镇化对产业结构调整的促进效应主要表现在:(1)城镇化所带来的集聚效应,能够为产业的发展提供相应的资金、技术支持,城镇基础设施的建立与完善能够降低产业成本,促进规模经营。(2)随着城镇化的进一步发展,消费需求的不断升级能够不断促进产业结构的升级和催生新产业的出现。(3)在推进城镇化建设中能够形成产业特色:城镇化水平不一的各个城市,其产业发展体现出明显的独特之处,城镇化率越高以及处在成熟阶段的城市,服务业成为城镇化的推动主力,而城镇化率较低的城市,和基础建设相关的产业比重较大。李丽莎实证研究的结果表明,城镇化水平每提高一个百分点,第一产业产值所占比重下降 0.84 个百分点、第二产业产值所占比重上升 0.1 个百分点、第三产业产值所占比重上升 0.74 个百分点②。由此可以看出,城镇化水平的提

---

① 相应数据根据国家统计局网站(http://www.stats.gov.cn/)整理所得。
② 李丽莎:《论城镇化对产业结构与就业结构的影响》,《商业时代》2011 年第 18 期。

升能够促进产业结构升级。

另外,城镇化对就业具有明显的带动作用。城镇化建设辐射效应催生出了新的就业需求,主要体现在两个方面:一是城镇化使城镇人口不断增加,从而吸引投资增长,据有关部门统计,中国每增1个城镇人口,平均可带动一次性投资2万元,由此创造了更多的就业岗位;二是城镇化建设的累积效应会产生规模消费,扩大就业总量,据统计,中国城镇化率每提高1个百分点,就会有近2000万农村人口进入城镇居住、生活、就学、就业,由此拉动消费增长1.6个百分点,带动就业增长约2.4个百分点[①]。随着城镇化发展由起步阶段步入成长阶段,城镇化与产业的互动发展,不仅带来了产业结构的调整,而且就业结构也发生了转变。

3. 人力资本与非农就业

就业是民生之本。市场经济条件下,农民生存、发展的根本途径是市场化就业。由于发展水平低、人地矛盾大等问题,农业对劳动力的吸纳能力有限,所以农民就业结构的转变有其必要性。但非农就业的实现却面临着一定的人力资本门槛,因为在二元结构下,较高的文化技术水平是农业劳动力实现职业转换的必要条件:文化程度高的人在获取就业信息方面占有优势,因而具有较强的工作搜寻能力;另外,雇主也往往把教育程度作为选择高能力雇员的识别方法,因此,人力资本有利于提高劳动者的非农就业概率。更有学者认为,在中国,教育对促进劳动力进入本地非农产业的作用比促进其他外出就业的作用更大[②]。

随着城镇化水平的提高、分工的专业化和生产的现代化,第二、三产业对高素质人力资本的市场需求不断加深,非农就业面临的人力资本门槛不断提高。虽然很难直接衡量各个产业对人力资本的质量需求水平,但是可以通过现有的城镇就业人员按行业分的受教育程度来反映出各个行业的人力资本需求状况。图5—3、图5—4分别给出了2005年、2010

---

① 国务院发展研究中心课题组:《中国新型城镇化道路、模式和政策》,中国发展出版社2014年版。

② 赵耀辉:《中国劳动力流动及教育在其中的作用》,《经济研究》1997年第2期。

年、2014年城镇农林牧渔业从业人员人均受教育年限[①]与第二、三产业相关产业从业人员人均受教育年限的对比图。从图中可以看出虽然农林牧渔业从业人员，第二、三产业就业人员的人均受教育程度在不断提高，但各产业层次之间存在着明显的差异。各年份城镇农林牧渔业从业人员的人均受教育水平与第二、三产业从业人员的受教育水平相比，总处在最低水平。从2014年的数据来看，城镇建筑业，制造业，采矿业，金融业，住宿餐饮业，交通运输、仓储和邮政业从业人员的人均受教育年限分别达到10.26年、11.05年、11.48年、14.16年、10.33年、11.12年，而农林牧渔业从业人员的人均受教育水平只有8.11年；其中，金融业从业人员的受教育水平与农林牧渔业从业人员的受教育水平差距最大（6.05年），而建筑业与其差距最小（2.15年）。当然第二、三产业内部由于行业的差异，其从业人员的人均受教育水平也不同。

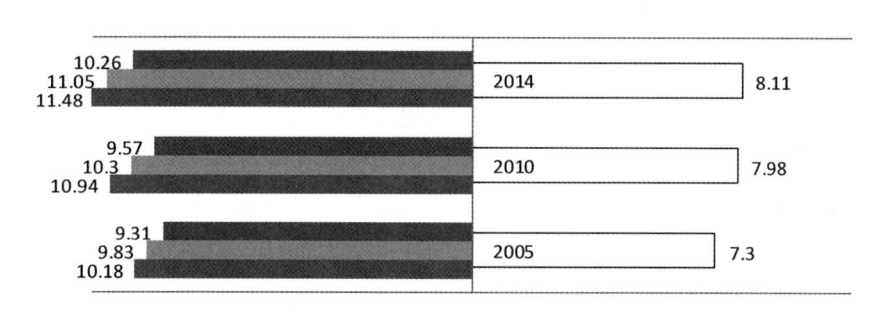

■建筑业　■制造业　■采矿业　□农林牧渔业

年份	建筑业	制造业	采矿业	农林牧渔业
2014	10.26	11.05	11.48	8.11
2010	9.57	10.3	10.94	7.98
2005	9.31	9.83	10.18	7.3

图5—3　城镇农林牧渔业从业人员与第二产业从业人员人均受教育年限

总之，农村劳动力的城镇转移就业存在一定的人力资本门槛条件，要实现在城镇的稳定就业，受教育程度的提高是必要条件。

---

① 相关数据源于对应年份《中国劳动统计年鉴》，人均受教育年限计算公式为：未上学%×0+小学%×6+初中%×9+高中%×12+大专及以上%×16。

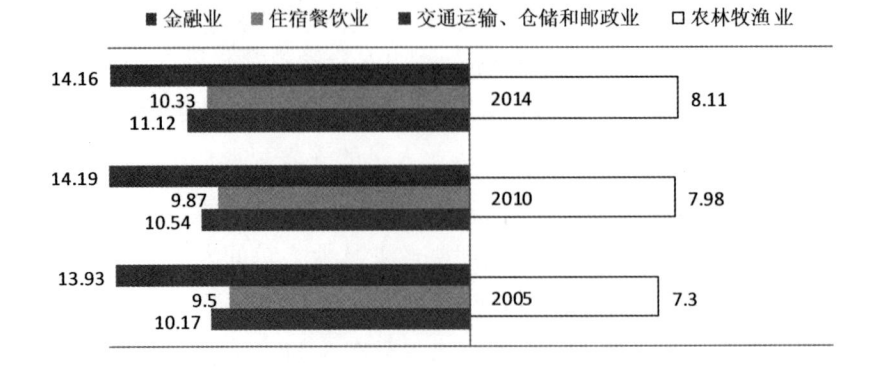

```
■ 金融业    ■ 住宿餐饮业    ■ 交通运输、仓储和邮政业    □ 农林牧渔业

14.16
10.33                    2014              8.11
11.12

14.19
9.87                     2010              7.98
10.54

13.93
9.5                      2005              7.3
10.17
```

图5—4 城镇农林牧渔业从业人员与第三产业从业人员人均受教育年限

二 城镇化对农村人口代际优化的收入效应

农村居民虽然面临着城镇就业的门槛限制，但同时也被城镇化所带来的高收入、高人力资本回报率所吸引。在这种激励下，农村居民一方面会增加对自身人力资本的投资，另一方面也会增加对子女教育的投资，由此所带来的结果是农村人口的代际优化。

1. 人力资本投资回报率与人力资本投资

在市场经济条件下，投资收益率的差距会对人们的经济行为产生刺激，无论是农民或是工人都会对此做出反应，会合乎理性地选择自己的经济行为；同时教育是对未来收益和未来满足的投资。人口质量的提升意义在于刺激人们获得更多的人力资本，即刺激人们为投资的未来收益而接受更多的教育和在职培训；刺激父母为了子女人力资本的增加而进行更多的投资[①]。为此，农村居民家庭人口生产的偏好也将改变：由数量偏好转向质量偏好。正如贝克尔指出的，经济发展影响生育率和孩子的质量，这不仅是因为收入增加了，而且也是教育和其他人力资本投资收益率提高的结果；并且孩子质量的收入弹性大于数量的收入弹性，质量

---

① 参见［美］舒尔茨、西奥多·W.：《人力投资—人口质量经济学》，吴珠华译，华夏出版社1990年版。

的价格弹性小于数量的价格弹性①。

随着经济的发展，城镇家庭对子女教育、培训方面的投资收益率不断提高，该收益率在一定程度上降低了城镇家庭孩子的边际成本，并使城市家庭更加注重对子女质量的投资、减少对数量的偏好。随着农业日益机械化和市场化，所以，农业方面人力资本的收益率也提高了，因此，农民家庭也会专注重质量而非数量。另外，随着城乡壁垒的打破和户籍制度的改革，农村劳动力一定程度上实现了自由流动和迁移；而教育回报率高的地区，迁移的前景会提高人力资本的预期回报，也会诱使更多的劳动力加大教育投资力度。

所以，无论从投资激励还是孩子数量—质量相互替代来看，收入和人力资本回报率的提高，都会促进农村居民对自身及其子女人力资本的投资。

2. 城镇部分行业就业人员收入及人力资本回报率

从城镇部分行业就业人员的平均工资水平来看（图5—5），2005年、2010年、2014年三年中农林牧渔业从业的人员平均工资一直最低，与其他几个行业中就业人员的平均工资最大和最小差距分别为：2005年与平均工资水平最高的制造业差距为1.94倍，与工资水平较低的建筑业差距为1.38倍；2010年与平均工资水平最高的批发零售业差距2.01倍，与平均工资水平较低的住宿餐饮业差距1.40倍；2014年与平均工资水平最高的批发零售业差距1.97倍，平均工资水平较低的住宿餐饮业差距1.31倍。

另外，从人力资本回报率来看，城镇也明显高于农村。如表5—1中所示，虽然不同作者研究所使用的数据有所差异，但结果都表明城镇地区人力资本回报率高于农村地区。城乡收入和人力资本投资回报率现实情况的差异都影响着农村人口的代际优化。

---

① 参见［美］贝克尔、加里·斯坦利：《家庭论》，王献生、王宇译，商务印书馆2005年版。

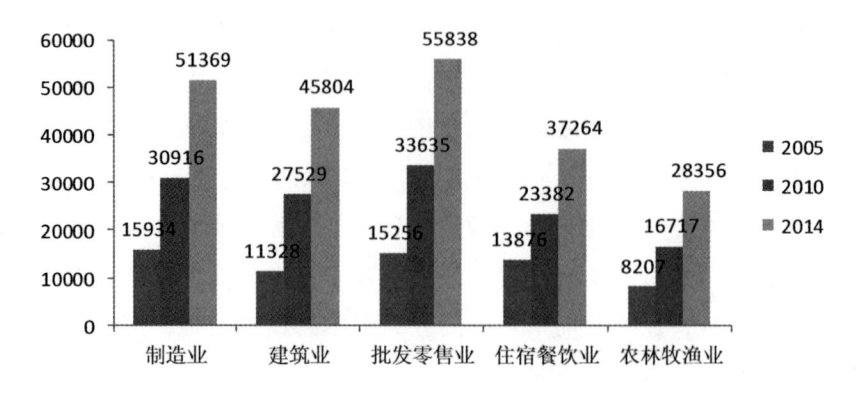

图 5—5 按部分行业分的城镇单位就业人员平均工资（单位：元）

制造业：15934（2005）、30916（2010）、51369（2014）
建筑业：11328、27529、45804
批发零售业：15256、33635、55838
住宿餐饮业：13876、23382、37264
农林牧渔业：8207、16717、28356

表 5—1　　　　城乡人力资本回报率部分相关研究结果①

作者	发表年份	城镇回报率（%）	农村回报率（%）
侯风云	2004、2005	9.289	3.655
张兴洋	2012	10.08	6.68
王文静等	2015	17.4	9.0

三　城镇化对农村人口代际优化的示范效应

个人的人力资本积累不仅受家庭资源禀赋、经济发展状况和技术水平的影响，而且也与家庭所处的生活、工作环境密切相关。这些社会环境主要包括同伴影响、社会交往、竞争、基础设施等多个方面，不同的居住环境对人力资本形成的影响存在着差异。

1. 城乡居民人力资本投资差异

现代化是新经验的来源，它迫使人们学习有价值的新技能，并获得有价值的知识。城镇化水平的提升、分工的专业化等因素都促使了城乡

---

① 数据根据以下文献整理所得：侯风云：《中国城镇人力资本收益率研究》，《山东大学学报》（哲学社会科学版）2005 年第 2 期；侯风云：《中国农村人力资本收益率研究》，《经济研究》2004 年第 12 期；王文静：《教育回报的城乡差异与收入传递机制》，《湖南农业大学学报》（社会科学版）2015 年第 1 期；张兴洋：《我国城乡教育回报率差异研究》，《厦门大学学报》（哲学社会科学版）2012 年第 6 期。

居民人力资本投资行为的转变。但由于城乡发展程度、资源禀赋等差异，城乡居民的人力资本投资行为存在着一定差异，研究表明，城镇居民人力资本投资水平明显高于农村居民的投资水平。

从本章所关注的教育相关投入来看，1995—2012年城乡人均文教支出都在不断增加，但城镇居民人均文教支出明显大于农村人均文教支出，而且增长速度也快于农村。城镇人均文教支出由1995年的331元，增长到2012年的2033.5元，年均增长约18%；农村人均文教支出由1995年的102.4元增长到2012年的445.5元，年均增长约9%。城乡人均文教支出差距最小的为2.8倍（1996年），最大差距为4.7倍（2011年）；而且城乡文教娱乐支出绝对数差距在不断扩大。

2. 乡城迁移对人力资本投资行为转变的影响

迁移是人力资本投资的重要形式之一，迁移所带来的人力资本水平的提升不仅表现在迁移前为适应目的地需求所做出的自发投资行为，而且体现在迁入地生活、工作、竞争、交流等对迁入者能力、素质所带来的潜移默化的影响。农民人力资本的投资行为受到其生活习惯和惯性行为的影响，但城镇的生活环境及工作竞争等因素会对农民的人力资本投资行为带来重要改变。因为，在传统农村社会，人与人之间的交往一般仅限于家庭内部和邻里之间，往来人员较单一，能力、心理等方面都趋于同质性；自给自足的生产方式对农民能力要求较低，工作交流内容多局限在农业生产方面，这在一定程度上会削弱人力资本投资的积极性。而在城镇社会，随着人口和经济活动的不断集中，增加了人际间交往的广度和深度。且接触的人员呈现多元性、异质性——各行各业人员和各种文化背景的人员。

不同文化背景、能力等人员之间的交流，尤其是工作交流能够带来知识的溢出效应，使更多人的能力和素质不断提升，而城镇化能够加深知识的溢出效应。同样城镇现代化的生活方式和激烈的竞争环境也会激励劳动力增加自身和子女的人力资本投资。中国农村居民人力资本投资行为不仅取决于自身条件状况，也明显地受到城镇居民人力资本投资行为的影响，即城镇居民的人力资本投资行为对农村居民的人力资本投资行为存在着导向作用。

第三节 城镇化对农村人口代际优化影响的计量分析

一 研究方法、模型设定及变量和数据说明

1. 研究方法

为准确研究城镇化水平的提高、产业结构调整、就业结构变动等因素对农村人口代际优化的影响，本章选择运用面板数据相关模型进行分析。之所以选择面板数据模型，是因为各地区经济社会发展程度存在差异，如果用时间序列数据研究城镇化等因素对农村人口代际优化的影响，会忽略个体之间的差异；如果用横截面数据进行分析，就不能反映出各变量对农村人口代际优化的动态影响；另外，考虑到影响农村人口代际优化的因素很多，遗漏变量会在一定程度上影响数据分析结果，而面板数据可以通过固定个体、时间效应来解决遗漏变量带来的影响。

面板数据既包含时间序列又有截面维度，成为现代计量经济学研究及实证应用的重要领域。从其模型是否包含被解释变量滞后项来看，有静态面板和动态面板之分，本章主要应用静态面板数据的相关研究方法。而静态面板数据模型，主要是混合效应模型、固定效应模型和随机效应模型，选择的模型不同，结果也存在着差异。考虑到数据所包含的个体数目几乎是所研究总体的所有单位，为此本章选择固定效应模型进行估计，但同时为了避免个人认知所带来的偏差，本章还是通过相关检验来确定具体模型。在模型分析前，相关数据都进行了平稳性检验和变量间的协整检验。

2. 模型设定

本章所研究的问题是城镇化对农村人口代际优化的影响，从数据的可得性来看，并没有关于农村人口代际优化的相关数据。为解决这一问题采取了以下策略：一是利用农村人口整体人力资本水平的变化来反映农村人口代际间的优化；二是通过引入虚拟变量，将所研究的总体样本按时间先后分为两个以10年为周期的样本，试图通过研究城镇化对两个

年代受教育水平影响的差异来研究城镇化对农村人口代际优化的影响。基于以上分析，本章所用的面板数据模型的基本形式设定如下 (5.1) 式和 (5.2) 式 (为避免异方差，各变量均取对数形式):

$$\ln edu_{it} = \beta_0 + \beta_1 \ln urb_{it} + \beta_2 \ln is_{it} + \beta_3 \ln es_{it} + \beta_4 \ln wage_{it} \\ + \beta_5 \ln wju_{it} + \alpha_i + \mu_{it} \quad (5.1)$$

$$\ln edu_{it} = \lambda_0 + \lambda_1 \gamma + \lambda_2 \gamma * \ln urb_{it} + \lambda_3 \ln urb_{it} + \lambda_4 \ln is_{it} \\ + \lambda_5 \ln es_{it} + \lambda_6 \ln wage_{it} + \lambda_7 \ln wju_{it} + \alpha_i + \varepsilon_{it} \quad (5.2)$$

其中，i 表示截面个体 (在本章中指省份)，t 表示时间 (1993—2012年)；edu 代指农村人口的代际优化，urb 是表明城镇化水平的指标，is 代指产业结构，es 表示就业结构，$wage$ 表示人力资本回报，wju 表示城镇居民人力资本投资；α_i 表示个体固定效应，μ_{it}、ε_{it} 表示误差项；γ 为时间虚拟变量，$\gamma = 0$ 表示前一个时间周期 (1993—2002年)，$\lambda = 1$ 代指后一个时间周期 (2003—2012年)。在模型 (5.2) 中 λ_0 是以前一时间段 (1993—2002年) 数据为研究样本的截距项、而 $\lambda_0 + \lambda_1$ 是以后一时间段 (2003—2012年) 数据为样本的截距项；λ_2 表示前一时间段 (1993—2002年) 城镇化对农村人口平均受教育水平的影响，$\lambda_2 + \lambda_3$ 是后一时间段 (2002—2012年) 城镇化对农村人口平均受教育水平的影响。

3. 变量和数据说明

本章采用 1993—2012 年中国 28 个省的面板数据。这种选择的原因在于：一方面，对于本章选择的农村人口代际优化、城镇居民文化、教育、娱乐支出指标来说，2013 年之后的数据跟 2013 年之前的统计样本存在差异。2013 年之后的数据源于国家统计局城乡一体化住户调查，而 2013 年之前的数据源于独立开展的城镇、农村住户调查，二者在样本选择、统计口径等方面存在差异。另外，关于城镇居民文化、教育、娱乐支出这一指标在 1993 年之前并没有出现，而是分开统计的。另一方面，重庆是 1996 年从四川分立出来的，在这之前重庆的相关数据是统计到四川省的；另外，关于西藏的数据有缺失。基于以上原因，为保证分析的准确性，所以将重庆、四川和西藏剔除，选择其他 28 个省份 1993—2012 年的相关数据。

各变量的具体解释如下：农村人口代际优化（edu）：这一指标主要反映农村新的一代比旧的一代具有高的受教育水平，但是很难获得相应的数据；考虑到农村人口的代际优化可以从农村人口整体受教育水平的提高体现出来，为此文章选择用农村人口的人均受教育年限来代替农村人口的代际优化，其计算公式为：文盲×0＋小学×6＋初中×9＋（高中＋中专）×12＋大专及以上×16；相关数据源于对应年份的《中国农村统计年鉴》。城镇化（urb）：关于城镇化水平指标的选取，从现有文献研究来看，大多是城镇人口占年末总人口的比重，但这一指标存在一些问题：城镇人口以什么口径来衡量，户籍人口还是常住人口？国家统计局给出的2005年以来的数据是按常住人口来计算的，但2005年之前的数据多按户籍人口或者非农人口来计算，这样会导致数据不统一的问题。为此，本章统一选择用非农人口比重来衡量城镇化水平；数据源于对应年份的《中国人口统计年鉴》或《中国人口和就业统计年鉴》。产业结构（is）和就业结构（es）：本章用第三产业增加值占总产值的比重来衡量产业结构升级和调整情况，用第三产业就业人员占就业总人口的比重来衡量就业结构，通过这两个指标来反映产业结构调整和就业结构变动对农村人口优化的需求效应；其中产业结构数据源于对应年份的《中国统计年鉴》，就业结构相关数据源于《中国统计年鉴》、《新中国六十年统计资料汇编》、各省统计年鉴，2011—2012年黑龙江数据缺失。人力资本回报（wage）：直接反映人力资本回报率的数据并没有，本章用城镇在岗职工的平均工资来衡量人力资本回报对农村人口代际优化的激励效应，数据经过以1993年为基期的价格指数平减；数据源于对应年份的《中国统计年鉴》。城镇居民人力资本投资（wju）：用城镇居民人均文教娱乐支出来反映城镇居民人力资本的投资状况，数据用以1993年为基期的价格指数进行平减；数据源于相应年份的《中国统计年鉴》。各变量原始数据的统计特征描述见表5—2。

表 5—2　　　　　变量统计性特征描述（样本总数 = 560）

变量	定义	均值	标准差	最小值	最大值
edu	人口代际优化	7.796508	1.010284	4.372	10.582
urb	城镇化	33.68277	16.32914	12.65	89.76
is	产业结构	39.1484	7.402298	27.5736	76.4563
es	就业结构	30.99741	9.472605	11.44098	75.6254
wage	人力资本回报	9671.44	6617.976	2200.95	37399.8
wju	城镇居民人力资本投资	508.4228	306.4379	122.486	1759.68

二　变量平稳性检验和协整检验

1. 变量平稳性检验

面板数据的平稳性检验方法同普通时间序列数据平稳性的检验方法虽然很类似，但两者又存在着差异。面板数据平稳性的检验方法根据不同的限制主要分为两大类：一类为相同根情形下的平稳性检验，这类检验方法假设面板数据中的各截面序列具有相同的单位根过程；这类检验方法主要包括 LLC 检验、Breitung 检验和 Hadri 检验。另一类为不同根情形下的平稳性检验，即允许面板数据中的各截面具有不同的单位根过程；这类方法主要包括 IPS 检验、Fisher – ADF 检验、Fisher – PP 检验。[①] 两类检验方法的原假设都是没有单位根，即数据是非平稳的；拒绝原假设的话说明数据是平稳的。本章运用第一类检验方法中的 LLC 检验和第二类检验方法中的 IPS 检验、Fisher – ADF 检验分别对文中相关数据进行单位根检验，检验过程根据 SIC 准则自动选择最优滞后项，相关数据单位根检验结果见表 5—3。

[①] 高铁梅：《计量经济分析方法与建模——Eviews 应用与实例》（第二版），清华大学出版社 2009 年版，第 346—350 页。

表5—3　　　　　　　　　变量数据单位根检验结果

变量	LLC	IPS	Fisher - ADF
Lnedu	17.2294	1.23374	0.86744
Δlnedu	-13.1851***	285.063***	330.250***
lnurb	1.43023	2.67737	49.2504
Δlnurb	-8.98452***	-6.64134***	160.149***
lnis	-1.25695	1.71707	40.3678
Δlnis	-9.93088***	-7.96532***	161.457***
lnes	13.2716	6.73942	1.84752
Δlnes	-15.8894***	370.409***	404.746***
lnwage	1.92370	9.92686	9.06468
Δlnwage	-15.1490***	-14.2592***	329.075***
lnwju	0.73422	3.31839	27.9390
Δlnwju	-19.2100***	-15.5918***	285.588***

Standard errors in parentheses: * p < 0.1, ** p < 0.05, *** p < 0.01, Δmeans first - differenced.

从检验结果来看，lnedu、lnurb、lnis、lnes、lnwage、lnwju 在1%的置信水平下均接受原假设，说明各数据都不平稳，而它们的一阶差分项的检验结果均拒绝原假设，说明各变量均是一阶单整。

2. 协整检验

基于上述单位根检验结果，可以发现各变量均是一阶单整，为防止模型的伪回归现象，所以要对变量之间进行协整检验，以验证变量间是否具有长期均衡关系。面板数据的协整检验方法可以分为两大类：一类是建立在 Engle and Granger 二步法检验基础之上的面板协整检验，具体方法主要有 Pedroni 检验和 Kao 检验等；另一类是建立在 Johansen 协整检验基础上的面板协整检验[①]。Gutierrez（2003）利用蒙特卡洛实验方法发现，当面板数据时间维度较小，而截面维度较大时，Kao 检验的功效不仅高

---

① 高铁梅：《计量经济分析方法与建模——Eviews 应用与实例》（第二版），清华大学出版社2009年版，第350—353页。

于 Pedroni 检验，且优于其他检验方法①。为此，本章选择 Kao 检验来进行面板数据协整检验，并根据 SIC 准则自动确定最优滞后阶数。具体结果在相关模型回归结果中显示。

三 实证结果与分析

1. 模型筛选

静态面板数据主要分为混合效应模型、固定效应模型、随机效应模型。选择不同的模型，估计方法和估计结果存在差异。为此，估计回归结果前，首先对所用的模型进行筛选。关于混合效应模型与固定效应模型的选择主要通过 F 统计量来实现，固定效应模型与随机效应模型的选择通过 Huasman 检验来实现，具体筛选结果见表 5—4。从模型筛选的结果来看，两个模型计算的 F 统计量均表明固定效应优于混合效应；同时 Huasman 检验的结果表明固定效应优于随机效应模型，为此本章对两个面板数据都选择固定效应模型进行估计。

表 5—4　　　　　　　　　　模型筛选结果

	模型形式选择	统计量值	自由度	P 值	模型确定
模型（1）	混合效应还是固定效应	108.01	(27, 525)	0.000	固定效应
	固定效应还是随机效应	22.03	5	0.0005	
模型（2）	混合效应还是固定效应	109.70	(27, 523)	0.0000	固定效应
	固定效应还是随机效应	21.42	7	0.0032	

2. 计量结果分析

从表 5—5 中给出的回归结果来看②，模型（5.1）中各变量之间协整检验的结果说明城镇化、产业结构调整、就业结构、人力资本回报率、城镇居民人力资本投资与农村人口代际优化之间存在着长期均衡关系；

---

① Gutierrez, L.: On the Power of Panel Cointegration Tests: a Monte Carlo Comparison, *Economics Letters*, 2003, 80 (1): 105 – 111.

② 作为对照，实证结果中分别给出了固定效应、随机效应和混合效应的估计结果，分析时采用固定效应的实证结果。

另外，从模型的估计效果来看，调整后的 R^2 都在 95% 以上，F 统计量在 1% 的置信水平下也显著，说明模型拟合效果较好。

城镇化水平、产业结构调整、就业结构转变、人力资本回报率、城镇居民人力资本投资都是农村人口代际优化的重要影响因素，且各变量对农村人口代际优化具有正向作用，影响系数都在 1% 的置信水平下显著。从影响程度来看，城镇化水平每提高一个百分点，农村人口代际优化 0.061%；第三产业产值占地区总产值的比重，每提高一个百分点，农村人口代际优化 0.065%；人力资本回报率每提高一个百分点，农村人口代际优化提高 0.037%；城镇居民人力资本投资每提高一个百分点，农村人口代际优化 0.02%。整体来看，就业结构、产业结构、城镇化是影响农村人口代际优化最为重要的三个因素，其次是人力资本回报与城镇居民人力资本投资。这充分说明就业才是民生之本，进城生活、获得高收入都离不开就业的实现。

表 5—5　　　　　　　　　模型 (5.1) 计量分析结果

	固定效应	随机效应	混合效应
Ln*urb*	0.060654 ***	0.050797 ***	0.032068 *
	(5.619275)	(2.954847)	(1.717511)
ln*is*	0.064535 ***	0.044289 ***	0.208294 ***
	(4.855041)	(1.947925)	(8.154195)
ln*es*	0.102423 ***	0.114095 *	0.153368 ***
	(9.864551)	(6.754852)	(3.955012)
ln*wage*	0.037301 ***	0.050921 ***	0.038117 **
	(7.327572)	(6.031439)	(2.397397)
ln*wju*	0.020056 ***	0.012756	0.051162 ***
	(3.137503)	(1.199864)	(2.569549)
C	0.798633 ***	0.789092 ***	—
	(17.56274)	(9.898898)	—
N	558	558	558
Ad – R^2	0.953	0.736	0.321
F – statistic	357.8935 ***	312.2680 ***	421.4697 ***
Kao 检验	–3.111393 ***	–3.111393 ***	–3.111393 ***
方法	P – EGLS	P – EGLS	P – LS

Standard errors in parentheses: * $p < 0.1$, ** $p < 0.05$, *** $p < 0.01$.

从表5—6中给出的回归结果来看,模型(5.2)各变量之间同样存在着长期的均衡关系,且调整后的 R^2 达到96.4%,F统计量在1%的置信水平下也显著,说明模型拟合效果较好。

表5—6　　　　　　　　模型(5.2)实证结果

解释变量	系数	t – Statistic	P值
c	0.709165	14.81089 ***	0.0000
lnurb	0.076860	7.129736 ***	0.0000
lnis	0.067839	5.251855 ***	0.0000
lnes	0.086947	8.510116 ***	0.0000
ln$wage$	0.048127	9.084240 ***	0.0000
lnwju	0.017350	2.851056 ***	0.0045
γ	0.111623	6.807103 ***	0.0000
$\gamma \times \ln urb$	-0.034982	-7.581476 ***	0.0000
Ad – R^2 : 0.964184	F – statistic:	442.0255 ***	Kao: -3.105908 ***

Standard errors in parentheses: * $p < 0.1$, ** $p < 0.05$, *** $p < 0.01$.

以1993—2002年为基年,在控制其他变量不变的情况下,2003—2012年城镇化对农村人口人均受教育水平的影响有一个明显的下降。具体来看,1993—2002年城镇化水平每提高一个百分点,农村人口人均受教育水平提高0.077个百分点;而2003—2012年城镇化水平每提高一个百分点,农村人口人均受教育水平提高0.042个百分点,即降低了0.035个百分点,且各变量的影响系数均在1%的置信水平下显著。城镇化对农村人口代际优化的影响下降的原因可能在于:一是不同时期农村居民人力资本水平存量的差异。前期农村居民人均受教育水平较低,城镇化水平的提高对其的影响较大;而后期随着教育获得难度的增加,城镇化对其的影响减少。从本章所研究的数据区间来看,1993—2002年农村人均受教育水平由1993年的6.76年增加到2002年的7.80年,增幅为15%;而2003—2012年农村居民人均受教育水平由2003年的7.84年增加到2012年的8.33年,增幅只有6.3%。二是人力资本代际优化指标的选取。

舒尔茨将人力资本投资集中分为医疗和保健、在职培训、正规教育、成人教育和迁移，那么则可将农村人口代际优化具体描述为，农村新的一代比旧的一代具有较高的健康水平和人均寿命、更为全面的职业技能、较高的受教育水平和更多高层次的就业选择等。随着经济社会的发展，农村人口的代际优化可能更多地表现在技能、经验等其他方面，只考虑受教育水平可能有一些片面。

第四节　本章结论

本章从需求效应、收入效应和示范效应三个方面论述了城镇化对农村人口代际优化的影响。首先，与农村相比，城镇拥有较为发达的制造业和服务业，并且随着城镇化水平的提升，产业结构、就业结构都在不断优化升级；而伴随这些结构的转变，城镇第二、三产业对劳动力的需求也逐渐从数量偏好转向质量偏好，农村劳动力非农就业的实现对其个人人力资本水平的依存度提高。其次，城镇具有较高的人力资本回报率，高收入的获得需要农村劳动力人力资本水平的提升。最后，城镇化水平的提升、分工的专业化等因素都促使了城乡居民人力资本投资行为的转变；而城镇居民人力资本投资行为的转变对农村居民的人力资本投资行为具有导向作用。

同时，本章利用中国1993—2012年28个省的面板数据，就城镇化对农村人口代际优化的影响做了实证分析。考虑到人口代际优化指标的限制，分别从两个角度进行了实证分析：一方面用农村人均受教育水平的提高来间接反应农村人口的代际优化，研究结果表明：城镇化水平能够促进农村人口的代际优化，且产业结构升级、就业结构转变、人力资本回报、城镇居民人力资本投资行为都正向作用于农村人口的代际优化；另一方面文章构造了时间虚拟变量，以前一个10年为基期分析了后一个10年城镇化对农村居民人均受教育水平的影响差异，研究结果表明：城镇化在两个时期对农村人均受教育水平都具有显著的正向作用；但是，对比来看城镇化对受教育年限的影响呈现递减趋势。总之，随着城镇化水平的不断提高，农村人均受教育水平在代际间不断优化，但城镇化对人口代际优化的影响程度趋于减小。

第三篇

农业的企业化和技术进步

第六章

农业组织的企业化演进：人口转型影响的视角

第一节 提高农业组织化程度是当前中国农业发展的主要问题

中国农村自实行家庭承包经营体制以来，农户生产规模小、市场组织化程度低，已经成为制约农业发展的主要瓶颈。过去几千年的农业主要是自给自足的农业，而非商品化（市场化）的农业，或商品化的份额很少，商品化农业与自给自足农业是截然不同的两种经济形式。传统农业的产品主要用作自己消费，只有略有产品剩余时才拿去交换。与传统农业不同，现代农业生产是以市场交换为目的的生产，因此产品都必须具备商品属性，同时必须不断提高市场竞争力以适应市场环境。

"三农"问题的出现与农民的组织化程度低有着密不可分的关系。虽然一个个以家庭为生产经营单位的农户是理性的经济人，也追求总收入及利润的最大化，但面对日益扩大的、复杂的巨大市场，面对纷繁的、多元的利益博弈，一个个农户就显得十分单薄，既不能充分地获取市场信息，也不能有效地参与利益博弈，散兵游勇式的无组织的农民不仅注定了其与市场经济发展的内在要求是相悖的，而且也注定了其只能是市场多元利益博弈的弱势者。

随着工业化、城镇化、国际化和信息化进程的不断推进，中国农业生产发展面临的外部环境发生明显的变化，特别是在市场化程度不断提升，在农业与非农产业市场化联系日益紧密的情形下，农业生产与发展日益凸显了小农户与大市场的矛盾。因此，不可避免地面临着这样的难题：以家庭为主的农业生产与国内外社会化大市场如何有效对接。为了解决这一矛盾，必须变革以家庭经营为主的农业生产经营组织形式，提高组织化程度，从而调整农业结构实现农业产业化。

提高农业生产经营组织化程度包含两个层面的内涵：一是推进家庭经营向采用先进科技和生产手段方向转变，增加技术、资本等生产要素的投入，努力提高集约化水平；二是发展农户联合与合作，形成多元化、多层次、多形式经营服务体系。为此，要采取培育产业龙头、延伸产业链、培训新型农民等手段，在农业生产经营机制上实行新突破，通过农业龙头企业带动、专业合作社联动和农民的积极参与，把产业链紧密联结起来，把农民真正组织起来，实现生产、加工、销售、服务一条龙，分工合作，风险共担。

总之，从传统农业向现代农业迈进，需要转变经营方式，提升农业组织化程度。企业化农业是现代农业的主要内容，农业企业化经营是实现现代农业的必经之路。加快现代农业发展，实施农业产业价值链管理战略，坚定不移地走企业化农业发展道路是传统农业改造的基本方向。而从传统农业向现代农业转变关键在于农业技术的改变，技术改造和提升有利于农业产业结构的改变和农业生产力的提升。

第二节 企业化是提高农业组织化程度的基本途径

一 农业企业化的主要形式

经过40年的农村改革与发展，中国农业正处于由传统农业向现代农业转变的阶段。总体来讲，中国农村经济还属于半自给经济。农户作为农业生产经营的主体，其基本特征是：主体分散，组织化程度低；现代生产要素稀缺，经济实力较弱；农户半自给自足，商品化程度低。这些特征阻碍了农业现代化进程，因此必须对传统农户进行改造。根据国内外实践经验，与现代化农业相适应的农户，必然是有动力和能力引进现代生产要素，进行专业化、规模化生产，进行企业化管理的生产经营主体。

现代农业生产经营主体一定是实行企业化管理的经济组织，中国农业组织发展的最高形式一定是农业企业。但是鉴于中国人多地少的矛盾和农业劳动力转移的长期性、区域经济的不平衡性，决定了在短时期内难以完全推行农业企业化。在未来很长一段时间内，中国大部分农户还会是以非企业的形式存在。因此，改造传统农户的目标是塑造具有现代企业组织特征的农业经营主体。

农业企业化是多种类型的农业企业不断发展的长期过程，也是农村经济组织化过程，它不是一个模式。实践中出现的农业企业化主要有以下四种形式：一是农户联合经营方式。这种方式仍以小农家庭承包为基础，土地要素没有重新组合，但土地的承包权和经营权相对分离，采取共同作业方式，从事某一作物栽培种植、作业管理、收获、保存、运输、销售，从而大大降低了生产成本。二是委托经营方式。农户通过土地租赁的形式把土地委托给"能人"经营，土地要素仍没有流动，但已经实现一定程度上的集中。例如委托代耕、田间作业和收获，收取代耕佣金，或分享生产成果。三是合作经营方式。农民用土地、资金、技术、劳力等要素入股，组成合伙人性质的生产合作社。这种方式，土地所有权与经营权分离，农民既可以从劳动中获得工资收入，又可以从土地入股中获得预期收益。四是公司经营方式。生产完全按现代企业运作方式管理，产权清晰，经营方式现代化，产供销一体化，面向区域市场与全国市场，甚至还面向国际市场。

前两者属于农业企业化初级阶段，全部由农民自己创办，在目前具有更普遍的适应性和应用性；后两者属于中级或高级阶段，由于许多其他产业企业和外商不断进入，在今后具有广泛的发展前景。但无论哪一种方式，都可以扩大农业生产经营规模，降低生产成本。需要指出的是，从中国农村发展的历史经验教训看，由于各地区自然资源、人力资源分布不同，经济社会发展水平差异甚大，因此农村生产组织改革如果只搞一种模式，搞"一刀切"，搞"强迫命令"，总是要失败的。中国农业企业化过程是一个多样化发展过程，是一个多种模式并存的过程。

二 农业企业化是降低农户市场交易成本的要求

目前,中国农业企业化存在多种形式,它们与过去长时期存在的国营农场和农业合作社不同,因为组织结构更为严密,契约合同严格,且有明确的目标。农业企业组织使农产品的生产、加工、销售或贸工农各环节集中在一个企业内,作为一个产权独立的市场决策主体,相对于其他组织模式(家庭和合作经济组织),具有交易成本低、经营灵活、规模效益明显、资本集中、管理规范等组织优势,但其内部管理成本则是比较高的(如表6—1)。

表6—1　　　　　　　　基本经济组织优势比较

效率因素	经济组织		
	家庭	合作经济组织	企业
内部管理成本	最佳	次佳	最差
交易费用	最差	次佳	最佳
资产专用性	次佳	最差	最佳

数据来源:成新华:《我国农业微观组织模式的比较与选择》,《科学·经济·社会》2006年第3期。

把传统分散、小规模经营的农户改造成企业化经营农户,建立农业企业的经营主体,将这些组织化的经济主体代替单个农户进入市场竞争,可以使企业与农户的外部交易关系转化为内部经营管理关系,把农户分散的生产经营转化为在组织内部统一协调的生产经营活动,这将从根本上减少市场交易次数、简化市场交易环节,有效抑制机会主义行为的发生,降低市场活动的不确定性,形成规模经济,降低市场交易成本。

三 农业企业化有利于加快农业现代化进程

传统农业改造的核心是通过对农业微观经营主体的改造,增强其对现代生产要素的内在需求,促进现代生产要素引入农业。小规模经营农户缺乏对现代生产要素的内在需求激励并表现出明显的需求不足,同时,小规模农户自给性特征明显,缺乏进行专业化、商品化生产经营并不断扩大经营规模的内在动力,制约了农业产业化水平的提高和完善的农业产业体系的形成。

推行农业企业化,通过对超小规模农户的企业化改造,可以培育出以追求最大利润为目标、具有较强市场竞争意识、进行现代开放经营,进而形成具有较大引入现代生产要素内在动力的农业企业化经营主体,从而有利于提高农业专业化、商品化,有利于建立和完善具有持续发展能力和国际竞争力的农业生产体系,因而推行农业企业化是加快农业现代化的必由之路。

第三节 人口转型与农业企业化演进

一 人口转型与劳动力非农转移

在改革开放之初,农民家庭的人口生产还存在着显著的数量偏好特征,进入21世纪,人口生产的数量偏好明显减弱。2000—2010年,农村妇女总和生育率仅维持在1.73—1.43的水平;根据第六次人口普查数据,全国总和生育率仅1.18,农村也未超过1.5。农村家庭规模也不断缩小,农户家庭规模趋于缩小是生育率下降的结果。选取历年有关人口统计资料中的农村人口数和农村家庭户数,二者之比得平均每个农户家庭的人口数。1984年农村户均人口数为4.49人,之后一直递减,2012年下降到3.62人[①]。

与此相对应,农户家庭人口生产的质量偏好特征逐渐凸显,农村居民家庭对其子女教育空前重视。利用相关统计年鉴中各个教育层次的劳动力百分比以及每个教育层次相应的学制年数,最后求和得出每年的农村劳动力平均受教育年数。从1985年到2012年,农村劳动力平均受教育年限由5.60年提高到8.51年,增幅达52%,大致扩展了一个初中教育层次[②]。

[①] 数据来源:国家统计局网站(http://data.stats.gov.cn)。

[②] 数据来源:刘琦、郭剑雄:《人口生产数量偏好向质量偏好的转变:来自中国农村的经验》,《西北师大学报》(社会科学版)2013年第5期。

根据农村劳动力平均受教育年数和户均人口数，可测算出 1984—2012 年中国农村人口转型强度指数（人口转型强度指数＝人均受教育年数/家庭人口规模）。如图 6—1 所示，人口转型强度指数在 1985—2012 年间呈现上升趋势，表明 20 世纪 80 年代以来，中国农村人口生产质量偏好强度逐年增强，另一方面也反映出人口生产数量偏好在减弱。

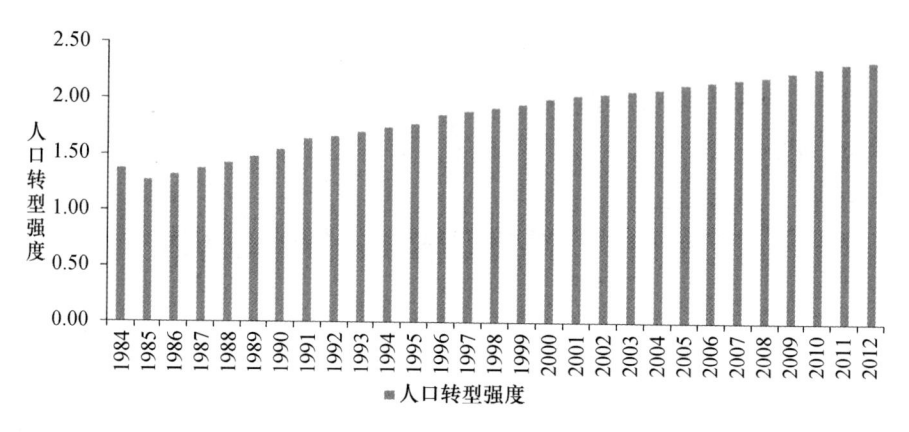

图 6—1　农村人口转型强度趋势图

农村人口生产偏好转变带来的农村劳动力人力资本水平的提升和生育率的下降，一方面有利于形成一支具有较高专业技能和较高劳动生产率的高素质现代农民队伍，他们根据相对工资水平既可以选择从事农业生产也可以选择在城市非农部门就业。另一方面有利于土地规模化经营和农业生产专业化程度和效率的提高，为实现生产组织企业化运作提供有利条件。

随着工业化和城镇化的发展，农业在经济中的比重逐年下降，农村劳动力向非农产业迅速转移。截至 2014 年年底，全国农民工总量为 2.74 亿人，比上年增长 1.9%。其中，外出农民工 1.68 亿人，增长 1.3%；本地农民工 1.06 亿人，增长 2.8%。① 在如此大规模的劳动力流动过程中，受教育程度相对较高的农村劳动力拥有更多的机会进入非农部门就业，

---

① 国家统计局：《2014 年中国国民经济和社会发展统计公报》。

这势必造成农村人力资本的流失，给农村的经济带来不利影响，但这种影响并不都是不利的。

农村劳动力的选择性转移也是农村家庭人口生产由数量偏好转向质量偏好的重要原因[①]。根据中国的经验，农村家庭人口生产偏好转变与农村居民受教育程度正相关，而这一现象并不难理解。首先，只有具有一定能力和技能的劳动者才能够顺利脱离农村进入城市获得更稳定的工作、更高的收入以及社会地位。农民收入提高增加了父母的时间机会成本，特别是农村妇女教育水平在代际间逐渐提高，进城务工的机会增多，从事非农工作获得较高的收入提高了妇女的时间价值，从而放弃生育更多的子女。其次，城镇非农产业的高工资吸引着农村劳动力向城镇转移，而这种转移是有选择性的，具有较高人力资本的劳动力才能进入城市非农部门，人力资本的门槛激励着农村家庭重视子女质量的投资。再次，农村劳动力转移到城市之后，通过一段时间的工作和学习，不仅开阔了视野，而且潜移默化中掌握了各种专业知识和技能，提高了自身素质。

反过来，人口生产的质量偏好对加速农业劳动力的转移也起到推动作用。由于工业部门和农业部门发展水平的实际差异，工业部门对劳动力的人力资本水平要求远高于农业部门，工业领域的劳动回报率也大大高于农业部门。由此，人口转型带来的人口质量的提高，必将促进农业劳动力向非农部门的转移。因为，农业部门中的劳动力的人力资本水平越高，在非农部门获取就业机会的概率越大，获得较高非农收入的可能性越大，从而实现更稳定的非农就业成为可能。在这里，非农部门就业机会的获取与就业者人力资本水平正相关。另外，农业人口生产数量偏好的减弱减缓了来自新增劳动力的就业压力，在劳动力非农转移的基础上，有利于加速消除农业部门的剩余劳动力。

与此同时，劳动力的转移对农业生产方式也产生了重要影响，其中最直接的影响就是土地劳动比上升，农业生产经营规模将扩大，农业生产经营组织将向具有现代企业特征的组织类型转变。工业化较高阶段出现的农业的规模化、企业化和社会化，亦将产生对农业现代经营管理技

---

① 参阅第四章。

能的广泛需求。

二 人口转型与农业技术进步

Galor & Weil 考察了人口转型在实现静态停滞社会向持续增长社会转型过程中的作用。他们提出一个统一的框架来解释人类社会如何从停滞社会演变为现代社会，而他们模型的核心在于技术变革和人力资本之间的互动关系。只有当技术积累超过某一特定的临界水平之后，技术进步会提高家庭人力资本投资的回报，使得父母倾向于用子女的质量代替子女的数量，少生育而努力提高子女的人力资本水平；而人们人力资本水平的提高反过来又进一步促进了技术进步，使得经济加速增长。两者之间有一个互为因果的正向反馈过程。正是技术变革、人口转型以及人力资本投资三者之间形成的良性循环使得经济得以逃脱马尔萨斯陷阱，实现经济发展[①]。

对于中国农业社会的发展，人口转型与技术进步也遵循着上述规律。伴随人口转型过程的农业资源结构转变，将产生农业土地经营规模的扩大和物质资本体现型技术的采用并逐渐显现技能偏态性特征。这些变化最终将带来农业人力资本投资机会的增长，农业部门也将因此逐渐成为高素质劳动力的竞争性就业部门。此时，不仅会留住高人力资本水平的农业劳动力，还可能吸引非农部门高素质劳动力的加入。当人力资本构成农业资源结构的一个基本组成要素时，由于人力资本的规模报酬递增性质，农业技术将呈现可持续增长特征。张福、杨盛基于向量自回归模型，运用脉冲响应函数和预测方差分解刻画了中国人口生产偏好转变与农业技术进步之间的动态相关性，发现中国人口生产偏好转变与农业技术进步之间存在着较强的正向交互响应作用，而且其长期的响应作用程度更显著、更稳定[②]。

这一结果可以从以下两个方面解释：一方面，技术进步提高了农业

---

① Galor, O. & D. Weil: Population, technology, and growth: From Malthusian stagnation to the demographic transition and beyond, *American Economic Review*, 2000 (90): 806–828.

② 张福、杨盛：《人口生产偏好转变与农业技术进步关系的实证研究——基于 VAR 模型的检验分析》，《企业家天地》（下旬刊）2013 年第 4 期。

产出，使农户收入不断增加，在农户解决温饱问题后开始注重子女教育的投入，因为技术进步使得人力资本投资的回报提高；农村人口偏好结构的转变使得农村劳动力人力资本水平提升，人力资本的提升又促进了技术进步。另一方面，人口生产由数量偏好向质量偏好转变导致生育率下降，农户的家庭规模变小，劳动力数量减少，劳均资本存量增加，这一变化有利于提高农业生产和技术装备水平，促进技术进步。这里的技术进步不仅包括"硬技术"的改进、技术效率的提高、投入要素质量的提高，还包括管理技术、决策技术、经营技术等技术的进步，而这些进步使现代农业科技、现代化装备和生产手段得到广泛应用，为农业规模化生产提供了有利条件。

三　人口转型对农业企业化的影响

1. 技术进步是农业生产组织企业化的重要原因

人口转型带来的农业技术进步，一方面为农业提供先进适用的耕作技术、农业机械、运输工具、生产性建筑设施等，从而有利于提高现有农业生产技术装备水平，提高劳动生产率，降低生产成本，为规模化、企业化经营提供了硬实力支撑。另一方面人口转型带来的人力资本水平的提升为农业企业化经营提供了大量有文化、懂技术、会经营的专门人才，成为农业生产组织企业化不可或缺的软实力。

朱希刚从20世纪80年代开始的农业科技进步率的研究表明，农业技术进步在农业经济发展的过程中起到了至关重要的作用。农业技术进步对农业经济产生了多重影响。首先，农业技术进步会引发市场供给和需求结构的变化，因为农业技术进步通常会带来新产品，农产品和人们的日常生活是息息相关的，所以农业新产品为大众所接受就可以很快的改变市场需求。市场需求又会反过来引导市场供给，导致整个市场供给需求结构的变化，市场结构的变化必然会带来生产组织的变革。其次，农业技术进步会改变农业生产中有形资本的应用，农业技术进步改变了农业生产工具，很多大型机械开始运用于农业生产，大大提高了农业生产效率，这客观上要求农业进行规模生产，以达到规模经济的效果。第三，农业技术进步还会带动劳动力素质的整体升级，劳动力素质提高后，分散的农业生产就不能充分发挥劳动力的生产潜能,所以这也客观上要求农业生产组织改革①。

在一定条件下,农业技术进步是农业生产组织演化的原因。农业技术水平的提高会加大农业生产的规模效率,分散化的生产不能适应技术进步的要求,必然会发生改变。综上,农业技术进步通过改变市场供需结构、有形资本使用和劳动力素质,最终影响到农业生产组织,使其向规模生产、企业化经营方向转变。

农业生产组织演化受到了农业技术进步和政策制约的共同作用。相比而言,制度因素的作用要比农业技术进步的作用更显著。生产组织演化本身是一个复杂的过程,再加上农业本身的特殊性,农业生产组织的演化就更加复杂。农业技术进步本身会受到制度因素的影响,农业技术进步对于农业产业组织的影响过程也受到了政策因素的制约。所以制定合理的政策来促进农业技术进步,进而通过农业技术进步对农业生产组织演化产生影响,就显得非常重要。

2. 规模化生产是促进农业企业化的有效途径

人口转型推动农业劳动力的非农转移使农业人口和劳动力不断减少,人地比例下降使农业规模趋于扩大,资本供给越来越充裕而劳动成本越来越高。因此,用机械替代体力劳动成为现实,农业规模化、企业化经营也将逐步实现。此外,人口转型过程中,因生育率下降导致农村劳动力数量减少,改善了劳动力与其他资源配比关系,提高了劳均资本存量,同样有利于农业生产组织企业化。

在一家一户小规模耕作的情况下,大规模的农田水利建设和机械化、标准化生产受到限制。随着结构调整的深入,农村劳动力转移,土地、山林、水面向少数人流转,种养规模扩大,涌现出许多种养殖大户,使农业机械不受一家一户的限制,有条件在更大规模上推进。大机器的广泛应用,又促进了产业化与结构调整,二者形成良性循环发展。

农业结构调整和产业化是一种经济社会行为,越是社会化的经济发

---

① 朱希刚:《我国"九五"时期农业科技进步贡献率的测算》,《农业经济问题》2002 年第 5 期。

展,越需要现代化的组织管理。传统农业向现代农业过渡对农业组织形式变革要求越来越迫切。只有正确把握组织形式变革的方向,才能在深化农村改革中建立适应现代农业发展的组织形式。改革开放以来,中国农业组织形式,首先是以生产队为基本生产单位的集体经营向以一家一户为主的家庭经营转变,由此也拉开了传统农业向现代农业迈进的序幕。过去的农民集体生产虽然有利于规模生产,有利于基础设施的建设,但这种组织形式和生产关系是脱离实际的,追求"一大二公",与当时的生产力状况不相适应,抑制了农民的创造力,所以土地产出率和劳动生产率十分低下,农产品远远不能满足人们的需要。实行家庭承包经营以来,中国农业发生了翻天覆地的变化,农产品由长期短缺进入了供求平衡、丰年有余的新阶段,充分证明变革了的这种组织形式,把农民从对生产队、公社的人身依附中解放出来,发挥了农民个体力量,满足了生产力发展多层次需要,是一种促进生产力发展的农业经营组织形式,符合这个时期中国的国情。

中国市场经济体制的不断建立完善,经济全球化的推进,使分散化、个体化生产经营的农民,越来越经受着市场、自然和技术三重风险。在重重压力下,广大农民发扬首创精神,不断调整经济组织结构,适应市场竞争的要求,在一家一户生产的不平衡发展中,有一部分大户或企业脱颖而出,但这仅仅是少数。大多数小户生产仍然存在着巨大的风险,在实践中他们从不同的角度联合起来,建立起利益共同体,如专业协会、专业合作社等组织,共同应对各种风险。这样原来一家一户的组织形式悄然演变成多种要素同时并存的形式,即一家一户生产经营、代表众多小户利益共同体的合作经济组织、大户和企业。

随着农村的改革和发展,农业组织呈小户变成大户、大户变成企业的趋势。这种发展和变化,还需在量上积累,在质上飞跃,产生大户和企业的条件正在显现。一是随着人口转型与劳动力的非农转移,农村人口和劳动力越来越少,剩下的农户逐渐占有规模的农业资源,有条件向农业大户、企业转变。二是随着结构调整和产业化发展,目前的多种组织形式并存的局面,将在不平衡发展中促使许多小户变成大户,大户转变为企业。三是农业现代化都要求农业生产者参与市场竞争,竞争促使农业主体从种养殖向加工和流通发展，要求农业企业的现代管理和经营意识不断增强，将使农业企业越来越多、规模越来越大。可以设想，以后的农业组织形式虽然还是一家一户经营，但与从前的一家一户家庭经营有了本质的区别，这时一家一户变成了大户或企业。在量上大户或企业占有的土地、山林、水面多了，聘用农村劳动力多了，拥有的农业机械等现代化工具多了。质上的飞跃就是农业劳动力素质提高了，参与农业劳动和管理的有大中专毕业生、技术人员和专业管理者等新型农民。产业链条拉长了，尽管有的可能是单纯的种养基地，但多数会从种养发展到加工、流通。经营方式不是原来的一家一户的小生产，而是企业化经营，讲求效率，真正用工业理念、企业制度和管理来经营农业。这种新的组织形式的转变还有一个较长的过程。要推进这种转变，必须解放思想，在放活组织管理，破除陈旧观念上下功夫，不断改革管得太宽、统得太死的社会管理体制和组织控制机制，最大限度地发挥各群体的创造活力，让一切有利于农业组织形式转变的要素活动竞相进发，让新型农业组织形式的活力充分涌流，加速实现农业现代化。

第四节 农业企业化演变的经验分析

一 变量选取和数据来源

农业企业化的核心在于商品化，农产品商品化的程度，反映了农业企业化水平与组织规模化水平，而商品化的核心在于规模化。兼业化、小规模化经营是农户经营商品化的初级阶段，专业化、适度规模化经营则是其高级阶段。如果农业生产经营规模很小，只能满足生产者自己需要，没有多余的农产品可以出售，那肯定只能是自给自足的小农经济。如果规模大了，除了满足生产者自己需要以外，就会有较多的剩余，必然要出售，那么农业商品化程度就提高了。

关于被解释变量，我们选取农产品商品化率作为农业组织化程度的衡量指标。定义农产品的商品化率＝农村居民家庭平均每人出售农产品数量/农村居民家庭平均每人农产品生产数量×100%。在实际计量总体商品化率时，采用粮食、蔬菜这两种主要农业产品。在计量农村家庭居民生产的农产品总体商品化率时采用了国家统计局农户调查数据,将每户的"农产品销售量+农产品消费量"计为农户生产的农产品总量。采用此种计量的方法虽然没有考虑农户可能存在的种植某种农产品,其自身消费某种产品时则从市场购买的情形,但若从农村家庭对农产品生产和消费的总体平衡上讲,这种计量方法可以反映出农村生产的农产品销售到城镇的商品化程度。在解释变量方面,我们选取农业生产规模(劳均播种面积,单位:亩/人)和机械化水平(农机总动力,单位:万千瓦)这两个变量。

为验证人口转型对技术进步的影响,本章通过人口转型强度(单位:年/人)与农业机械化水平的统计变量趋势图与格兰杰(Granger)因果检验结果来分析。所使用数据来源于国家统计局网站,其中:劳均播种面积=农业总播种面积/农业从业人口,非统计局网站数据已注明出处。

二 描述性统计检验

表6—2是被解释变量与解释变量的描述统计分析。Y代表被解释变量农产品商品化率,M代表劳均播种面积,$\ln R$代表农机总动力的对数,$\ln Q$代表人口转型强度的对数,对变量R和Q取对数使数据更加平稳便于分析。

表6—2 变量描述性统计分析

变量	极大值	极小值	均值	标准差
Y	0.88	0.28	0.52	0.21
M	17.28	9.22	12.98	2.51
$\ln R$	11.54	9.88	10.72	0.50
$\ln Q$	0.85	0.24	0.61	0.19

图6—2,是统计变量的趋势图,从中可以看出数据的变化趋势。Y位于图的最下方,M位于图的最上方,R的对数是图中间的一条曲线。由图6—2中可以看出,代表农产品商品化率的线段呈出稳步上升的趋势,代表农机总动力的对数的线段也呈现出稳步上升的趋势,相比较农产品

商品化率波动更小。不同于农产品商品化率和农机总动力的对数呈现出稳步上升的趋势，代表劳均播种面积的变量则表现出剧烈的波动增长，总体呈现出增长的趋势。

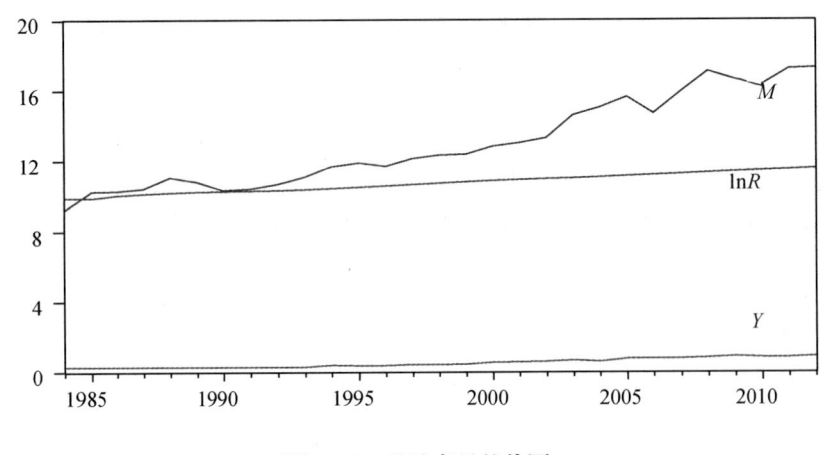

图6—2　统计变量趋势图

图6—3是研究农村人口转型与技术进步关系的趋势图，ln$Q$代表人口转型强度的对数，位于图的下方，ln$R$代表农机总动力的对数，位于图的上方，两条线段均呈现出稳步上升的趋势。

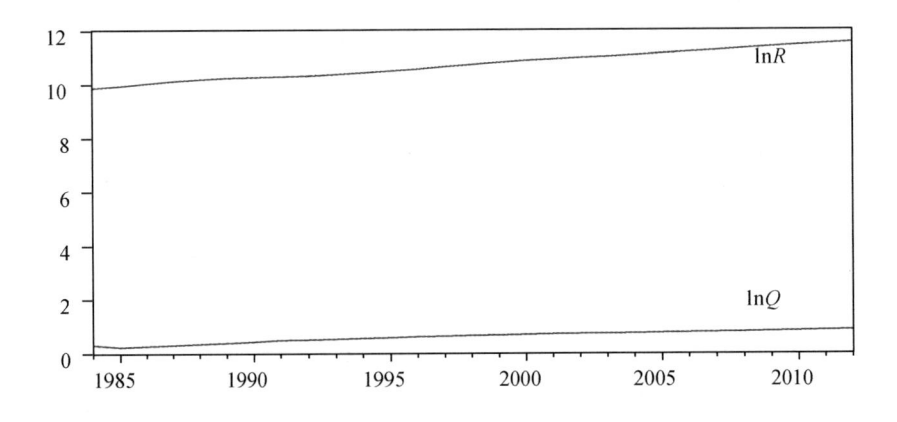

图6—3　统计变量趋势图

三 计量分析

1. 构造计量模型

这里采用农产品商品化率（Y）、劳均播种面积（M）、农机总动力拥有量（R）和人口转型强度（Q）来设置模型，为研究生产规模与技术进步对农业组织化程度的影响，模型 6.1 设定为：

$$Y = A + \alpha M + \beta lnR + \mu \qquad (6.1)$$

其中 A 为截距项，μ 为随机误差项，α、β 是模型的待估参数，各变量数据取值时间和来源与描述性统计分析相同，对变量 R 取对数，使数据更加平稳，也削弱了模型的共线性、异方差性等。

为研究人口转型与农业技术进步的关系，用人口转型强度与农机总动力的关系来表现，故模型 6.2 设定为：

$$lnR = \alpha + \beta lnQ + \mu \qquad (6.2)$$

其中 α 为截距项，μ 为随机误差项，β 为系数。

在设定模型 6.2 时，没有考虑政策因素对技术进步的影响，故模型存在一定缺陷，但对粗略分析人口转型与技术进步关系影响不大。

2. 时间序列分析

在进行计量分析前，我们先对模型 6.1 的三个变量进行平稳性检验。检验结果如表 6—3 所示：

表 6—3　　　　　　　　单位根检验结果

变量	差分次数	P 值
Y	1	0.0000
M	1	0.0001
lnR	1	0.0007

由表 6—3 中的统计结果可以看出，被解释变量 Y 和解释变量 M、lnR 在经过一次差分后通过平稳性检验。

由于我们选取的三个变量是非平稳序列，且格兰杰因果检验是检验统计上的时间先后顺序，并不表示真正存在因果关系，是否呈因果关系需要根据理论、经验和模型来判定，故本书不再进行因果检验。

当检验的数据是非平稳（即存在单位根），并且各个序列是同阶单整（协整检验的前提），想进一步确定变量之间是否存在协整关系，可以进行协整检验，协整检验主要有 EG 两步法和 JJ 检验。

此处选择 EG 两步法对模型 6.1 进行协整检验，通过建立 OLS 模型检验其残差平稳性，使用 Eviews 软件对回归残差进行单位根检验，P 值为 0.0031，说明其残差是平稳的，各变量之间存在协整关系。

非平稳序列很可能出现伪回归，协整的意义就是检验它们的回归方程所描述的因果关系是否是伪回归，即检验变量之间是否存在稳定的关系。所以，非平稳序列的因果关系检验就是协整检验。模型 6.1 通过协整检验，即各变量之间存在稳定的关系。

3. 线性回归分析

对模型 6.1 进行最小二乘法回归分析，其结果如下：

$$Y = -3.034 + 0.026 * M + 0.298 * \ln R + [AR(1) = 0.534]$$

通过 Eviews 软件回归发现模型 6.1 没有通过 DW 检验，经偏相关系数检验发现模型存在一阶自相关，利用广义差分法修正自相关后得到以上结果。

劳均播种面积变量的系数为 0.026，且在 15% 的水平下显著，这说明农业生产规模的扩大有利于农产品商品化率的提升，即有利于农业企业化，这与我们前文进行的理论分析是相符的。规模化生产是农业组织化程度提高的前提，也是发展农业企业化的有效保障。

农机总动力的符号为正，与前文分析一致，而且十分显著，说明农机总动力与农产品商品化率有很强的正相关关系，即技术进步能有力地推动农业企业化。随着农业技术的进步，农业生产方式发生了很大的改变，先进农业机械的应用显著提高了农业生产效率，从而提高了农产品商品化率，为发展农业企业化提供了有利条件。

对模型 6.2 进行回归，其结果如下：

$$\ln R = 8.641 + 3.280 * \ln Q + [AR(1) = 1.064] + [AR(2) = -0.232]$$

通过回归发现模型存在二阶自相关，所以对模型进行修正，结果如上所示。人口转型强度变量与农机总动力变量有很显著的正相关关系，验证了人口转型对技术进步的积极影响，这与前人的理论分析结果一致，格兰杰因果检验结果也可以侧面证实这一结论，检验结果如表6—4。

表6—4　　　　　　　　Granger 因果检验结果

原假设	F 统计量	概率
$\ln R$ 不是 $\ln Q$ 的 Granger 原因	0.84845	0.4416
$\ln Q$ 不是 $\ln R$ 的 Granger 原因	6.53080	0.0059

第五节　本章结论

改革开放以来，中国农业生产组织几经变迁，它受到社会、经济、政策等几方面的影响，要想全面地解释农业生产组织变迁并不容易，所以本章主要选择从人口转型、技术进步角度来分析农业生产组织的变迁。根据本章分析，我们发现农业企业化是中国未来农业生产组织的发展方向，而人口转型、技术进步是影响农业企业化的重要因素。

一方面，人口转型推进了农业技术进步，农业技术进步改变了农业生产中有形资本的应用，改变了农业生产工具，很多大型机械开始运用于农业生产，大大提高了农业生产效率，为规模化生产提供了可能。另一方面，人口转型推动农业劳动力的非农转移使农业人口和劳动力不断减少，人地比例下降使农业规模趋于扩大，资本供给越来越充裕而劳动成本越来越高。因此，用机械替代劳动成为现实，农业规模化、企业化经营也将逐步实现。此外，人口转型过程中，因生育率下降而减少对劳动的投入，改善了劳动力与其他资源配比关系，提高了农业劳动生产率，同样有利于农业生产组织企业化。

随着社会经济的发展，农村人口生产由数量偏好不断向质量偏好转变，农村人力资本水平不断提升，高人力资本水平的积累促进了技术进步，农业机械化水平的提升提高了生产率，不断变革着农业生产方式。农村人口生产偏好转变带来的农村劳动力人力资本水平的提升和农业技术进步，有利于形成一支具有较高专业技能和较高劳动生产率的高素质现代农民队伍，农民经营和管理土地的能力增强，加之农村物质资本日益丰裕、农业生产技术改进以及土地自由流转逐步放开，农业生产组织形式也将实现企业化。

　　计量分析结果我们发现，生产规模和技术水平是影响农业企业化的重要因素，但在实际分析中，我们很难将二者分割开来，大型的农业机械只有在大规模的农业生产中才能得到有效应用，而大规模的农业生产也只有在技术达到一定水平才能实现，二者互相影响、互相牵制，它们共同促进着农业生产组织的变革。

第七章

农业组织演进与现代农民成长

本章从分析总结农业生产经营组织演进规律的角度出发，论述农业生产经营组织演进过程中促进现代农民成长的效应和未来前景。基于当下对农业生产经营组织多元化演进方向的讨论和研究，同时综合分析现代农民成长的各种可能性和途径，本章提出，不断由规模化向市场化再向企业化演进的农业生产经营组织可以成为现代农民成长的载体；一个融入市场竞争、追求自身利益最大化的市场化农业生产经营组织可以成为现代农民成长的基础。农业生产经营组织演进的最终形式是一体化的农业组织，农民在农业生产经营组织的规模化和市场化以及企业化演进过程中，会在职业意识和农业生产经营思想以及收入等方面实现质的改变，并且最终成长为现代农民，或实现农民的职业化。从现代农民成长的载体这个角度来研究促进现代农民成长这个问题是较为新颖的，也是较为实际的视角。这样的探讨对现代农民成长和提高农民收入等研究有着一定的实践意义。

第一节 农业组织的演进规律

一 国外农业组织演进分析

由于各国农业发展情况千差万别，其农业资源条件和制度环境也迥然不同，此处仅以美国、日本、法国作为典型，分别代表规模化加机械化以及高技术化模式、资源节约和资本技术密集型模式、集约生产和机械化模式，介绍其农业组织演进过程，并对其进行分析和总结，尤其注重农业组织演进对现代农民成长的促进作用这一方面。

1. 国外农业组织演进过程

纵观西方国家农业现代化过程，可以得出一个基本结论——农业现代化就是一个自给农业到兼业农业再到专业化农业然后演进到一体化农业的发展过程。目前美国现代农业组织最大的特征就是农场制和一体化经营[①]。

美国农业组织目前以大规模家庭农场为主，同时还存在公司农场、合伙农场、合同制农业和农业综合体等其他形式的农业组织[②]。截至2010年，美国的农场约有220万个，大约占用了350多万的农业劳动力。平均每个农场的面积大约为2400亩。2010年，在美国，收入超过100万美元的农场，其中大约88%是家庭农场，他们农产品产量占美国总产量79%[③]。目前，美国家庭农场的规模处于进一步扩大的趋势中。

由于美国建国以来一直坚持自由市场经济的制度和理念，美国农业组织的发展走的是一条自下而上的道路，政府只是在法规和市场缺陷方面给予支持和帮助，不介入农业组织的成立和运作。从生产力不发达的早期到现在，美国农业组织也经历了小规模家庭农场，农民合作社，再到目前的大规模家庭农场和农业综合体。美国农业组织的发展一方面体现了其土地私有化和人均土地面积大的特点，另一方面也发挥了其发达的工业能力和高素质农民的人力资本优势。由于美国市场经济制度健全，美国农业服务组织和农业中介组织种类，不论是政府公共性质还是营利性质，以及农业科教体系都非常健全和发达。这为农业组织由小到大，由多元化到专业化的演进起了很大的帮助；同时，也培养了大量具有专业技能和管理知识经验的现代农民[④]。

---

① 刘洁：《我国农业生产经营组织企业化的制度分析》，博士学位论文，河北农业大学，2006年。

② 蒋昕臻、李瑶：《国外家庭农场模式的发展经验和启示》，《农民科技培训》2014年第11期。

③ 中国财政部网站。

④ 李慧静：《现代农业发展中的职业农民培育研究》，博士学位论文，东北农林大学，2015年。

日本农业资源条件与中国情况颇为相似，都属于人多地少型。截至2012年7月，日本全国耕地面积约为454.9万公顷，人均耕地在0.0357公顷左右。目前，日本现代农业组织以传统农户家庭经营形式和三级组织形式的农协为主，农业生产经营组织形式较为单一。总的来说，日本现代农业处于专业化向一体化演进阶段，但受制于耕地面积有限，目前继续前进较为困难。

目前，日本家庭农户的经营规模小（拥有3公顷以下土地），以非农收入为主的兼业农户比重较大（约为70%）[①]。日本农协组织是日本现代农业最独特的地方，其业务主要有四项：农业生产指导、组织互助共济、农产品流通和组织信用服务。农协业务非常全面，基本上涉及农业产业的全过程。对农户在增收方面的帮助，主要是在产销两头。由于日本农业人口近年来持续减少，农户开始成立公司、组合、农协等团体，以吸引相关人才加入农业产业，进行大规模生产[②]。通过农地的流动，土地集中和扩大规模是日本现代农业发展的主要方向，也是政府进一步发展现代农业的核心政策内容之一。

在现代农民成长这一方面，日本主要以立法与完善农业科技服务组织和农业教育体系等办法来实现。日本制定并实施了《粮食、农业、农村基本法》，对农业从业者教育和经营管理等方面做了相关规定。1990年通过的《农渔村发展特别措施法》，确立了专业农户的培养制度。日本农业的推广服务有一套完整的体系，主要通过农协和各级政府的农业改良普及工作将相关知识和政策传播给农民[③]。同时，日本在资金方面对农业教育和农民技能培训方面进行倾斜。

法国现代农业的发展条件处于美国和日本之间，人均农业面积处于两者之间。目前，法国农业人口占总人口的1%，人均耕地面积约为0.47公顷。法国主要的农业生产经营组织是中小型家庭农场。截至2006年，法国各种类型的家庭农场有66万个，平均面积630亩，年度作业面积低

[①] 中国农业外经外贸信息网。
[②] [日] 牛山敬二：《日本农业与农村的现状及危机》，《中国农史》2012年第1期。
[③] 李慧静：《现代农业发展中的职业农民培育研究》，博士学位论文，东北农林大学，2015年。

于1200亩的农场约为农场总数的81%[①]。抛开农业基本条件的差异，法国现代农业基本处于和美国同样的水平。

法国农业组织虽以家庭农场为主，随着农业土地的集中，规模化经营的趋势愈加明显，农业组织也呈现多元化的局面。除家庭农场以外，目前法国的农业组织形式较为多样化，规模较大。像农业共同经营组合和农业资本公司（包括农业经营公司、农业有限责任经营单位和农工商综合体）等，其组织规模较大，组织结构较为复杂。农业经营公司在2000年底剧增至117049个，农业经营企业化和公司法人化趋势非常明显[②]。

在现代农民成长这一块，法国各级政府对农业职业培训、农业教育、农业新技术开发等农业人力资本投资相当支持[③]。政府以财政作为保障对农民教育和培训来提高现代农民综合素质和农业竞争力。另外，法国功能全面的社会化农业服务组织和公共性质的农业技术服务体系也是现代农民成长的必备环境[④]。在农业组织进一步扩大的过程中，多样化的中介服务组织以及农业技术组织，可以更快地培养现代农民的经营意识和提高其农业技术知识水平。

2. 国外农业组织演进规律总结

通过对美日法三个国家农业组织演进过程的分析，可以总结出以下四点规律：

首先，现代农业生产经营组织规模化和市场化演进，与社会生产力水平和农业资源禀赋条件具有较强相关性。美日法三个国家都是发达经济体，国民经济发展水平相差不大，但三个国家现代农民生活水平差别却比社会整体生活水平的差别大。这个现象说明两个问题：其一，现代农民的收入水平与农业生产组织的生产经营规模和市场化水平有关；其

[①] 赴法国家庭农场运行与管理体制培训考察团：《法国农业发展现状考察报告》，《中国农垦》2006年第2期。

[②] 刘洁：《我国农业生产经营组织企业化的制度分析》，博士学位论文，河北农业大学，2006年。

[③] 赴法国家庭农场运行与管理体制培训考察团：《法国农业发展现状考察报告》，《中国农垦》2006年第2期。

[④] 尹成杰：《农民专业合作社：重要的现代农业经营组织基础》，《中国农民合作社》2009年第6期。

二，在社会生产力水平相差不大的情况下，现代农业发展水平以及农业组织演进所处阶段受制于农业资源条件。从三个国家农业组织形式的演进发展过程中发现，社会生产力水平的提高与农业组织（包括农业社会化服务体系和农业市场化中介组织）形式以及市场化经营水平有着非常明显的正相关性[1]。正是生产力的提高，使得农业合作社这种形式的农业组织在三个国家中逐渐成为配角，进一步演进成以家庭农户（场）经营为主，并且美日法三国家庭农户（场）耕种面积仍在不断扩大；同时，现代农业组织向法人公司制发展的趋势也说明了生产力的发展会扩大农业组织的规模和提高市场化经营水平。另一方面，美日法三国家庭农户（场）耕种面积的差别以及由此导致的农业组织规模化水平和市场化经营水平差异正是受限于本国农业资源条件。美国现代农业之所以处于一体化，同时农业组织不论在规模还是市场化（法人公司制）方面都领先日本和法国，其原因可以由美国得天独厚的农业资源条件解释。

其次，农业生产经营组织形式与市场化经营水平、农业社会化服务体系及农业市场化中介组织有关。虽然农业生产经营组织是经营现代农业的主体，但它的发展离不开社会性农业服务组织和市场化农业中介服务组织的支持和辅助。从美日法三国现代农业整个产业的市场组织结构来看，市场化农业中介服务组织在生产、加工和流通等方面对农业生产经营组织的进一步发展壮大助力颇多。农业中介组织降低了农业生产资料的成本以及农产品的流通成本，同时提高了农业组织市场化经营水平和收益。社会化农业服务组织在农业生产技术和管理经验方面提高了农业生产组织的效率和现代农民的知识水平，为农业生产经营组织规模化演进奠定了基础和条件。从现代农业组织演进过程来看，功能齐备的社会化农业服务体系和有效的市场化农业中介服务体系是促进农业生产经营组织在规模化和市场化方面持续演进的市场环境和便利条件。

第三，农业生产经营组织演进在增加现代农民收入方面主要在"产售"两端，尤其是"售"这个方面，"产"主要是指成本方面。要降低农业生产经营的成本，比如农业生产资料成本、农业生产作业环节的服

---

[1] 孙浩然：《国外建设现代农业的主要模式及其启示》，《社会科学家》2006年第2期。

务成本和技术服务成本等，一方面，需要市场上有完善的农业服务组织，比如日本农协和法国农业协会类似的市场化或社会化农业服务组织；另一方面，要进一步扩大农业生产组织规模，降低单位产品的人力成本和其他固定成本。这样，农产品才具有竞争力。"售"则是指要延长农产品加工链条，增加其附加值。2005年，法国农产品附加值大约占其农产品总值一半[①]。农产品若不进一步加工处理，其价值得不到体现，价值也不会落入农民手中。农业生产经营组织要提高现代农民收入，一方面要扩大生产经营规模，另一方面也要组建行业合作社，进入农产品的加工和销售环节，分享农产品在流通和销售环节的收益。

第四，农业生产经营组织可以作为现代农民成长的载体。从美日法三国农业组织演进历史分析中，可以发现发达国家的农民随着农业生产经营组织市场化和规模化以及企业化演进，农业技术水平和农业生产经营管理经验等方面的素质有了大幅提升；农业生产经营组织演进对农民的增收效应非常明显。农民的收入增加，用于提高自身和家人的人力资本存量的资源就增加了，有利于农民受教育程度提高[②]。另外，农业社会化服务组织对现代农民成长也具有不可忽视的作用。现代农业是一种实践性非常强的行业，很多技术知识和生产作业经验都是在实践作业中习得。社会化农业服务组织在农业技术、农产品选育以及农作物生长等方面，对现代农民进行农业生产作业指导和相关培训是现代农民积累生产知识非常关键的一环。美日法三国农业组织演进的过程中，政府通过立法和财政等手段支持农业组织进一步发展壮大，同时利用财政政策和相关补贴手段对现代农民进一步培训，都表明农业组织和现代农民成长有着密切的关系[③]。这表明现代农民可以在演进中的农业组织这个载体上获

---

① 赴法国家庭农场运行与管理体制培训考察团：《法国农业发展现状考察报告》，《中国农垦》2006年第2期。

② Welch, R.: Education in Production, Journal of Political conomy, 1970. Vol. 78 (1): 35—59; Huffman, W. E.: Allocative Efficiency: the Role of Human Capital, *Quarterly Journal of Economics*, 1977, vol, 91 (1): 59–77.

③ Alvarez, A., C. Arias: Technical Efficiency and Farm Size: A Conditional Analysis, *Agricultural Economics*, 2004, 30 (3): 63–78.

得更高的收入、更多农业生产经营管理知识和经验以及农业技术知识和技能。

二 国内农业组织演进分析

在农业资源条件和生产力水平差距较大的状况下，中国各地农业组织发展现状差别很大。一些地方除了传统家庭农户之外，基本没有其他形式农业生产经营组织，相关的农业社会化服务组织和农业市场化中介组织也基本没有。而在经济发达的地方，早已推进农业产业化实践。

1. 国内农业组织演进过程

新中国成立以来，国内农业生产组织制度有两次重大改革。起初，中国实行土地集体所有政策，农业生产组织制度实行人民集体公社，可是这种政策没有考虑到经济激励机制，影响了人们的劳动积极性，难以长期维持下去。直到改革开放，人民集体公社这种农业生产组织制度被家庭责任承包制所取代。家庭承包制确实激发了人们的劳动积极性，提速了农业生产和农村经济的发展步伐，也为工业发展提供了原料和资源。

随着市场经济的发展和社会生产力的提高，如今这种小规模家庭责任承包制在提高农业生产效率和农民收入等方面的缺陷日益明显。为了实现农业现代化，必须改革目前整个农业组织体系，要提高农业生产效率和应对市场的能力，最根本的还是要实现农业的企业化和提高农民的人力资本水平。

目前，在国内经济相对发达地区，已经出现多种现代化的农业生产经营组织形式，如家庭农场、农民专业合作社、专业种养大户、农业龙头企业等。根据2015年"中央一号文件"，家庭农场作为对家庭承包责任制下小规模农户的改造和升级版，将是未来农业现代化的基础和主体。自2007年《农民专业合作社法》颁布之后，各种类型的农民合作社的数量急剧增加。到2015年年初，全国有近129万家取得工商注册登记的农民合作社，实际入社农户粗略估计约有9227户[1]。农民专业合作社将作

---

[1] 中国社会科学院农村发展研究所:《中国农村经济形势分析与预测（2015—2016）》，社会科学文献出版社2016年版。

为完善农业基本经营体制的重要载体和组织改革尝试。专业大户则主要利用当地土地便利，实行大规模和专业化的单一农业产品生产，实际上，是家庭农场的专业版。在东北或其他土地条件适宜的地区，专业大户数量不少，但在全国农业资源实际情况差别极大的情况下，专业大户只是农业生产组织的一种补充形式。在政府文件中，农业龙头企业的定位是引领农业现代化进程，学术界一般将其看作带动农产品加工、增加农产品附加值的农产品加工或流通企业[①]。

2. 国内农业组织未来演进的原则与方向

基于中国农业资源禀赋条件和目前农业各方面发展现状，在参考发达国家农业组织演进历史和规律的情况下，国内农业组织演进的基本原则可以概括为以下几点：第一，农业组织演进速度要符合当地生产力水平。农业组织形式的演进要以当地农业发展所处的阶段为基础，适应地方经济发展水平。第二，农业组织演进要根据当地农业资源条件和农业发展空间来决定。不能凭空学习其他地方的农业组织发展经验，要比照本地农业资源的实际情况和农业发展能力与参照地的差异。农业生产有其特殊性，农业资源条件和其他农业技术条件对农业组织形式有很大的限制。第三，农业组织演进要从微观方面着手，以提高农民素质，增加农民收入，促进现代农民成长为中心。一切组织形式和组织结构的变革都要以之为目标。任何不以上面三个方面为目的的农业组织变革都不可能成功。

考虑到中国各地农业资源条件和农业实际发展情况的巨大差异，农业组织演进首先要在农业组织规模方面突破。在某些地方农业组织规模已经达到一定水平的情况下，可以加快农业组织市场化生产经营活动的推进。当然，任何时候都应该注意农业组织演进所需的前提和要求，即符合地方农业资源条件和农业发展实情，同时能够增强农民综合素质，增加农民收入。

在农业生产经营组织形式方面，未来农业组织演进的方向还是以家庭为主，耕种规模应该依照当地农业资源条件而定，具体规模标准不应

---

① 梁惠清：《当代农民企业家成长研究》，硕士学位论文，西北农林科技大学，2009年。

全国统一。条件合适的，可以扩大，比如专业大户。这方面的原则是以提高农业生产效率为准。这也是农业组织变革能够增强农民综合素质，增加农民收入的内在要求。另外，现代农业还应发展农业加工业，增加农业生产经营的附加值，这方面应该考虑农民专业合作社这一组织形式，主要目标是增加农民在农产品销售方面的收入，可以考虑股份合作制等经济实体。

国内农业社会化服务体系和农业市场化中介组织的服务能力非常落后，这种情况应该有所改善。政府一方面可以适当给予财政资金支持，提高农业社会化服务体系的服务能力和覆盖面；另一方面，可以鼓励和支持民间资本和有条件的农民进入农业市场化中介组织这一行业，提高农业中介组织的农业技术服务能力，为农业生产经营组织演进和现代农民成长提供更好的市场环境和条件。

第二节 农业组织演进与现代农民成长的理论分析

一 农业组织演进的市场化生产经营效应

市场机制直接推动农业组织由传统的社会性组织向经济性组织演进，在追求利润最大化的前提下，农业组织开始规模化和市场化的生产经营活动；同时，其间接推动传统农民在农业生产经营思想、市场竞争意识以及职业意识等方面向现代农民转型，促进现代农民成长。

1. 推动农业组织演进的市场机制

市场机制主要包括三个方面：社会生产力的提高，主要是指农业生物、化学与机械方面的技术进步和推广使用；市场对农产品需求的增加，农产品需求主要是粮食需求和工业原料需求；农业市场环境和制度条件的改善，比如农业资源配置和供求价格的市场化以及农业生产经营的制度基础条件。从各国农业组织演进的规律中可以发现，推动农业组织从传统社会性组织向经济性组织演进的一个重要因素就是社会生产力的提高，从狭义来说，生产力提高的表现主要包含市场机制的两个方面，即日益扩大的农产品市场需求和与农业生产经营相关的各种生物、化学和机械技术的应用。

市场机制主要通过促进组织规模扩大和提高组织市场化水平两个方面来推动农业组织演进。传统家庭农户虽然也是一种农业生产组织，在生产力不发达的情况下，传统家庭农户生产的农产品基本上只是为满足家庭口粮所需，农户的粮食商品率极低。这样的小规模家庭农户本质上是一种社会性组织，其对社会稳定的贡献远大于其对社会经济发展的贡献。随着社会人口的增加和工业原材料的需求的增大，市场对粮食需求种类多元化，需求量也大幅度增加。小规模家庭农户的农产品产量对市场需求的缺口日益扩大，农业组织生产经营规模在满足市场需求的要求下必然扩大；同时，提高农业组织生产经营市场化也成为市场对农业组织进一步演进的内在要求，各种有利于农业生产的生物、化学以及机械技术的出现正是促进农业组织规模化和市场化演进的条件。更重要的是，农产品商品率的大幅提高促使农业组织的生产经营由追求产量最大化变为利润最大化。

2. 农业组织演进的市场化生产经营效应

农业组织生产经营活动以利润最大化为目标，其生产经营活动也必然市场化。农业组织规模化和市场化演进是形成市场化生产经营效应的推动力和必备条件，也是组织生产经营利润最大化的内在要求。随着农业组织规模和市场化水平的进一步提高，其市场化生产经营程度也会加深，二者之间相互促进。

农业组织市场化生产经营效应的内在特征就是利润最大化。农业组织规模化演进说明农业组织的生产经营活动规模越大，活动范围也在扩大。规模的扩大有利于农业组织降低生产成本，提高利润水平；规模的扩大，单位农产品生产成本将会下降，因为农业组织在农业生产资料购买方面具备一定的议价能力；同时，不论在使用农业社会化服务组织的农业技术指导或者付费购买农业市场化中介组织的生产作业服务方面都有便利性和价格优势。另外，农业组织市场化演进有利于农业生产经营效率的提高；同时，间接增加农业组织的生产经营收入，提高利润水平。市场化程度的提高，农业生产作业的农业机械、化肥、农药、种子等环节的市场交易会增加，其分工协作和专业化程度以及生产效率自然提高。因为，市场交易的发生就是市场经济效率提高的反应。对利润最大化的组织目标而言，农业组织市场化更重要的表现在农产品销售端，即农产品的存储、销售和加工等销售流通环节。农业组织介入农产品流通、销售环节的市场化经营，对农民分享农产品附加值和农业生产经营成果有直接影响。农业组织规模化和市场化，甚至在企业化演进阶段，对农业组织利润影响最大的因素，就是农产品商品化程度以及农业组织对农产品流通和销售环节的掌控程度。

其实，农业组织规模化和市场化演进并不是独立的阶段性表现，二者相互交织在一起。规模的扩大是市场化提高的前提，市场化水平提高反过来又促进了规模的扩大。在规模扩大和市场化水平提高的过程中，农业组织的分工协作和专业化程度以及生产经营效率在提高，这也是农业组织市场化生产经营效应的一个表现。

二 农业组织演进的技术进步效应

农业组织规模化和市场化演进促进组织生产经营效率的提高，会引起现有农业技术资源的优化再配置，提高现有农业技术使用率和收益率。另外，农业技术的使用收益增加在技术比较价格和比较收益率方面也有利于引入新的农业技术，从而产生农业组织演进的农业技术进步效应。

农业组织以利润最大化为生产经营活动的出发点，对各类农业市场要素的使用上必然遵循收益最大化或成本最小化的经济规律。简单而言，就是在现有生产条件的基础上，农业组织选择最有利于产出增加而价格更低的要素。也就是说，在各类农业物资和农业技术的使用上会比较相对价格和比较收益的高低。农业组织规模化演进将逐渐改善各类农业技术应用的现实条件。很多农业技术的使用都对农业耕种规模有一定的门槛条件，只有达到最低的门槛，农业技术的使用才能发挥其效应，给农业组织带来经济利益。农业组织规模化增加了使用农业技术的总收益，提高了农业技术应用的比较收益，所以农业组织的规模化改善了农业技术应用所处的环境，扩大了其应用范围。更重要的是，随着规模化农业组织数量的增加，对各类农业技术的需求量也会增加，这种由农业组织规模化演进产生的市场需求因素将是技术进步和跃迁的最大动力。

随着农业组织市场化演进，农业生产经营中分工协作和生产经营活动的专业化程度将提高；农业生产经营活动在规模化的基础上，其劳动量和作业环节增加。不论是分工协作和专业化的需要还是工作量增加的现实需求，这些情况的出现，不可能仅仅依靠农民个体劳动的分工就能完成。在农业组织生产经营活动劳动量加大和作业环节增加的基础上，必须借助各种农业技术和农业工具，实现农业组织生产经营活动的分工协作和专业化。[①] 从农业组织效率提高的角度来看，各类农业技术的应用正是促进农业活动分工协作和专业化的手段，也是组织效率提高的要求。

现代化农业组织在量质两个方面会增加农业技术的需求，比如农用机械、生物化肥与农药以及良种等。通过农业技术需求端的"拉力"，极大地有利于农业技术的研究开发活动，推动了农业技术的进步和推广使用。组织演进过程中，随着工业技术的进步，农业技术相对其他农业资源的价格将会下降，其比较收益将随着农业规模的扩大而上升，农业技术的应用范围将不断扩大，很多原来在农业领域不具备成本或价格优势的技术将进入农业生产经营活动。这些新技术与已有农业资源的再配置将产生更大的技术进步效应。

三 农业组织演进的收入增加效应

相比传统农户，农业组织规模化和市场化演进过程中，农业生产经营条件的改善以及农业生产经营环境的优化都将有利于提高农民收入。

1. 农业组织规模化演进对农民收入的影响

规模化农业组织改善了农业生产经营条件，提高了农业资源的利用率，增加了农村劳动力来自农业生产经营的收入。小规模家庭农户人均农业耕地面积远远低于现有条件下人均适宜可耕种面积。组织规模的扩大，改善了农业劳动力的农业生产条件和空间，同时也提高了其他农业资源的利用效率，农民收入自然得到提高。另一方面，农业生产和经营工作时间增加，农民从中学习到更多的农业生产技术和农业生产经营管理经验，为自身的进一步成长奠定了基础。从长远来看，这是农民收入

[①] 王云峰：《西部地区农业区域专业化研究：产业组织的视角》，博士学位论文，兰州大学，2011年。

持续提高的必备条件。

规模化农业组织由于自身市场影响力的不断提升,在农业的生产端和农产品销售端都具备一定的价格风险抵御能力和市场价格优势。这样的市场地位的改变对农民收入有着直接而明显的影响,这其中很大一部分原因是农业组织规模的扩大。组织规模的扩大一方面可以降低农业生产资料的购买成本,获得更优质的农业生产资料和更好的生产服务。从而在整体上降低农产品单位成本;同时,规模的扩大有利于农业组织进入农产品流通和销售市场,分享农产品在销售端的收益,获得更高的收入。

2. 农业组织市场化演进对农民收入的影响

农业组织市场化演进促进了农业组织效率的提高。组织效率提升必然要求其农业内部各环节和各领域甚至各农业市场主体进行分工协作;在组织规模扩大的基础上,组织效率的提高还体现在对现有农业资源和新引入资源的优化再配置。市场经济中的分工协作意味着效率的提升和收入的上升,这是基本经济规律。农业生产经营活动分工协作和专业化程度的提高是增加农民收入的基本要求。农业生产经营活动的分工协作有利于提高农产品的品质和产量,增加农产品单位价格和总销售收入;分工协作与专业化在组织规模扩大的基础上进一步提高了农民农业技术知识和农业生产经营管理专业化水平,奠定了现代农民成长和农民收入持续上升的基础和条件。

市场化演进对提升农民收入的空间也会随着农业产业链的延长而增大。农业组织演进规律显示,农业组织市场化演进必然使农业组织延长农业产业链,进入农产品加工业和销售流通环节,提高农产品附加值,扩大农产品收益空间。农产品生产环节的价值增值是有限的,若要缩小农业与其他行业的收入差距,农业组织在规模化的基础上要扩大生产经营范围,对农产品进行粗加工或精加工,提高农产品销售利润率;利用规模化建立农业组织在农产品流通销售市场的地位,分享农产品销售收入。所以,农业组织市场化演进在提升组织效率和扩大组织生产经营范畴两方面提高农民收入,促进现代农民成长。

四 三大效应与现代农民成长

1. 市场化生产经营效应——促进经营管理型农民成长

在农业组织不断向经济性组织演进的过程中，作为农业组织演进的执行者和实际推动者，传统农民这一群体必然会实现由生存型农民向发展型农民再向现代农民转变，这样农业组织才具备在市场机制的引导下向更高级阶段演进的潜力。更重要的是，演进中的农业组织也是促进现代农民成长的组织基础和载体，营造了现代农民成长的制度和组织环境。

传统小规模农户在市场机制的"拉力"下，一方面，生产经营规模不断扩大；另一方面，生产效率也日益提高。规模的扩大和效率的提高需要增加对生产环节、产品存储运输和出售甚至加工等方面进行分工协作和运营管理。处于演进中的农业组织既需要市场需求的"拉力"完成整个组织性质的转变，还要依靠农民的"推力"来完成实际生产经营以及组织结构管理，继续推进农业组织的演进。在这个过程中，市场需求的"拉力"成为推动传统小规模农户向经济性组织演进的第一级动力。传统农民群体在经济组织中完成自身在生产经营思想、市场竞争意识以及职业意识的塑造。并依靠不断的劳动和学习，在推动初级经济性组织向企业化组织跃迁的过程中，提高生产经营思想、市场竞争意识以及职业意识。这个过程中，发展型农民成为推动农业组织进一步演进为企业化组织的第二级动力，并且完成整体能力和角色转变，成长为经营管理型农民。

2. 技术进步效应——促进技术型农民成长

农业组织演进会促进各类农业技术的使用，从而增加对农业技术的需求，推动农业技术进步。对农业技术的运用最终还是需要依靠一个个农民，各类农业技术和资源在使用过程中对提高农民生产技能是非常明显的，这意味着，农业组织演进的技术进步效应可以促进技术型农民的成长。

具体而言，凡是能够提高单位劳动力使用非劳动资源数量和规模的农业技术，比如农业机械技术等，对劳动者的技术知识和技能要求都较高。这一点在国外农业组织演进规律中非常明显。另一种情况是，若该种农业技术或资源内含的知识层次较高，其对劳动者的知识水平要求也会比较高，比如农业良种等。这些情况下，农业技术的使用自然会促进技术型农民的成长，扩大技术型农民的数量。

农业技术进步不仅表现在现代资源对传统资源的替代，更重要的是对传统资源的改造和提升。农业组织演进的技术进步效应更重要的一点就是在引入和使用现有农业技术和新的农业技术的过程中，提高农民的生产技能。农业技术是农业生产经营要素的一种，其使用效果取决于与其他农业资源的合理配置。各种农业技术，不论是土地节约型还是劳动力节约型还是两者兼具，都需要做到均衡配置，才能达到最佳的效果。所以技术的引入和进步必然带动技术型农民的数量增加，这是农业技术进步的内在要求。因为，缺乏一定规模的拥有现代生产技能的农民，高技术性能的农业技术难以发挥其功效和作用。

3. 收入增加效应——促进高素质农民成长

收入增加是对农民劳动效率和自身能力的认可，同时也是促使其改善工作和自身综合素质的前提。从农民成长这个角度来看，收入的增加可以留住已有的高素质劳动力；而且，收入增加还可以改变人们对农业收益率低的负面看法，吸引更多的高素质劳动力和技术资源进入农业领域。

传统农民要想成长为现代农民，一方面必须依靠演进的农业组织不断加强农业技术知识和生产经营经验的学习和积累；另一方面也必然要依靠获得的收入增加自身或家人在教育、健康以及农业生产条件等方面的投资。传统农民成长为现代农民的主要困难在于收入水平低，缺乏用于增加自身人力资本水平和农业生产方面投资的条件。农民在组织这个载体上学习农业生产经营技术和经验，增强自身的知识和技能；同时，获得更高的收入也可以改善自身生活，提高自身健康水平，更重要的是，农民也可以利用增加的收入来增加农业投资，进一步改善农民成长条件。

农民收入提高意味着与其他行业相比，从事农业的比较收益率差距将收敛，会形成一种示范效应，吸引市场上高素质劳动力回流，投入到农业发展之中。中国农业劳动力的异质性转移已经被很多学者所证实①，农业收益率低已经成为整个社会的固有印象，典型事实就是，农民在现在仍然还是一种身份，而不是职业。农民收入的提高意味着农业领域具有成为和其他行业一样的潜力，农业的竞争力和回报率在某种程度上并不比其他行业低，只是这个行业缺乏资源的投入与良好的市场和政策环境。农业收入的提高改善了农业组织演进的市场条件，创造了潜在资源进入农业生产经营的经济环境，提高了现代农民在农业组织中成长的概率。

第三节　农业组织演进与现代农民成长的实证分析

一　农业组织演进的统计分析

从发达国家的历史和发展规律来看，农业组织演进的最终归宿是企业化和一体化。在向企业化演进之前，农业组织演进的阶段性特点就是规模化和市场化，并且形成前述的促进现代农民成长的三大效应。下面，以目前农业组织演进阶段中一些时序数据指标的变化来证实中国农业组织演进过程中的规模化和市场化情况；同时，这些数据指标在某种程度上也间接揭示了促进现代农民成长的三大效应。

1. 农业组织市场化演进的统计分析

随着农业组织的演进，农民生产经营农业的主要目的在于向市场提供农产品以换取收入；同时，在农业组织演讲过程中，农民必须通过市场交易来获取农业生产资料和各种技术支持和服务。这意味着农产品商品化率和农民经营费用现金支出水平将会随之上升。因此，这里主要选取粮食商品化率和农村居民家庭经营费用现金支出这两个数据指标来说明农业组织市场化演进过程中的一些变化。

这里的粮食商品化率的计算参照曹阳（2015）的方法②，即粮食商品

---

① 郭剑雄、李志俊：《劳动力选择性转移条件下的农业发展机制》，《经济研究》2009 年第 5 期。

② 曹阳：《当代中国农业生产组织现代化研究》，中国社会科学出版社 2015 年版。

化率=农村居民家庭人均粮食出售量/农村居民家庭人均粮食产量＊100%。公式中的人均粮食产量以国家统计局数据计算而来。由于粮食生产销售涉及绝大多数农民，且在所有农产品中居于主体和基础地位，该指标具有代表性。从图7—1中的数据变化中发现，自20世纪90年代初始，粮食的商品化率虽然中间有过波动，总体向上增长的趋势并没有改变。粮食商品化率从1990年的33.73%持续上升至2012年的57.56%，在2009年一度上升至62.57%。可以说，粮食商品化率的变化情况很好地反映了农业组织演进的市场化趋势和速度。同时，这个数据在一定程度上反映了目前中国农业组织市场化所处阶段和农业生产经营活动市场化水平。相比发达国家的粮食商品化率，目前中国粮食商品化率还有继续上升的空间；农业组织的市场化经营管理水平还有待进一步提高。

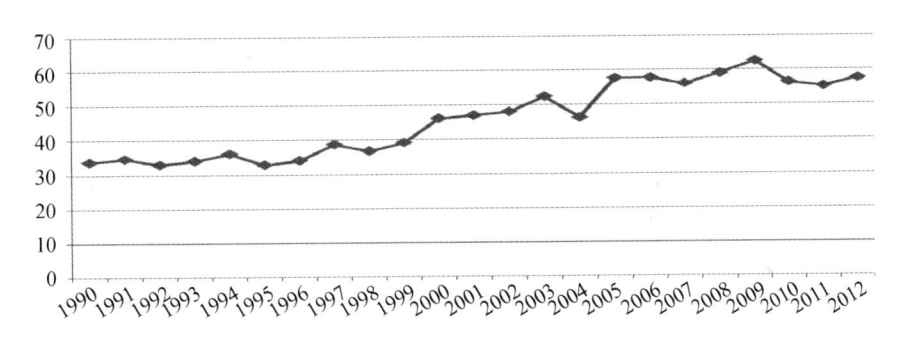

图7—1 中国农村居民家庭粮食商品化率历年变化（%）

数据来源：国家统计局官网；《中国农村统计年鉴2014》，《中国农村住户调查年鉴2014》。

由于粮食特殊的经济性质和国家对粮食流通体系的管理，在所有农产品当中，粮食的商品化率是低于其他农产品的，比如蔬菜、水产品、肉类[①]。相对于粮食的商品化率而言，上述三类农产品的商品化率更高。主要原因是其自身的物理和经济性质有利于其在市场流通，其价格更加市场化，商品化率增速更快。从这些农产品的商品化率来看，中国农业组织的市场化程度更高，市场经营管理效应更加明显。

---

① 曹阳：《当代中国农业生产组织现代化研究》，中国社会科学出版社2015年版。

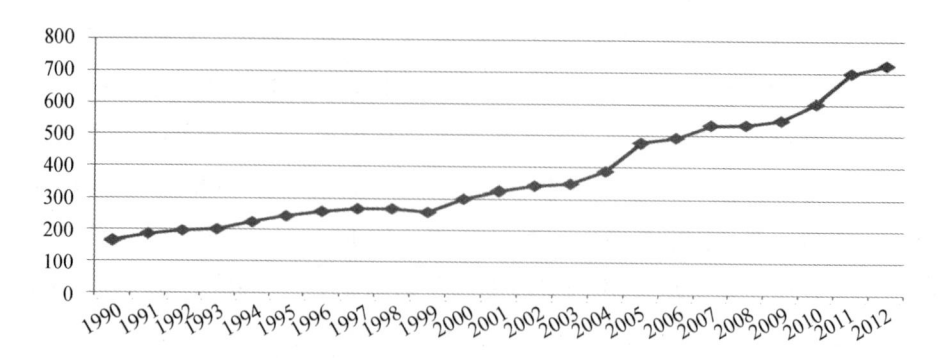

图 7—2　中国农村居民家庭经营费用现金支出历年变化（1990 年不变价，元）

数据来源：《中国农村住户调查年鉴 2014》。

农村居民家庭经营费用现金支出主要是指农村住户从事生产经营筹划和管理活动而消费的商品和服务的市场交易活动的支出。农村居民家庭经营费用现金支出从行业划分来看，包括第一、第二、第三产业，并不仅仅局限于农业生产，还包括农业相关产业的经营费用现金支出。从图 7—2 中的数据变化情况来看，农村居民家庭经营费用现金支出一直呈上升的势头，相比整个 20 世纪 90 年代的平缓增长，自 2004 年起其开始加速上升。这说明农业组织演进的市场化程度在加速，农业经济活动的市场交易量在增加，交易的广度有了较大的提升。随着社会整体经济结构的变化，农村经济结构也产生了变化，所以表征农村地区第一、第二、第三产业的市场经营管理活动的经营费用现金支出也出现了较大幅度的上升。随着农业组织演进的加速，农村的第二、第三产业活动和经济体量会向社会整体经济水平收敛，这意味着促进现代农民成长的市场化经营管理效应会愈发明显。

2. 农业组织规模化演进的统计分析

对于农业组织的规模化演进，这里以农村居民家庭拥有生产性固定资产原值和人均农作物播种总面积两个指标为主，同时以部分省份家庭农场的土地规模为辅，结合中国农业土地生产条件和农业劳动力情况来说明农业组织演进在规模上的特点。

农村居民家庭拥有生产性固定资产原值是指与农村居民生产经营活动直接发生联系的各类固定资产原值。如生产用机械、运输设备和其他生产用固定资产等。与农村居民家庭经营费用现金支出一样，该指标包括了农村居民家庭第一、第二和第三产业所有与农业生产经营相关产业的生产性固定资产价值。以该指标来说明农业组织演进在规模上的变化，是指农业组织在农业经济活动（包括生产、加工和销售等方面）规模的增加，并不仅仅是指土地生产规模的扩大。从这一点来看，这是一个全面衡量农村居民家庭经济活动规模的指标。从图7—3中可知，自1990年始，农村居民家庭平均拥有生产性固定资产原值从1990年的1258元增长到2012年的6399元，其增长速度越来越快。这说明，农民所拥有的生产性资产在增加，也就是农业组织规模在扩大。同时，农民的市场活动范围在扩大，经济活动的规模在增加。

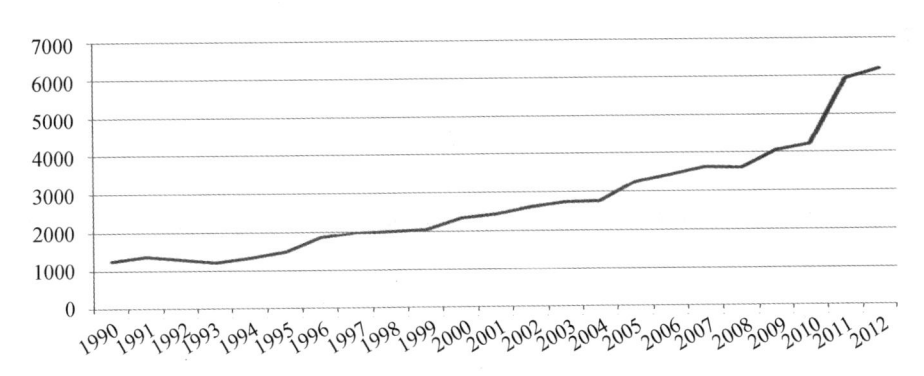

图7—3 中国农村居民家庭拥有生产性固定资产原值历年变化（1990年不变价；元/户）

数据来源：《中国农村统计年鉴2014》。

从图7—4中的农村家庭人均农作物播种面积历年变化情况来看，农业组织在规模上的演进，从人均耕地面积的绝对数来看，似乎可以忽略不计。但是，在上述统计数据的时间段，农业劳动力的转移量非常大，这意味着很多农业劳动力实际上并没有留在农村从事农业。也就是说，上述人均农作物播种面积比实际数据要低很多。这样的判断可以从下面表7—1中的2015年部分省份家庭农场平均经营（耕种）面积数据得到验证。正是因为相当数量的农业劳动力转移到城市打工，才会出现数量颇多（吉林省规模100亩以上的家庭农场超过20000家[①]）、规模动辄就有上百亩甚至几百亩的家庭农场。同时，也说明目前部分农业组织的土地规模远比图7—4中的数据要高得多。大体而言，可以认为目前绝大多数农业组织在土地规模方面的下限约为图7—4中2014年的数据，上限不会超过表7—1中的最大值。

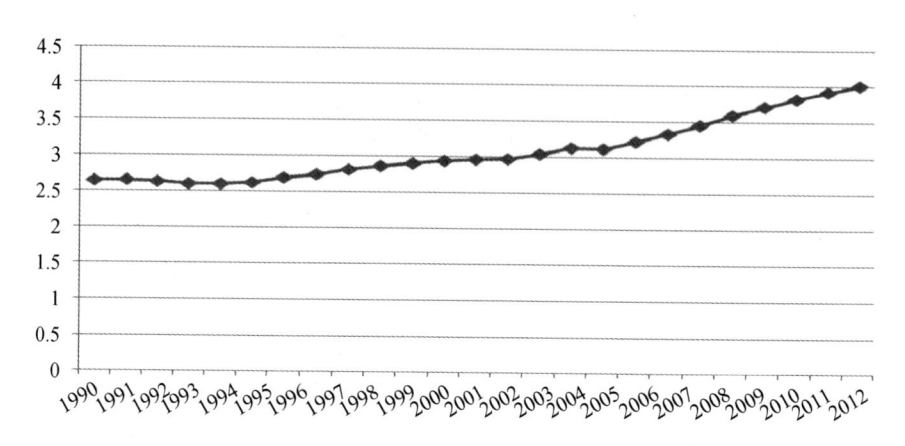

图7—4 中国农村家庭人均农作物播种面积历年变化（亩/人）

数据来源：《中国农村统计年鉴2014》。

表7—1　　　　2015年全国部分省份家庭农场平均经营耕地面积　　　（亩/户）

省份	面积
山西	196
福建	66.3
湖北	107.2
广西	80
黑龙江	271
吉林	197
山东	>100

数据来源：《中国农村经济形势分析与预测（2015—2016）》，社会科学文献出版社2016年版。

[①] 中国社会科学院农村发展研究所：《中国农村经济形势分析与预测（2015—2016）》，社会科学文献出版社2016年版。

通过上述分析和图 7—4 以及表 7—1 的数据，可以发现，农业组织在规模方面的演进趋势还是非常清楚，图 7—4 的绝对数值意义不大，但是数据变化趋势却非常明朗。这种趋势证明农业组织规模化一直在扩大，而且速度在近几年持续增加。就全国而言，农业组织在土地规模方面的差异极大。这其中最大的原因在于各地人口和土地资源的差异。农业组织在土地规模化方面演进的最佳状态是多少不可能有一个标准答案，尤其是站在全国层面而言。比较好的方法是依据当地如收入水平、农民家庭劳动力数量和土地等资源条件，由市场来确定一个合适的土地规模数量。

二　农业组织演进与现代农民成长：计量分析

1. 变量选取、数据来源和模型设置

考虑到经营管理型农民、技术型农民和高素质农民的共同点和主要特征。此处以农村居民家庭平均每人经营纯收入除以农村居民平均受教育年限，也就是以农村居民单位平均受教育年限的经营纯收入这一指标来表示现代农民成长。选取该指标的主要理由在于：单位受教育程度的收入越高，代表农民的教育投入报酬越高，农民可能成为一个有吸引力的职业，而不是一个身份标签；同时单位受教育水平的收入越高，说明农民的职业性质越明显、专业化水平越高。

以粮食商品化率表示农业组织演进的市场化变化，以户均农用机械总动力表示农业组织演进的规模化变化，以农村居民家庭平均每人文教娱乐现金消费支出和农产品生产者价格指数除以农业生产资料价格指数分别表示农村人力资本支出和农业相关价格因素对被解释变量的影响。选择粮食商品化率这一指标来表示农业组织演进的市场化变化主要是考虑到粮食在农产品中的代表性地位和其对绝大多数普通农民的收入都有影响这一事实。以户均农用机械总动力来表示农业组织演进的规模化变化有两点原因：其一，从上述的农村居民家庭拥有生产性固定资产原值数据最后两年（2011 年、2012 年）的数据来看（2013 年之后该统计量没有再出现），其不变价增长幅度近 41%，远远超出之前的变化趋势，我们对数据真实性存疑。另外，从上述的统计分析中可知，由于目前农业劳动力大量转移，人均农作物播种总面积已经失去经济意义。其二，以户

均农用机械总动力来表示农业组织演进规模化变化，一是因为对其他相关数据真实性持疑，二是户均农用机械总动力的增加在两个方面说明了农业组织的规模化演进。首先，户均农用机械总动力的增加说明农业组织规模已经使得机械使用具备比较收益，农业组织规模化使得农民认为使用农用机械作业更有利。其次，农业组织规模化会增加农民生产经营活动中租用或付费使用农业相关机械机器，规模化也会使得农民购买农业机械，增加农业生产作业环节机械使用量，提高生产效率。所以此处以户均农用机械总动力表示农业组织演进的规模化变化。最后，由于人均受教育年限和收入的变化都会受教育支出的影响，而农产品生产者价格指数和农业生产资料价格指数对农民经营纯收入有显著影响。以农村居民家庭平均每人文教娱乐现金消费支出和农产品生产价格指数/农业生产资料价格指数表示它们对被解释变量的影响。

以上数据有的来自中国统计局网站；有的来自历年《中国农村住户调查年鉴》和《中国农村统计年鉴》。由于某些统计数据口径的调整和修改以及部分数据在后续年份的统计年鉴中没再出现，所以只能用上述指标1990—2012年间的数据来做计量分析。农村居民家庭平均每人经营纯收入、农村居民家庭平均每人文教娱乐现金消费支出分别除以农产品生产者价格指数（1990年定基数据）、农村居民消费价格指数（1990年定基数据）处理。农村劳动力平均受教育年限＝不识字或识字很少（％）＊3＋小学程度（％）＊6＋初中程度（％）＊9＋高中及中专程度（％）＊12＋大专及以上程度（％）＊16。考虑到数据的特点，将上述数据都进行了对数化处理。

基于本章的理论分析情况和相关文献的研究，建立如下模型，并用E－views7计量软件进行计量分析。

$$\ln Y_i = C + \alpha_i \ln X1_i + \beta_i \ln X2_i + \gamma_i \ln X3_i + \delta_i \ln X4_i + \varepsilon_i \tag{7.1}$$

（7.1）式中，C为截距项，ε为随机项；Y：农村居民单位平均受教育年限的经营纯收入（1990年不变价；元/年）；$X1$：粮食商品化率（％）；$X2$：户均农用机械总动力（户/万瓦）；$X3$：农村居民家庭平均每人文教娱乐现金消费支出（1990年不变价；元）；$X4$：农产品生产者价格指数/农业生产资料价格指数。

2. 平稳性检验和协整检验

根据多元回归模型对数据的要求，下面先对上述数据进行平稳性检验，如果数据非平稳且为同阶单整，再进行协整关系检验。最后再进行多元回归模型的系数回归分析和检验。

表 7—2　　　　　　　各变量平稳性检验结果

变量	ADF 检验值	显著性水平临界值 (5%)	检验类型 (c, t, p)	结论
$\ln Y$	2.023	−1.957	(0, 0, 1)	Y 非平稳
D ($\ln Y$, 1)	−3.301	−3.012	(c, 0, 0)	Y: I (1)
$\ln X1$	−2.738	−3.633	(c, t, 0)	$X1$ 非平稳
D ($\ln X1$, 1)	−5.745	−1.958	(0, 0, 0)	$X1$: I (1)
$\ln X2$	−2.426	−3.645	(c, t, 1)	$X2$ 非平稳
D ($\ln X2$, 1)	−3.131	−3.012	(c, 0, 0)	$X2$: I (1)
$\ln X3$	−2.199	−3.633	(c, t, 0)	$X3$ 非平稳
D ($\ln X3$, 1)	−3.484	−3.012	(c, 0, 0)	$X3$: I (1)
$\ln X4$	−2.007	−3.005	(c, t, 0)	$X4$ 不平稳
D ($\ln X4$, 1)	−5.011	−1.958	(0, 0, 0)	$X4$: I (1)

注：D ($\ln K$, 1) 表示一阶差分；c 表示漂移项（0 表示无，C 表示有），t 表示趋势项（0 表示无，t 表示有），p 表示滞后阶数（0 表示无，1 表示一阶）。

从表 7—2 中的检验结果来看，对数化各变量后不平稳，一阶差分后的对数化数据均在 5% 的显著性水平临界值处通过 ADF 检验。因此可以得出各变量均为一阶单整序列。可以继续对其进行协整关系检验。

表 7—3　　　　　各变量协整关系 Johansen 检验结果

原假设	特征根	统计量	显著性水平临界值（5%）	P 值	结论
0 个协整向量	0.906	107.694	69.819	0.000	拒绝原假设
最多 1 个协整向量	0.719	55.605	47.856	0.008	拒绝原假设
最多 2 个协整向量	0.548	27.663	29.797	0.086	接受原假设

时间序列数据同阶单整是进行协整关系检验的基础,根据表7—3各变量的协整关系检验结论可知,对于"0个协整向量"原假设和"最多1个协整向量",由统计量107.694和55.605分别大于5%的显著性临界值69.819和47.856可知,应该拒绝两个原假设,也就是各变量存在协整关系。同理,第三个原假设的统计量小于5%的临界值,应该接受原假设。综合三个原假设的检验结果,可以得出各变量存在两个协整关系的最终结论。

3. 回归分析结果

由上述非平稳时间序列数据的平稳性和协整关系检验结果可知,各变量可以进行多元回归分析。根据Eviews7计量软件的回归分析结果,可以得到如下方程:

$$\ln Y = 2.349 - 0.324\ln X1 + 0.340\ln X2 + 0.182\ln X3 - 1.067\ln X4$$

$$(5.038)\ (-2.505)\ (2.498)\ (2.541)\ (-6.672)$$

$$\text{AdjR}^2 = 0.963 \quad F\text{值} = 145.929 \quad DW = 1.571$$

$$\text{LM1}(P) = 0.598 \quad \text{LM2}(P) = 0.688$$

由方程各系数下方括号中t检验值可知各项系数非常显著,通过5%显著性水平临界值检验,且符合经济学含义;由修正$R^2 = 0.963$和模型F统计值可知模型拟合程度非常高,结果可信。通过DW值和LM一阶、二阶检验值的伴随概率可知模型残差不存在自(高阶)相关性;进一步地,由怀特(WT)检验值的伴随概率P(2) = 0.107 > 0.05,可以得出不存在异方差。

由上面的多元回归方程计量结果可知,代表农业组织市场化演进的变量X1的系数为-0.324,也就是说,粮食商品化率每上升一个百分点,农村劳动力单位平均受教育年限的经营性纯收入将下降0.324个百分点。而反映农业组织规模化演进的变量X2的系数为0.340,说明农业组织的规模化水平的提高对农村劳动力单位平均受教育年限的经营性纯收入有显著的提高效应。结合反映农业组织市场化和规模化的各变量系数大小和正负情况,可以得出如下几点结论:一,目前农业组织演进主要处于规模化阶段。现阶段，在促进现代农民成长方面，农业组织规模化演进贡献了主要力量；二，从计量结果来看，目前以上述数据所表示的农业组织市场化演进水平对现代农民成长具有副作用。对于这样的结果，可以给出如下两点解释：其一，目前中国粮食商品化率虽然较 1990 年已经大幅上升，但仍远远低于发达国家水平，总体来看，中国农业组织演进市场化水平仍有较大的提高空间。在目前的水平上，农业组织市场化演进对现代农民成长仍然乏力。未来，还需继续提高农业组织市场化水平，将其对现代农民成长的潜力变为现实。其二，农业组织市场化演进对现代农民成长的促进效应在一定程度上需要依靠良好的价格机制来传导。从农业相关价格因素的系数为负的情况来看，目前农业相关价格不利于农业组织市场化演进促进现代农民成长。最后，由表示农村居民教育支出和农业相关价格因素的变量 $X3$、$X4$ 的系数分别为 0.182、-1.067，可知目前农村居民教育支出对农村居民单位平均受教育年限的经营纯收入有较大的正面影响，而目前农业相关价格阻碍了现代农民成长。目前农业生产资料价格较高，价格基本市场化；农产品价格较低，且部分处于国家管制之下。未来，要想更快地促进现代农民成长，一方面必须控制农业生产资料价格的上涨速度；另一方面必然要提高农产品的收购价格和市场价格。

第四节 本章结论

根据本章理论分析和实证分析的结果，可以发现农业组织演进过程中的规模化和市场化确实存在。其对现代农民成长的三大效应虽然由于目前中国农业组织演进的阶段性特点和农业相关价格因素等因素不是非常显著，但不断演进的农业组织对现代农民成长的载体作用确实存在，而且部分得到上述实证分析结果的证明。未来，随着农业组织演进的持续推进，各种新型农业组织将占据农业发展的主导地位，且代表其发展情况的微观数据更加完善详尽后，有针对性更强的数据来做实证分析，论证演进中的农业组织对现代农民成长的载体效应将会更加明显，结果将更具有说服力。

现阶段中国农业组织演进仍处于规模化阶段，促进现代农民成长的主要力量和贡献来自农业组织规模化演进。中国农业组织规模化演进是市场化演进的基础和前提。未来需要改善有利于代表农业组织市场化演进方向的各种新型农业组织成长的制度环境，将农业组织市场化演进对现代农民成长的潜力变为现实。

第八章

农业技术进步及技能偏态技术的形成

第一节 劳动力选择性转移下的农业技术进步问题

在费景汉和拉尼斯的经济发展理论中，农业技术进步是劳动力大规模非农转移条件下农业成功发展的核心问题之一[①]。因为，当劳动力的非农转移数量超过边际生产力等于零的剩余劳动力数量时，其他条件不变，人均农业剩余就会减少。此时，唯有通过农业技术进步，实现农业总产量曲线的上移和推后粮食短缺点的到来，才能保障工业化劳动力食物供给的非短缺。农业技术进步过程若是可持续的，就可以实现农业总产量曲线上短缺点和商业化点的最终聚合，由此完成工业化进程中农业部门自身的发展任务。可见，农业技术进步对于劳动力转移条件下的二元经济发展具有不可或缺的重要意义，也不难推断，该类技术进步的基本方向是破解由于转移所形成的劳动力短缺的发展瓶颈。

费景汉和拉尼斯以及刘易斯[②]等人的二元经济模型将劳动力设定为同质性要素，即劳动力只有数量意义而无质量内涵，农业技术进步也仅由劳动力的数量变动引起，与劳动力的质量无关。

依照二元经济转变理论描述的发展路径，在工业化和市场化的背景

[①] [美]费景汉、古斯塔夫·拉尼斯：《劳力剩余的经济发展》，华夏出版社1989年版；[美]费景汉、古斯塔夫·拉尼斯：《增长和发展：演进的观点》，商务印书馆2004年版。

[②] 见[美]刘易斯，威廉·阿瑟《二元经济论》，施炜、谢兵、苏玉宏译，北京经济学院出版社1989年版。

下，中国农业劳动力实现了大规模非农转移。转移劳动力数量从 1985 年的 6385 万人增长到 2007 年的 34119 万人，22 年间增长了 4.34 倍；转移劳动力数量占乡村劳动力比重由 1983 年的 14.16% 增加到 2007 年的 66.33%[①]。由于工业化尚未完成，中国的农业劳动力转移过程还将继续。中国农业劳动力转移的经验事实所呈现的不同于费景汉—拉尼斯模型的一个显著特征是，转移不仅在相对或绝对地减少农业劳动力的数量，在一定时期内也改变着未转移劳动力的质量。由于在非农部门就业存在着一定的技术性门槛，非农化劳动力大多是文化水平和技术能力较高者。若无其他相关因素的变化，这种转移的选择性可能导致滞留的农业从业者平均人力资本存量水平的整体下降。比如，2006 年，未转移农业劳动力的平均受教育年限为 7.14 年，分别低于外出劳动力和全部农村劳动力平均受教育年限 1.54 年和 0.83 年[②]。

由此本章关心的问题是，第一，在劳动力数量和质量双重下降的背景下，费景汉—拉尼斯模型所强调的农业技术进步还能否发生？如何发生？第二，农业技术进步与劳动力数量变化相关，与劳动力的质量改变是否亦相关？或者说，替代劳动数量的技术存在，替代劳动质量的技术是否亦存在？第三，技术与技能之间存在何种关联？若二者之间互补，那么，选择性转移下的农业技术进步将如何推进？

第二节　非体现型技术进步与体现型技术进步

明确技术进步是如何体现的，是厘清劳动力选择性转移下农业技术

---

① 基于目前的统计数据的局限，非农转移劳动力数量我们参考陆学艺的计算方法求得。该估算方法将城镇从业人数减去城镇职工人数得到进入城市就业的"农民工"人数；将乡村从业人员减去农业就业人数得到农村中非农劳动力数量，然后合计二者之和就是农村转移劳动力总量。数据来源于各年《中国统计年鉴》和《中国农村住户调查年鉴》。

② 数据来源：国务院第二次全国农业普查领导小组办公室、国家统计局：《中国第二次全国农业普查资料汇编》（农民卷），中国统计出版社 2009 年版。其中，农村劳动力相关数据根据《中国第二次全国农业普查资料汇编》（农民卷）1-3-2-5、1-3-2-6、1-3-2-7 和 1-3-2-8 计算得出；外出劳动力相关数据根据《中国第二次全国农业普查资料汇编》（农民卷）1-3-2-70、1-3-2-71 和 1-3-2-72 计算得出；农业劳动力相关数据根据《中国第二次全国农业普查资料汇编》（农业卷）1-1-6、1-1-8 和 1-1-9 计算得出。

进步机制、路径等诸多问题的前提之一。

一 技术进步的新古典处理方法与非体现型技术进步

新古典经济学把稀缺资源的优化配置确立为经济学研究的核心问题。在构造生产函数时，技术被看作是给定的，研究集中于生产要素的不同组合与产出之间的关系，目的是寻求既定投入下达到最大产出的均衡条件。虽然要素间的配置关系以及投入产出比也体现技术，但此时的技术仅构成其分析的前提，而不是它研究的对象。

在新古典经济学最初的分析框架中，产出的增长只能用生产要素（劳动和资本）投入的增长来解释。然而在长期增长的经验分析中，要素投入的增长并不足以解释产出的全部增长。据此，不得不承认还存在着另外的力量对产出增长在做出贡献。M. Abramovitz 曾将这种力量称为"生产率的提高"，其后将生产率的改进统称为"技术进步"[1]。技术进步是在经验事实面前对用资本和劳动投入无法解释的新的增长源泉的一种概括，因而可以说，技术进步作为增长要素只是新古典理论框架下一个"无奈的发现"，技术进步作为新古典模型的研究对象也是其被动选择的结果。

技术进步引入新古典生产函数的一个突出特征，是技术进步的非体现性。（1）假设技术进步是脱离实体的，即在劳动、资本之外，技术以一种独立的要素形式被引入生产函数。如经典的 Cobb - Douglas 生产函数就采取如下形式：$Q = AK^{\alpha}L^{\beta}$。其中，A 代表技术进步因子。（2）技术进步的贡献不被要素投入量的变动所解释。在索洛的技术进步方程中，技术进步的贡献是产出增长中减去被要素投入增长解释部分后所得的"剩余"[2]。技术进步不被要素变动所解释，亦即技术进步对产出的影响独立化。（3）考察技术进步的独立作用需要对非技术进步因素做客观剔除，这要求将要素投入数量变化对产出的影响做中性化处理，即需要把要素

---

[1] 转引自李子奈、鲁传一《管理创新在经济增长中贡献的定量分析》，《清华大学学报》2002 年第 2 期。

[2] 索洛的技术进步方程为：$\frac{\Delta A}{A} = \frac{\Delta Y}{Y} - \left(\alpha_L \frac{\Delta L}{L} + \alpha_K \frac{\Delta K}{K} \right)$。

投入设定为某种既定形态：或要素间投入比率不变（希克斯中性），或资本产出比不变（哈罗德中性），或劳动产出比不变（索洛中性）等。例如希克斯（Hicks, John）中性技术进步表述为：对于一给定的资本劳动比率，技术进步前后资本与劳动的边际产出比率保持不变。这一技术进步等同于同比例地提高了资本和劳动的边际产出，其性质对应于等产量曲线的重新编号。其生产函数可记为：$Y=T(t)F(K,L)$，式中$T(t)$是技术状态指标，且$T(t)\geq 0$。

非体现型技术进步的方法论基础是要素同质性假设以及与之相联系的边际分析方法。边际分析方法的应用严格依赖于要素的同质性假设。在该假设下，要素在生产中的作用可以由它对产出的边际贡献来确定。这一假设和分析方法把经济学引入了所谓的精确化和形式化的"科学"发展轨道。技术进步若体现于要素之中，要素的同质性假设将不再成立，边际分析法再无用武之地，整个新古典经济学的分析框架亦将因此坍塌。技术进步的独立化和非体现性处理，在引入技术进步因素的同时，恰当地避免了新古典经济学方法论可能遇到的危机。另外，非体现型技术进步是技术进步可测度的基础。根据索洛的"余项法"，可以方便地对技术进步在增长中的贡献进行定量分析。对技术进步定量分析的广泛需要，一定程度上又强化了人们对非体现型技术进步的认可。

二 非新古典增长理论视角与体现型技术进步

非体现型技术进步仅仅是一种理论抽象。如果我们摆脱新古典经济学分析技术的约束而从现实的角度观察，那么，技术进步就必然是体现型的，即技术进步是由投入生产中的要素的变化来反映的。对此，舒尔茨曾做出过十分精辟的阐释："一种技术总是体现在某些特定的生产要素之中……引进一种新技术，就必须采用一套与过去使用的生产要素有所不同的生产要素。""除非依靠一种在技术上与旧要素不同的生产要素，技术变化就无法实现。""当把所有生产要素完全弄清楚时，也就弄清楚了技术。"① 针对前述技术进步的新古典处理方法，舒尔茨批评道，把生产技术和要素分割开来是"明显错误的观念"，因为这种方法"并没有抓住所谓技术变化的基础"；此种技术进步用于解释经济增长也无异于一种"无知的表白"。②

当割断与要素投入之间的联系时，技术进步就似乎成为一种"天赐之物"，因而非体现型技术进步思路是无法反映技术进步原因的。20世纪80年代兴起的新增长理论突破了新古典增长模型关于技术进步存在形态认识的羁绊，将技术进步与要素投入及其质量变化相联系，以内生化方法揭示了技术进步的源泉。因此，与新古典增长模型不同，新增长理论中的技术进步是体现型的。与资本和劳动两种基本要素投入相联系，体现型技术进步存在着两种基本形式。

1. 物质资本体现型技术进步

物质资本是最重要的生产要素之一，其重要性在很大程度上取决于它是新的生产知识和生产技术的有效载体。或者说，现实生产中的技术进步，往往是通过物质资本质量的改进来实现的。物质资本体现型技术进步的思想，恰恰是由新古典增长模型的代表学者 Solow 最早提出的，"正如蒸汽机物化有蒸汽动力这一概念一样，许多发明是需要物化到新的耐用设备中去才能发挥作用的"③。Phelps 也注意到，每一资本品都物化了它建造之时的最新技术，不同时期投资的资本品不再是同质的。④ 在 Arrow "边干边学"的增长模型中，知识是投资的副产品，提高一个厂商的资本投入会导致其知识存量的相应增加。⑤ Sheshinski 明确地把技术进

---

① [美]舒尔茨，西奥多·W.：《改造传统农业》，梁小民译，商务印书馆1987年版，第100、104、101页。

② 同上书，第101、104、107页。

③ Solow, R. M.: *Investment and Technical Progress*, *Mathematical Methods in Social Sciences*, Stanford, CA: Stanford University, 1960.

④ Phelps, E. S.: The New View of Investment: A Neoclassica Analysis, *Quarterly Journal of Economics*, 1962, pp. 548–567.

⑤ Arrow, Kenneth J.: The Economic Implications of Learning by Doing, *Review of Economic Studies*, 1962, June, pp. 155–173.

步视作资本积累的函数,其技术进步方程为 $A = K^b$,其中 K 代表资本总量[①]。受 Arrow 思想的启发,Romer 把资本质量改进所体现的技术进步与资本积累过程相统一,开辟了经济增长模型中技术进步内生化的一条简捷路径。Romer 认为,新资本与新知识之间是以固定的比例生产的,K 不仅测度了总资本存量,而且可以测度厂商可获得的总知识。或者说,在 Romer 模型中,K 可以看作是一个复合体,投资既导致资本深化,也会推动技术进步[②]。近些年,国内一些学者也开始关注中国经济增长中物质资本体现型技术进步的存在性。他们认为,经济增长中更为普遍的技术进步类型是内嵌有体现型技术进步的设备投资[③],因而,资本积累和技术创新不应被认为是增长过程的两个驱动因素,而是一个过程的两个方面[④]。董直庆和王林辉[⑤]以及王林辉和董直庆[⑥]还对中国经济中的物质资本体现型技术进步进行了经验验证。

在物质资本体现型技术进步存在的条件下,如何测度这种技术进步率就成为必须解决的问题。Solow 提出的估计物质资本体现型技术进步率的计量模型如下:假定,(1)对于用同一可比货币量购置的资本品,当年购置的比上一年购置的其生产能力提高一个固定的百分比 λ;(2)各年份购置的资本品均按照同一比例 δ 折旧;(3)在不同年份购置的资本品上进行生产的劳动力是齐质的,支付给每单位齐质劳动力的工资均等

[①] Sheshinski, Eytan: Optimal Accumulation with Learning by Doing, in Karl Shell ed., *Essays on the Theory of Optimal Economic Growth*, Cambridge MA, MIT Press, 1967, pp. 31 – 52.

[②] Romer, Paul M.: Increasing Return and Long – Run Growth, *Journal of Political Economy*, 1986, 94, 5 (October), pp. 1002 – 1037; Romer, Paul M.: Growth Based on Increasing Return Due to Specialization, *American Economic Review*, 1987, 77, 2 (May), pp. 56 – 62.

[③] 黄先海、刘毅群:《物化性技术进步与我国工业生产率增长》,《数量经济技术经济研究》2006 年第 4 期;黄先海、刘毅群:《设备资本、体现型技术进步与生产率增长:跨国经验分析》,《世界经济》2008 年第 4 期。

[④] 赵志耘、吕冰洋、郭庆旺、贾俊雪:《资本积累与技术进步的动态融合:中国经济增长的一个典型事实》,《经济研究》2007 年第 11 期。

[⑤] 董直庆、王林辉:《我国经济增长来源——来自资本体现式技术进步的经验证据》,《吉林大学社会科学学报》2010 年第 4 期。

[⑥] 王林辉、董直庆:《我国资本体现式和非体现式技术进步贡献率——来自纺织业的经验证据》,《财经研究》2010 年第 8 期;王林辉、董直庆:《资本体现式和中性技术进步路径选择:基于我国制造业面板数据的实证检验》,《东北师大学报》(哲学社会科学版) 2010 年第 6 期。

于它的边际产出。对物质资本体现型技术进步率 λ 进行估计的方程为：①

$$\ln\left(\frac{\Delta R + \delta R}{I_t}\right) = \frac{\lambda t}{1-\alpha} + c$$

$$R = Y_t^{1/(1-\alpha)}/L_t^{\alpha/(1-\alpha)}$$

此外，在目前国内外相关文献中，存在着多种对物质资本体现型技术进步的经验估计方法，主要有不变质量价格指数方法，核心机器法和生产函数估计法等②。

物质资本体现型技术进步概念和估计方法的产生，对新古典增长模型的增长率核算方法产生了两个方面的重要影响：第一，物质资本在增长中的作用需要重新评估，其对总产出的贡献不仅具有资本深化效应，还应当注意到其技术进步效应。第二，与上一点相关联，全要素生产率并不等于技术进步率，或者说，在全要素生产率很小甚至为零的条件下，也可能存在着体现型技术进步。由此，基于新古典增长模型的技术进步率测算方法可能不再有效。

2. 人力资本体现型技术进步

技术进步既可以由物质资本质量的改进所体现，也可以由劳动者能力的提高来反映。正如舒尔茨所言："一种生产技术是一种或几种要素的一个组成部分。全面的生产要素概念不仅包括所有物质形式的资本……还包括所有的人力（这里也包括了人所得到的知识，即作为劳动能力的一部分的技能和有用知识）。"③ 这里，我们把由劳动者能力反映的技术进步称为人力资本体现型技术进步。与新古典增长模型不同，人力资本体现型技术进步放弃了劳动力同质性的非现实假设，视以劳动者为载体的人力资本积累是技术进步的重要源泉之一。

人力资本体现型技术进步表现在：（1）人力资本密集的教育和研发

---

① 参见 Solow, R. M.: *Investment and Technical Progress*, Mathematical Methods in Social Sciences, Stanford, CA: Stanford University, 1960.

② 王林辉、宋东林、董直庆：《资本体现式技术进步及其对经济增长的贡献率：一个文献综述》，《经济学家》2009 年第 12 期。

③ ［美］舒尔茨，西奥多·W.：《改造传统农业》，梁小民译，商务印书馆 1987 年版，第 101 页。

部门是新知识、新技术的创造者。Uzawa 认为，技术变化源于专门生产思想的教育部门，若社会配置一定的资源到教育部门，就会产生新知识；技术进步率取决于教育部门使用的劳动份额 $L_E(t)$ 与总劳动 $L(t)$ 的比率：$A(t)/A(t) = \phi[L_E(t)/L(t)]$[1]。Romer 不仅开创了物质资本非齐质性下的内生技术进步路径，同时也特别强调附着于劳动力之上的人力资本对于知识与技术创新的决定性影响。Romer 认为，知识和技术是由配置到设计部门的人力资本生产出来的，其生产率可通过设计存量的积累来提高[2]。Aghion–Howitt[3] 和 Grossman–Helpman[4] 以产品质量改进代表的技术进步，也是源于专门的研究和开发部门。(2) 高人力资本水平的劳动者是新技术的载体和实践者。研发部门创造的新技术能否转化为现实生产力，很大程度上取决于生产部门劳动者的人力资本水平。在 Uzawa 的两部门技术进步模型中，生产部门的技术变化全部体现于生产劳动者的能力之中，并且劳动效率的提高不依赖于资本的使用，这种体现在劳动者能力上的技术进步被认为是产出增长的重要源泉。其总量生产函数被设定为：$Y(t) = F[K(t), A(t)L_p(t)]$，其中，$A$ 代表人力资本，L_p 是生产部门的劳动力。Lucas 的经济增长模型用人力资本来反映生产部门个体劳动力的一般技术水平，生产部门的技术进步率决定于劳动力的人力资本积累率。其技术进步方程为：$h(t) = h(t)\delta[1-u(t)]$（若通过教育部门实现人力资本积累），或 $h_i(t) = h_i(t)\delta_i u_i(t)$（若通过干中学实现人力资本积累），方程中的 h 表示个体劳动力的人力资本存量，u 表示单位非闲暇时间中用于生产的时间比例[5]。(3) 人

---

[1] Uzawa, Hirofumi：Optimal Technical Change in an Aggregative Model of Economic Growth, *International Economic Review*, 1965, 6 (January), pp. 18–31.

[2] Romer, Paul M.：Endogenous Technological Change, *Journal of Political Economy*, 1990, 98, 5 (October), S71–S102.

[3] Aghion, Philippe and Peter Howitt：A model of Growth Through Creative Destruction, *Econometrica*, 1992, 60, 2 (March), pp. 323–351.

[4] Grossman, Gene M. and Elhanan Helpman：*Innovation and Growth in the Global Economy*, Cambridge MA, MIT Press, 1991.

[5] Lucas, Robert E.：On the Mechanics of Economic Development, *Journal of Monetary Economics*, 1988, 22, 1 (July), pp. 3–42.

力资本体现型技术进步的突出特征是其知识和技术的外溢性。知识是一种公共产品，个体知识的积累同时也增加了社会总体知识存量，后者反过来又会促进个体的知识积累。以知识溢出为特征的这种个体和社会的互惠作用，形象地讲，是经由一个"知识池"来传导的[①]。正是由于"知识池"中知识存量的不断增长，才为长期经济增长提供了持久的动力。这一特征表明，一个社会的技术水平并不完全由社会中各成员的人力资本的算术总和所体现。

在不同的经济发展阶段上，人力资本体现型技术进步的作用不同，该类技术的发展程度亦存在着很大的差异。在传统经济中，由于各投入要素的原始性和简单性，知识和技能并非实现产出增长的关键性要素。"采用并有效地播种和收割甘蔗看来并不取决于那些在地里干活的人的教育水平，在锄棉中与教育相关的能力也没有任何经济价值。"[②] 因而，人力资本积累率不足，由人力资本所体现的技术水平亦很低。工业革命极大地改变了人力资本投资的收益率，促进了人力资本的形成。正如新增长理论所揭示的那样，在现代经济中，人力资本成为推动技术进步的最重要的源泉，人力资本体现型技术进步也成为技术进步的最主要类型之一。

第三节 非技能偏态技术进步与技能偏态技术进步

在体现型技术进步前提下需要进一步讨论的问题是，物质资本体现型技术进步与人力资本体现型技术进步之间存在着什么关系？把物质资本体现型技术简称为技术，把人力资本体现型技术简称为技能，技术与技能之间的关系如何？

[①] 参见王争、史晋川《内生生育率、资本存量结构与经济发展：一个分析框架及基于国际比较的实证检验》，第五届中国经济学年会论文。

[②] ［美］舒尔茨，西奥多·W.：《改造传统农业》，梁小民译，商务印书馆1987年版，第141页。

一　物质资本体现型技术进步的技能偏态问题

物质资本体现的技术进步与人力资本体现的技能水平之间并不一定始终保持正向关系。现实中，在某些领域或这些领域的一定时期内，存在着无技能需求的独立的物质资本体现型技术进步。技术相对于技能的独立性主要表现为技术与技能之间的非互补性：比如，中国改革开放之初，在产业工人的技能水平来不及提高的背景下，从国外引进了一大批体现较先进技术的机器设备。该类机器设备不仅在许多生产部门被广泛采用，而且实现了产出的高增长。又如，市场化改革以来，一方面由于转移的选择性使农业劳动力素质呈现整体性下降，另一方面以农业机械投入和化肥投入为代表的物质资本体现型技术却获得了大幅度提高。凭借此类技术进步，中国农业部门也成为国民经济的高增长部门之一。另外，技术相对于技能的独立性，某些条件下也可能表现为技术对技能一定程度的替代。由于智能型技术的开发和应用，许多机器设备的操作规程大大简化了，过去要由高技术工人胜任的工作现在一般的技术工人也能够担当。比较典型的例子如电子计算机和汽车，现在计算机操作人员和汽车驾驶员所需要的技能比早先的要求要低得多。

更为普遍和更为典型的情况是，物质资本体现型技术进步对人力资本体现型技术进步存在着依赖，或者说，更多情况下物质资本体现型技术进步呈现出技能偏态的特征。舒尔茨强调，由于人力资本短缺所导致的物质资本和人力资本之间的巨大不平衡会显著地制约物质资本的生产率。他举例道：假定美国农业中的物质资本投入不变，现代农民被一个世纪以前的农民替代；或者，假定印度在一夜之间获得了与美国农业一样的自然资源和物质要素，而印度农民的技能和知识不变，在这两种情况下，均不可能获得如现代美国农业的成就[①]。同样的例子，如发展中国家引进技术的"适宜性"问题。发达国家开发的技术适合于本国的熟练劳动力，而发展中国家大量存在的是非熟练劳动力，发展中国家劳动力

---

① [美]舒尔茨，西奥多·W.：《改造传统农业》，梁小民译，商务印书馆1987年版，第133页。

的技能水平决定了其引进技术的先进程度和技术应用的效率。Acemoglu 和 Zilibotti 认为，正是引进技术与劳动力技能的不匹配，导致了发展中国家和发达国家之间巨大的人均产出和人均收入的差异①。Stokey② 和 Krusell et al.③ 将劳动力分成技能性劳动 s 和非技能型劳动 n，具有单位替代弹性的产出方程为 $y = f(k, s, n) = (k+n)^{\alpha} s^{1-\alpha}$，则技能型劳动和非技能劳动的边际产出比满足 $f_s/f_n = (k+n)(1-\alpha)/s\alpha$。这表明资本品投资完全可能引致技能需求的增长。基于技术进步的技能偏态特征，一些学者试图用"人力资本密度"——单位物质资本所对应的人力资本存量——来定义技术进步率。认为人力资本储蓄率与物质资本储蓄率的比例越高，发展中国家的技术进步率就越快，发展中国家经济就越有可能实现对发达国家的赶超④。

技术进步的技能偏态性与劳动力市场上对技能劳动力需求的增长、技能的溢价或工资的不平等是共生现象，因此，可以用技能劳动力需求增长及技能工人相对于非技能工人工资的变动率来检验技能偏态技术进步的存在性。自 20 世纪 60 年代起，美国劳动力市场出现了收入差距扩大、高技能劳动力相对供给增加以及教育回报率上升等结构性变化，一些研究者将此归因于美国经济中技术进步的技能偏向性趋向⑤。宋冬林等利用 1978—2007 年的时间序列数据考察了中国技能偏向型技术进步的存在性问题。他们将技术进步细分为中性、非中性和资本体现式等不同类

---

① Acemoglu, Daron and Fahrizio Zilibotti: Productivity Differences, *Quarterly Journal of Economics*, 2001, Vol. 116 (2), pp. 563 – 606.

② Stokey, Nancy L.: Free Trade, Factor Returns and Factor Accumulation, *Journal of Economic Growth*, 1996, 1, pp. 421 – 447.

③ Krusell, Per, Lee E. Ohanian, Ros – Rull Jose Victor and Giovanni L. Violante: Capital Skill Complementarity and Inequality: A Macroeconomic Analysis, *Econometrica*, 2000, Vol. 68, No. 5, pp. 1029 – 1053.

④ 邹薇、代谦：《技术模仿、人力资本积累与经济赶超》，《中国社会科学》2003 年第 5 期。

⑤ Acemoglu, D.: Technical Change, Inequality and the Labor Market, *Journal of Economic Literature*, 2002, 40, pp. 7 – 22; Autor, D., L. Katz and M. Kearney: The Polarization of the U. S. Labor Market, *American Economic Review*, Papers and Proceedings, 2006, 96 (2), pp. 189 – 194.

型，发现不同类型技术进步均呈现技能偏向特征，其中资本体现式技术进步与技能需求和技能溢价的互补关系更强①。

物质资本体现型技术进步的技能偏态性或非技能偏态性，首先与以物资资本为载体的技术及该技术操作程序的复杂性相关。如果技术较为简单，工人不需要支付重新学习的成本便可运用此项技术，该技术便是非技能偏态的；相反，资本品中的技术较复杂，只有经过专门培训的工人才能够操作这些新的机器设备，其所含技术就是技能偏态的。其次，人力资本投资收益率或人力资本作为技能载体的经济性也是一个重要的决定因素。若获取技能的成本高昂（亦即人力资本收益率低微），由于技能的高度稀缺性，资本品中的技术设计不可能是技能偏向的，否则，该技术便是非适宜技术，资本品中技术投入的回报也将无法实现；当人力资本或技能成为丰裕资源时，资本品中的技术投入可以凭借人的能力实现更大回报，技能偏向型技术进步便成为技术进步类型的适当选择。还有，技术进步的阶段性也是可能的影响因素之一。当某项技术为新开发的前沿技术时，该技术只为少数专门技术人员所掌握，其必然呈现技能偏态特征；若该项技术逐渐退化为普及型技术，由于该技术和使用该技术技能的长期外溢性，该技术便会转化为非技能偏态技术。

二 技术进步载体选择差异化的成因

技术进步既可以体现为物质资本质量的改进，也可以体现为劳动者素质的提高。那么，是哪些因素决定了技术载体及技术进步类型的差异化选择呢？

技术进步体现于何种要素，首先取决于要素的现实禀赋。在传统经济中，资本是极其匮乏的。这种匮乏性一方面决定了人们难以对资本的质量进行改进，另一方面也使得资本不构成关键性生产要素因而使人们忽略对它的质量改进。与资本不同，劳动力是传统经济中相对丰裕且最重要的资源。这一资源效率的改进——劳动力由于生产经验的积累而形

---

① 宋冬林、王林辉、董直庆：《技能偏向型技术进步存在吗——来自中国的经验证据》，《经济研究》2010 年第 5 期。

成的知识和能力的提高——既对传统经济的产出增长有着重要的影响，也使它成为传统经济技术进步的基本类型。传统经济特有的资源禀赋结构决定了其技术进步基本类型的非资本体现式特征。工业革命以来，经济剩余的增长带来资本的极大丰富。在现代经济中，资本不但成为基本的生产要素，而且使人们有条件把它改造成为质量更好、生产率更高的资源，并且在相当大程度上形成对其他要素的替代。这说明，正是资本的丰裕性变化，导致了资本体现型技术进步的快速发展。

技术创新活动可纳入经济人的行为范式加以讨论。在经济人的视野中，技术创新究竟是投资于物质资本质量的改进，还是投资于劳动者技能的提高方面，取决于在这两种要素上分别投资的成本—收益核算，而这种成本—收益关系又与在不同经济发展阶段上两类要素的丰裕程度及其在经济中的地位相关。若在某个发展阶段上，劳动力是最主要的投入要素且其相对丰裕，而资本是匮乏的又不构成基本资源，这时，改进劳动的质量便成为技术进步的合理选择，因为这一选择的成本较低而收益率较高，如在传统经济中的情况。当经济发展进入资本丰裕阶段，资本不仅是高效率资源，而且又是相对廉价的，改进资本质量的技术创新努力就更具经济合理性。在当今知识经济时代，以人为载体的知识是决定产出增长的最终源泉，因此，向人的质量投资即人力资本投资凸现为技术进步投资的最重要形式。

要素具有社会属性，资本归资本所有者并为其带来利益，劳动属于劳动者也成为其收入的基本源泉。积累资本和改进资本效率出于资本所有者的本能，同样，提高劳动技能实现劳动收入增长也由劳动者经济本性使然。当技术创新活动由资本所有者组织、技术成果的产权归于资本所有者时，技术进步的成就自然会由资本所有者所拥有的资产形式——机器设备、新型产品等——来体现，以实现其对新技术的归属权及由新技术产生的利益的索取权。如果某些技术由劳动者发现或获得，由其资源条件决定，他们会把这些新技术转化为他们技能的积累或能力的增长，同时，这也是劳动者实现对技术的所有权并获取新技术收益的最有效方式。

第四节 劳动力选择性转移下的农业技术进步机制

一 农业技术进步的定义

如果技术进步是体现型的,即技术进步总是表现为生产要素的更新或生产要素质量的提高,那么,农业技术进步就可以定义为农业生产函数的转变。

传统农业是主要依赖劳动和土地这类初始资源获取产出的经济类型[①],其生产函数可记为:$Q_T = f(L, N)$,其中,L 为劳动,N 代表土地。在宏观上和短期,土地为不变量,因此,农业生产函数又可简化为:$Q_T = f(L)$。由于传统农业中技术长期不变,生产函数的典型形式为静态函数。现代农业是以运用资本和高素质劳动力等现代要素为主要特征的经济形式,并且,随着时间的推移,生产要素的质量在不断提高。其生产函数获得了与现代工业相同的形式:$Q_M = f(K, hL, t)$。K 代表物质资本,h 表示农业劳动力的平均人力资本水平,t 用来刻画随时间而发生的技术进步。在静态条件下,可将现代农业生产函数近似地表示为:$Q_M = f(K, H)$[②]。这里的 H 表示农业部门的人力资本存量。

在二元经济结构条件下,传统农业生产函数的存在是农业技术进步的起点,现代农业生产函数的实现是农业技术进步的目标,农业技术进步的过程就是要逐步完成由传统农业生产函数向现代农业生产函数的转变。这一转变过程的基本内容包括:(1)农业劳动力的大规模非农转移,借此改变以劳动为基本投入的传统农业的资源配置格局。这种改变必然依赖于非农部门扩张对转移的农业劳动力的吸收,因此可以说,工业化是现代农业技术进步的逻辑前提。(2)农业物质资本的快速积累,使农业物质资本投入成为实现农业产出增长所依凭的最重要的资源之一,并

---

① 刘易斯认为,传统农业是"不使用再生产性资本"的经济部门。参见[美]刘易斯,威廉·阿瑟《二元经济论》,施炜、谢兵、苏玉宏译,北京经济学院出版社1989年版,第8页。

② $H = hL$。

且，使农业物质资本在相当大程度上形成对劳动的替代。（3）农业劳动力人力资本水平的显著提升。农业物质资本投入的快速增长最终需要农业人力资本水平的提高作为互补性资源存在，因此，农业劳动力规模减少过程中的农业劳动力质量的提升，是农业技术进步进入较高阶段的核心内容。

二　劳动力选择性转移与农业生产函数转变

若把农业技术进步定义为农业生产函数转变是成立的，那么不难证明，从农业生产函数所包含的多种自变量的角度观察，劳动力转移的选择性有利于促进传统农业生产函数向现代农业生产函数的全面转变。或者说，劳动力转移的选择性蕴含着显著的农业技术进步效应。这些效应包括：

加速农业劳动力转移。假设农业部门和非农部门的发展水平不同，非农工资率高于农业部门，而且非农就业劳动力的平均人力资本水平也高于农业劳动力。同时假设农业和非农部门之间的劳动力市场是开放的，劳动力在两部门之间流动不存在制度性障碍[①]，但技术性障碍不排除。在前述两个假设前提下，与劳动力转移的非选择性相比，转移所呈现的选择性的一个突出功能是可以提高农业劳动力的非农转移率。因为，第一，非农部门就业机会的获取与就业者人力资本水平正相关。被选择的转移劳动力由于其素质较高在非农部门获得就业机会的概率较大，与其他农业劳动力相比，其更有利于实现非农转移。第二，非农工资率是人力资本的正函数。与其他农业劳动力相比，被选择的较高素质的转移劳动力可以在非农部门获得较高的非农就业收入，因而可以实现更为稳定的非农就业。在农业劳动力非齐质性的现实背景下，劳动力的选择性转移，是摒弃以劳动为基本投入的传统农业生产函数、淘汰劳动密集的低效率的传统农业生产技术的有效途径；否则，过剩劳动力难以消除。

加速农业物质资本积累。劳动力选择性转移过程推进到一定阶段，

[①] 该假设与目前中国的现实不完全相符。若在非农部门中剔除城市正规部门，该假设近似成立。

投入农业生产的劳动力数量就会出现短缺，该时，农业生产必然产生对能够替代劳动的物质资本要素的使用倾向；在劳动力短缺的条件下，物质资本的边际生产力显著，使用物质资本的有利性也会激发农民对该类要素的需求。另一方面，劳动力选择性转移过程能够在很大程度上改善农业物质资本的供给：第一，由于劳动与非劳动资源配比关系的改善，农业劳动生产率会因劳动力选择性转移过程而提高，人均农业剩余也会因此过程而增长，而人均农业剩余是形成农业资本的一个来源。第二，劳动力的非农就业可以增加农民家庭的非农收入，高素质劳动力的非农就业则能够提高这种非农收入的增长幅度。非农收入的增长是加速农业物质资本积累的重要源泉之一。第三，与非选择性转移过程相比，选择性转移为非农部门供给了较高素质的劳动力。这能够在一定程度上避免非农产业的低度扩张，提高工业化的质量。工业化的健康发展为工业反哺农业——转移部分工业剩余积累农业资本——创造了有利条件。农业物质资本的需求增加和供给改善，必然带来农业物质资本积累率的实际增长；农业生产函数也必然因此实现由劳动使用偏向向资本使用偏向的转变。

加速农业人力资本积累。其他条件不变，选择性转移的直接效应是降低农业劳动力的人均人力资本存量水平。如果农业部门的物质资本体现型技术同时是技能偏态型技术，那么这种转移必然形成农业物质资本体现型技术进步的瓶颈，从而对农业发展产生消极影响。不可否认，劳动力选择性转移的这种消极效应是存在的。但更需要注意到的问题是，选择性转移对农村居民人力资本投资需求和投资行为产生的巨大的积极影响：（1）非农就业机会对劳动力素质的选择性向农民表明，除劳动和土地之外，人力资本也是一种重要的资源，农民能够凭此资源为自己开拓新的收入源泉。（2）人力资本的高收益率机会首先是在非农部门显现的，在劳动力市场开放时，农民可以通过人力资本的非农化配置寻求这种高收益率的机会，劳动力的选择性转移过程实际上是农民发现其人力资本最优价格的过程。（3）当人力资本的高回报率机会向农民显现并被认识时，改变贫穷命运的动机会极大地激发他们的人力资本投资需求，提高其人力资本的实际积累水平。现实表现如，农民十分重视对实用技术的学习和对其专业技能的培训，以及农民家庭对其子女教育的空前重视。

应当注意到，从静态的角度看，选择性转移并非造就高素质现代农民的充分必要条件，因为，当转移带来的人力资本流失率大于选择性引致的人力资本积累率时，未转移的农业劳动力的平均人力资本水平会降低。但是在长期，选择性转移却是提高从事农业生产劳动力素质的一个十分有利的条件。其一，尽管转移产生了人力资本的流失，但对人力资本投资的普遍重视将在动态上和整体上提高农民的素质。尽管较高能力的劳动力可能进入非农部门，但由于人力资本积累率的普遍提高，未来的第二代、第三代农民的素质将会显著优于他们的前辈。其二，随着选择性转移过程的推进，农业部门将出现土地经营规模的扩大、物质资本体现型技术进步的加速并显现技能偏态特征等变化。基于这些变化的农业生产有利性的增长，将把农业部门逐渐改造成为一个高素质劳动力的竞争性就业部门。其时，非但高素质的农业劳动力不再流出，还可能会吸引从非农部门转入的高素质劳动力。

概言之，随着劳动力的选择性转移，物质资本和人力资本逐渐取代劳动成为农业生产的基本投入，传统农业生产函数由此逐渐过渡到现代农业生产函数形态。在放弃非体现型技术进步假设的条件下，物质资本投入的增长即物质资本体现型技术进步的过程，人力资本积累率的提高亦即人力资本体现型技术进步的过程。

第五节　资源结构升级与农业技术进步类型的演进

如果劳动力选择性转移下的农业技术进步仍将发生，那么，农业技术进步将如何体现？随着农业发展阶段的转变，农业技术进步的类型是否随之变化？

一　农业技术类型内生于特定的农业资源结构

农业技术进步可能表现为不同的类型：物质资本体现型或人力资本体现型，技能偏态型或非技能偏态型。一个国家或地区一定发展阶段上的农业技术进步体现为何种类型，与经济决策主体的偏好结构无关，而仅仅取决于其农业部门所拥有的资源结构[①]。

技术所描述的是特定投入组合下要素使用的某种效率状态。均衡条件下，不同的技术是不同要素投入结构的反映。因此，Atkinson 和 Stiglitz[②] 以及 Basu 和 Weil[③] 认为，技术为特定的投入组合所专有。资源结构既定，技术创新的目标是寻求现有资源的最优配置或最有效率配置，而资源配置的效率则源于资源利用的比较优势。资源结构不同，由资源结构所产生的比较优势不同，进而由比较优势或成本最小化原则所决定的最优技术类型选择亦不相同。比如在劳动数量偏重型资源结构条件下，比较优势由丰裕并且廉价的劳动力所生成，此时，由劳动数量使用偏向决定的劳动密集型技术便成为最优技术选择。

从来源的角度看，农业资源可以分为禀赋性资源和获得性资源两种类型。前者如劳动和土地，后者有物质资本和人力资本。经济发展过程是农业部门禀赋性资源和获得性资源的此消彼长过程，即获得性资源相对于禀赋性资源的地位和比重的增长过程。这是因为，第一，无论是物质资本还是人力资本的积累决定于经济剩余以及居民的储蓄倾向，随着经济发展，经济剩余在加速增长，居民的储蓄倾向也在提高，因而，资本的积累要比劳动和土地的增长更快。第二，经济发展过程是农业部门禀赋性资源的非农化再配置过程，当经济发展进入到一定阶段，禀赋性资源的非农化率将大于其自然增长率，农业部门的禀赋性资源会出现绝对减少。从如上意义上说，一个经济体或一个经济部门的发展程度，可以由它的资源结构特征来反映：禀赋性资源为主的结构代表着未发展或发展不充分的落后状态，而获得性资源为主的结构则预示着经济进入发达阶段或成功发展的轨道。因此可以说，农业发展过程是农业资源结构的转变或升级的过程。如果说，农业技术进步类型内生于农业资源结构

[①] 排除计划经济体制背景。

[②] Atkinson, Anthony B. and Joseph E. Stiglitz: A New View of Technological Change, *Economic Journal*, 1969, 79 (315), pp. 573–578.

[③] Basu, Susanto and David N. Weil: Appropriate Technology and Growth, *Quarterly Journal of Economics*, 1998, 113 (4), pp. 1025–1054.

类型，那么，随着农业资源结构的转变，农业技术进步亦将发生主要由禀赋性资源所体现的技术进步向主要由获得性资源体现的技术进步的类型转换。

二 劳动力选择性转移与农业资源结构转变的阶段性

在本章第四节中讨论到，劳动力转移的选择性具有加速劳动力非农化、加速农业部门物质资本和人力资本积累等多种效应。这些效应的直接结果就是农业资源结构的改变，即禀赋性资源比重下降和获得性资源比重的上升。随着劳动力选择性转移过程的推进，农业资源结构的转变会呈现出特征明显不同的三个发展阶段。

1. 劳动数量偏重的传统农业资源结构的破坏阶段。土地既定且资源配置有效时，劳动数量投入的增长是传统农业产出增长的唯一源泉。劳动力的非农转移及其选择性所具有的加速转移因素，首先改变的是农业生产中劳动力投入数量的增长趋势；该种转移持续一定时期，传统农业的劳动数量偏重型资源结构便可逆转[1]。该阶段的主要特征是：农业过剩劳动力由于转移而开始减少，但劳动力的过剩状态尚未消除；农业部门日趋紧张的人地比例关系出现改善，劳均土地装备率有所上升；农业人均收入增长，但以平均收入决定农业工资的"制度性工资"机制仍然存在。

2. 物质资本投入加速增长的过渡型农业资源结构的出现和成长阶段。这一阶段的基本特征有：农业劳动力数量绝对减少，农业生产出现季节性劳动力短缺；由于转移的选择性和人力资本积累的滞后性，农业劳动力素质有所下降[2]；物质资本的投入快速增长，农业资本品的使用规模显著增加；农业人均产出获得较大幅度提高。农业资本品投入的快速增长首先源于，在劳动力投入数量绝对减少时，需要有替代劳动的资本品投入的增加来实现农业产出的稳定乃至增长，以保障国家的粮食安全。同时，伴随着劳动力选择性转移过程，农业部门的物质资本积累能力在提

---

[1] 假设农村居民的生育率维持不变。

[2] 造成农业劳动力素质偏低的原因是：第一，劳动力转移的选择性；第二，选择性转移蕴含的加速人力资本积累机制尚未充分体现。

高；特别是，工业反哺农业政策也在该阶段被提上日程。这一阶段上，无论是农业投入还是农业产出，均处于非稳态结构，因此，该阶段的农业是一种过渡形态。

3. 广义资本①偏重的现代农业资源结构的形成阶段。现代农业的核心特征之一是资源结构类型与现代第二三产业的趋同，即物质资本和人力资本成为决定其产出的基本要素，传统要素的重要性大大下降了。劳动力选择性转移过程，由于其物质资本和人力资本的双重深化效应，也是现代农业要素的累积过程。当该过程持续到一定阶段，物质资本和人力资本丰裕的资源结构状态就会形成。那时，农业也将具备现代产业的诸多特征：劳动力成为稀缺性资源，其文化技术水平与非农劳动力无大差异；农业生产组织出现企业化转变；农业生产的有利性提高，农业工资率与非农工资率趋同。进入此阶段，劳动力转移过程将结束。

三　劳动力选择性转移与农业技术进步类型的演进

依据资源结构决定技术类型的逻辑，与农业资源结构转变的三个阶段相适应，农业技术进步也存在着三种不同的类型。劳动数量体现型技术进步与劳动数量偏重的传统农业资源结构相适应，物质资本体现型技术进步与物质资本快速成长为农业增长最重要源泉的过渡型农业资源结构相适应，而人力资本和物质资本综合体现型技术进步则与广义资本丰裕的现代农业资源结构相联系。如果说，随着劳动力的选择性转移过程，农业资源结构将由劳动数量偏重结构向物质资本偏重结构和广义资本偏重结构逐渐转变，那么，相伴这一过程，农业技术进步也将实现由劳动数量体现型向物质资本体现型、进而向劳动质量和物质资本综合体现型演进。

在技术层面，农业发展过程即农业技术进步类型的升级过程。而农业技术进步类型的升级需要有相应的农业资源结构条件来支撑，背离资源结构条件，任何先进技术都会沦落为不适宜技术。发展中国家的技术引进实践表明，先进技术引进存在着技术吸收障碍，这种障碍来自技

---

① 广义资本是物质资本和人力资本的总称。

引进国当时的资源结构条件与引进技术所适应的资源条件的不一致。因此，比技术引进或技术创新更为基础性的工作，是实现资源结构的升级。而劳动力的选择性转移对农业资源结构的转变或升级具有无可替代的意义。

第六节 中国农业技术进步的现实进程与前景判断

随着城乡劳动力市场的开放和农业劳动力的大规模转移，中国农业资源结构发生了显著变化，传统的无质量内涵的劳动要素的地位和作用日渐下降，以资本为代表的新型资源开始大量进入农业生产领域。与此同时，中国农业技术进步的典型类型也发生了相应的改变。这种改变主要表现在以下几个方面：

传统的劳动数量体现型技术进步退居为次要技术进步类型。自20世纪90年代以来，由于劳动力的转移，农业生产从业人员数量从1991年的33336万人减少到2000年的32797.5万人和2009年的28065.3万人[1]，在相同的几个年份，第一产业劳动力就业比重从59.7%下降到50%和38.1%[2]。每公顷耕地上的劳动力，从1991年的2.29个下降到2009年的1.77个，单位耕地的劳动力人数下降29.4%[3]。在农业劳动力数量减少的背景下，中国农业总产出却实现了持续和较快增长。1985年，农林牧渔业实现的增加值是2564.4亿元，2010年，该增加值达到40497亿元。以当年价格计算，23年间增长了15.8倍。即使以1978年价格为不变价格计算，2010年农林牧渔业实现的增加值也达到1985年的2.7倍。这说明，劳动力数量投入的增长已不再是决定中国农业产出增长的重要因素，劳动密集型技术对于中国农业产出增长的意义不再重要。

---

[1] 数据来源：国家统计局人口和就业统计司、人力资源和社会保障部规划财务司：《中国劳动统计年鉴2010》，中国统计出版社2010年版。

[2] 数据来源：中华人民共和国国家统计局编：《中国统计年鉴2010》，中国统计出版社2010年版。

[3] 农作物播种面积的数据来源于中华人民共和国国家统计局编《中国统计年鉴2010》，中国统计出版社2010年版。

物质资本体现型技术进步成长为农业技术进步的主要类型。在劳动力大规模非农转移并导致农业从业者数量减少的同时，农业部门的资本品投入却获得了大幅度增加。比较1990年和2010年，农用机械总动力从28707.7万千瓦增长到92780.5万千瓦，2010年是1990年的3.23倍；农用化肥施用量从2590.3万吨增加到5561.7万吨，2010年比1990年提高了2倍多；农村居民家庭生产性固定资产原值从1258.06元/户增长到10706.38元/户，后者是前者的8.5倍[1]。在过渡性农业发展阶段，劳动力和资本是决定农业产出的基本要素。若劳动力数量在减少且劳动力质量存在下降趋势时，农业产出的增长就只能由物质资本投入的数量增加和质量提高予以解释了。相关的计量分析可以证明，农用机械和化肥等资本品投入的增长是现阶段中国农业产出增长的格兰杰原因。遵循体现型技术进步假设，物质资本体现型技术进步取代劳动数量体现型技术进步已成为现阶段中国农业技术进步的主要类型。

人力资本体现型技术进步尚未凸显。劳动力选择性转移的人力资本流失效应和人力资本积累效应二者产生影响所经历的时间是不同的，前一种效应的影响是即时的，而后一种效应产生作用却需要经历一个较长的时期。因此，在劳动力转移的初始阶段，选择性引致的人力资本流失率可能大于该种转移所激发的人力资本积累率，这样，农业劳动力素质就会出现下降。这一现象在中国农业劳动力转移的现阶段是存在的，比如2006年，全部农村劳动力的平均受教育年限为7.97年，外出劳动力的平均受教育年限高于全部劳动力0.71年，未转移的农业劳动力的平均受教育年限低于全体劳动力0.83年[2]。这一现象说明，当前的中国农业尚不能够为高素质劳动力创造出有竞争力的就业机会，以劳动力技能所体现的先进技术因而也不可能在现阶段的中国农业中充分发挥作用。这一现象同时表明，当前的物质资本体现型技术进步仍然处于非技能偏态的较低发展阶段。

---

[1] 数据来源：中华人民共和国国家统计局编：《中国统计年鉴2011》，中国统计出版社2011年版。

[2] 参见本章第一节。

从技术演进的角度看，农业的现代化即农业技术由劳动数量体现型向物质资本体现型进而向人力资本和物质资本综合体现型进步的过程。现代农业，是在广义资本丰裕的资源条件下，由发达的物质资本装备和高素质劳动力所推动的高技术农业。现阶段的中国农业技术与现代农业的技术类型尚存在相当大的差距。中国农业现代化建设的基本任务之一，就是实现农业技术进步类型的升级，即由当前的物质资本体现型技术进步阶段逐步推进到广义资本体现型技术进步阶段，其中包括非技能偏态的物质资本体现型技术进步向技能偏态的物质资本体现型技术进步的转变。需要强调的是，人力资本体现型技术进步的生成是现代农业区别于其他类型农业的核心特征之一，今后中国农业技术进步的重点应逐步转向培育高素质农民方面。

第七节　本章结论

遵循要素同质性假设，新古典增长理论在构造生产函数时，技术进步被处理为一个非体现于要素的独立变量。新增长理论则将技术进步与要素投入的质量变化相联系，以内生化方法揭示了技术进步的源泉。因此，新增长理论中的技术进步是体现型的。基于资本和劳动两种基本要素，体现型技术进步存在着物质资本体现和人力资本体现两种主要类型。物质资本体现的技术进步与人力资本体现的技能水平之间并不一定始终保持正向关系，在某些领域或这些领域的一定时期内，存在着无技能需求的独立的物质资本体现型技术进步；但在更多情况下，物质资本体现型技术进步则呈现技能偏态的特征。

若技术进步是体现型的，即技术进步总是表现为生产要素的更新或生产要素质量的提高，那么，农业技术进步就可以定义为农业生产函数的转变。随着劳动力的选择性转移，物质资本和人力资本逐渐取代劳动成为农业生产的基本投入，传统农业生产函数由此逐渐过渡到现代农业生产函数形态。在体现型技术进步假设下，物质资本投入的增长过程即物质资本体现型技术进步的过程，人力资本积累率的提高过程亦即人力资本体现型技术进步的过程。

基于劳动力选择性转移过程的推进，农业资源结构出现或将出现由劳动数量偏重的传统农业资源结构，向物质资本投入加速增长的过渡型农业资源结构，进而向广义资本偏重的现代农业资源结构的转变。技术为特定的投入组合所专有。与农业资源结构的转变或升级过程相适应，农业技术进步也将实现由劳动数量体现型向物质资本体现型、进而向劳动质量和物质资本综合体现型演进。

农业劳动力大规模转移以来，中国的农业资源结构发生了显著变化，其农业技术进步的典型类型也出现了相应的改变：传统的劳动数量体现型技术进步已退居为次要的技术进步类型，物质资本体现型技术进步成长为现阶段农业技术进步的主要形式。由于当前的中国农业尚不能够为高素质劳动力创造出有竞争力的就业机会，因此，人力资本体现型技术进步在现阶段的中国农业中尚未规模化形成。这一现象同时表明，当前的物质资本体现型技术进步仍然处于非技能偏态的较低发展阶段。未来中国农业技术进步的基本方向，是在加速物质资本体现型技术进步的同时，逐步创造人力资本体现型技术进步形成的资源条件。

第四篇

人力资本门槛与现代农民形成

第 九 章

农民的两部门经济及人力资本的优化配置

第一节 相关文献回顾

劳动力转移条件下的农业发展机制，为发展经济学的若干经典文献所揭示。刘易斯将二元经济的发展问题简化为农业剩余劳动力在现代部门的再配置[1]。在这一再配置过程中，刘易斯发现了传统农业蝶化成现代一元经济组成部分的机制：劳动力配置的生物学法则[2]转向与现代工业相同的"看不见之手"；工资决定的道德取向[3]代换为市场经济的边际生产力方程[4]。在刘易斯理论的基础上，费景汉和拉尼斯把工业劳动吸收率大于人口（或劳动力）增长率，以及将短缺点和商业化点推向重合的足够快的农业技术进步率，确立为农业部门与现代工业部门趋同的必要前提；同时，将农业劳动边际产出等于平均产出，农业部门的短缺点和商业化点聚合为转折点，作为农业完成现代化改造的实现条件[5]。刘易斯、费景

---

[1] ［美］刘易斯，威廉·阿瑟：《二元经济论》，施炜、谢兵、苏玉宏译，北京经济学院出版社1989年版。

[2] 由外生人口生产方式决定的劳动力供给及在传统农业中自然就业。

[3] 按照平均产出获得收入。

[4] 必须注意到，刘易斯理论中的农业发展机制，是内生于劳动力转移这一过程之中的。但刘易斯本人并未对农业发展机制的形成和作用过程做出描述。

[5] ［美］费景汉、古斯塔夫·拉尼斯：《劳力剩余经济的发展》，王月等译，华夏出版社1989年版；［美］费景汉、古斯塔夫·拉尼斯：《增长和发展：演进观点》，洪银兴译，商务印书馆2004年版。

汉和拉尼斯模型的现实影响力是巨大的：劳动力转移→要素替代→扩大农业规模→均衡部门收入，成为包括中国在内的广大发展中国家农业发展的主流思潮和基本实践。

刘易斯、费景汉和拉尼斯农业发展模型的有效性，是建立在劳动力同质性假设的新古典经济学传统之上的[①]。若现实劳动力是具有不同年龄及性别禀赋且经不同层级教育（培训）铸塑过的差异化个体，没有其他条件给出，该模型所预言的转移引致农业部门的积极变化就未必出现。可能的结果是，被一次又一次转移筛选过的滞留劳动力，由于缺少技能而难以匹配现代农业技术手段，也不能充当实现相对劳动生产率趋同的农业规模化经营的合格主体；特别是，对于拥有近 1/5 世界人口且人口峰值[②]尚未到来、耕地高度稀缺仍受城市化进一步侵蚀的中国而言，还可能面临粮食安全的巨大风险。劳动力择优转移提出的问题是，刘易斯、费景汉和拉尼斯的农业发展模型还是否有效？农业部门的产出增长和现代化转变还能否发生？如果现代化进程是不可逆转的，那么，其发展机制是什么？特别是，现代农业的合格主体能否形成以及如何形成？

Stark 等，[③] Stark 和 Yong wang[④] 以及 Kanbur 和 Rapoport[⑤] 讨论了高素质劳动力迁移对迁出地的影响，Kanbur 和 Rapoport 同时提供了迁移与迁出地人力资本积累正反馈的分析模型。但他们的迁出地不是农业部门而是欠发达国家。近年，国内一些研究者开始关注劳动力转移的选择性对中国农业发展的影响。其观点截然不同：或认为，这种转移导致了原本

[①] 该假设成立的依据是：第一，在经济发展的初始阶段，劳动力的质量差异在事实上并不显著。因为，根据内生增长理论，在人力资本存量很低的经济环境中，向人投资的收益率小于该项投资未来消费的贴现率，人均人力资本水平大致在趋近于零的状态下维持均衡。第二，有利于借助标准的经济学方法，将劳动力的影响分析严密化和简洁化。

[②] 对中国的人口峰值，国家计划生育委员会的预测为 14.68 亿，国家统计局人口司的预测是 15.57 亿。

[③] Stark, O., C. Helmenstein and A. Prskawetz: Human Capital Depletion, Human Capital Formation and Migration: a Blessing or a 'Curse'? *Economics Letters*, 1998, 60 (3): 363 – 367.

[④] Stark, O., Yong Wang: Inducing Human Capital Formation: Migration as a Substitute for Subsidies, *Journal of Public Economics*, 2002, 86 (1): 29 – 46.

[⑤] Kanbur, R., H. Rapoport: Migration Selectivity and the Evolution of Spatial Inequality, *Journal of Economic Geography*, 2005, 5 (1): 43 – 57.

就薄弱的农村人力资本的损失，视其为城市对农村的又一次剥夺，以此作为解释城乡发展差距扩大的一种原因①；并着力寻求农村人力资本非农化的补偿机制②。或肯定，劳动力的选择性转移对农村居民家庭教育需求和人力资本投资具有正向效应③；甚至对1978—2004年中国农村劳动力转移所形成的人力资本进行了测算④。前一种观点是建立在农村人力资本积累率为外生给定的假设之上的；如果现实中选择性转移在很大程度上影响着农村居民家庭的人力资本投资决策，那么，所获得的结论就可能会相反。后一类文献虽然正确地把人力资本积累率处理为转移过程的内生变量，但缺乏理论化、模型化方面的深入、细致的工作，更未能与刘易斯、费景汉和拉尼斯等人的劳动力转移文献所做出的极有价值的工作相联系。

本章拟将人力资本引入刘易斯、费景汉和拉尼斯的劳动力转移模型，并将分析视野限定在农业部门⑤，尝试构建一种考察人力资本转移对农业发展影响的初步的分析框架。试图解决的主要问题是：（1）附加人力资本因素的劳动力转移，对刘易斯、费景汉和拉尼斯模型的发展含义将产生何种修正？其中，完成农业发展的条件如何改变？（2）该种新条件是否是人力资本转移过程的内生变量？若是，其机制是什么？（3）与刘易

---

① 侯风云、徐慧：《城乡发展差距的人力资本解释》，《理论学刊》2004年第2期；侯风云、邹融冰：《中国城乡人力资本投资收益非对称性特征及其后果》，《四川大学学报》2005年第4期；侯风云、张凤兵：《从人力资本看中国二元经济中的城乡差距问题》，《山东大学学报》2006年第4期；侯风云、张凤兵：《农村人力资本投资及外溢与城乡差距实证研究》，《财经研究》2007年第8期；李录堂、张藕香：《农村人力资本投资收益错位效应对农村经济的影响及对策》，《农业现代化研究》2006年第4期；张藕香、李录堂：《我国农村人力资本投资收益非均衡性分析》，《电子科技大学学报》（社科版）2006年第6期。

② 郝丽霞：《农村人力资本非农化补偿机制研究》，硕士学位论文，西北农林科技大学，2005年。

③ 刘文：《农村劳动力流动过程中的人力资本效应研究》，《农业现代化研究》2004年第3期；张利萍：《教育与劳动力流动》，博士学位论文，华中师范大学，2006年；王兆萍：《迁移与我国农村区域贫困人口的人力资本积累》，《干旱区资源与环境》2007年第3期；郭剑雄、刘叶：《选择性迁移与农村劳动力的人力资本深化》，《人文杂志》2008年第4期；李志俊、郭剑雄：《选择性转移与人力资本深化：理论及实证》，《思想战线》2010年第4期。

④ 谭永生：《农村劳动力流动与中国经济增长》，《经济问题探索》2007年第4期。

⑤ 人力资本对农村劳动力非农就业的影响已有大量文献讨论，可参见赵耀辉（1997），周其仁（1997），杜鹰、白南生等（1997），陈玉宇、邢春冰（2004）等相关研究成果。

斯、费景汉和拉尼斯模型相比，附加人力资本的劳动力转移模型的政策含义，对于中国农业发展是否更具现实针对性？

以下内容的结构安排是：第二节给出农业人力资本非农化的市场范围和动因，它试图为中国农业人力资本转移提供一个接近于事实的分析基础。第三节说明，在将人力资本引入刘易斯—费景汉—拉尼斯模型时，农业成功发展所依赖的新的必要条件。第四节和第五节是对第三节所获条件的生成机制的分析。该机制的培育和利用，成为决定劳动力选择性转移条件下农业成功发展的关键。最后一节给出本章的主要结论。

第二节　人力资本在农业与非农部门的配置原则

鉴于中国市场化改革和二元经济结构转变的实际进程，农民的就业市场，可设由农业和不完全非农产业①两部门构成。两部门的生产函数为：

$$Q_i(K_i, H_i)② \tag{9.1}$$

式中，Q_i 是 i 部门的产出，K_i 和 H_i 分别为投入 i 部门的物质资本和承载人力资本的有效劳动③（$i=1,2$。1 代表农业部门；2 代表不完全非农部门）。

假设生产函数满足规模收益不变这一条件，有：

$$Q_i = K_i \frac{\partial Q_i}{\partial K_i} + H_i \frac{\partial Q_i}{\partial H_i} \tag{9.2}$$

---

① 非农产业部门包括城市正规部门、城市非正规部门和农村非农部门。它们共同构成农业劳动力及农业人力资本转移的领域。从劳动力市场结构的角度考察，这三个部门之间是有差异的。农业劳动力（人力资本）转移的主要领域是城市非正规部门和农村非农部门。本章所谓的不完全非农产业部门，即指农村非农部门和城市非正规部门。

② 土地是农业生产必不可少的条件，现代农业也不例外。但是，一方面，土地可近似地视为常数；另一方面，在现代经济中，土地作为增长的源泉越来越不重要（参见［美］舒尔茨，西奥多·W.:《报酬递增的源泉》，姚志勇、刘群艺译，北京大学出版社 2001 年版，第Ⅱ篇）。加之，加入土地要素并不影响关于两部门人力资本优化配置的结论。所以，此处舍去了土地。

③ $H_i = h_i L_i$，h_i 是 i 部门的平均人力资本水平，L_i 表示 i 部门的劳动力总量。

第九章 农民的两部门经济及人力资本的优化配置

假设两部门之间的要素市场是开放的①；农民拥有的物质资本 K 和有效劳动（人力资本）H 可以在两部门选择配置。

从事 i 部门生产的纯收入 I_i 是：

$$I_i = p_i Q_i - p_i^k K_i - p_i^k H_i \tag{9.3}$$

农民关于物质资本和有效劳动（人力资本）在两部门之间的配置是使两部门纯收入之和最大化：

$$\underset{K_i, H_i}{Max} \sum_i (p_i Q_i - p_i^k K_i - p_i^k H_i)$$

$$s.t. \quad K = \sum_i K_i$$

$$H = \sum_i H_i \tag{9.4}$$

构造（9.4）式最优化问题的拉格朗日函数为：

$$\xi = \sum_i (p_i Q_i - p_i^k K_i - p_i^k H_i) + \eta(K - \sum_i K_i)$$

$$+ \theta(H - \sum_i H_i) \tag{9.5}$$

该式的最优解是：

$$p_i \cdot \frac{\partial Q_i}{\partial K_i} - p_i^k = \eta \qquad p_i \cdot \frac{\partial Q_i}{\partial H_i} - p_i^h = \theta \tag{9.6}$$

拉氏乘子 η，θ 是资本、有效劳动（人力资本）的边际收益。

整理（9.6）式并将其带入（9.2）式可得：

$$p_i^* Q_i^* = K_i^* (\eta + p_i^k) + H_i^* (\theta + p_i^h) \tag{9.7}$$

整理（9.7）式有：

$$I_i^* = K_i^* \eta + H_i^* \theta \tag{9.8}$$

（9.8）式即为物质资本和有效劳动均衡配置的必要条件。此时，有效劳动亦即人力资本的两部门配置的均衡条件是：②

$$\frac{I_1^* - K_1^* \eta}{H_1^*} = \frac{I_2^* - K_2^* \eta}{H_2^*} = \theta \tag{9.9}$$

---

① 该假设虽非严格，但在目前市场化改革不断推进的中国，较接近于事实。

② 此时，同时有物质资本两部门均衡条件 $\frac{I_1^* - H_1^* \theta}{K_1^*} = \frac{I_2^* - H_2^* \theta}{K_2^*} = \eta$ 存在。若物质资本市场非完备而存在两部门的收益率差异，人力资本的均衡条件需做出相应的修正。

第三节 人力资本转移背景下农业成功发展的条件

当 $\frac{I_1^* - K_1^* \eta}{H_1^*} < \frac{I_2^* - K_2^* \eta}{H_2^*}$，即农业部门人力资本的投资回报率小于不完全非农产业时，农业人力资本就会被非农化配置。这正是当前中国的实际情况。本节，考察人力资本的这种流动对农业总产出及农业现代化进程的影响。

出于简化分析的需要，第一，假定劳动增长率、物质资本积累率和人力资本积累率均为零，仅将劳动力流动产生的人均人力资本存量变化作为唯一解释变量；第二，以刘易斯—费景汉—拉尼斯模型定义农业发展。

若仅以受教育程度作为测量人力资本的尺度，可以将农业劳动者的人力资本状况大致分为两类：低于平均水平的没有或较少接受教育的低技能劳动者类型 h_1；等于及大于平均受教育程度的高能力劳动者类型 h_2。[①] 相应地，农业劳动者在数量上也区分为承载 h_1 的 L_1 和承载 h_2 的 L_2；全部劳动力为 $L = L_1 + L_2$。全部农业劳动力的平均人力资本水平 h，是前述两种类型人力资本的加权平均数。农业部门的总有效劳动是 $hL = h_1L_1 + h_2L_2$。

给定农业总量生产函数的一般形式：Q_a（K，h_iL_i）（$i = 1, 2$）。假定技术不变，在仅有 h_1L_1 投入的情况下，农业部门的总产量为 Q'_a（K，

---

① 这种划分完全是出于简化分析的需要。事实上，农民的人力资本既存在转移前差异，也存在转移后差异。仅就转移前差异而言，同时考虑教育之外的其他人力资本形成途径，比如"干中学"，农业部门的人力资本就可以划分为，通过（在农业生产活动中）"干中学"形成的经验型（专用型）人力资本 h_d 和通过教育形成的通用性人力资本 h_e。由于中国农业目前还是一个低技术部门，同时由于较高的受教育水平能够大大提高专业化技能的学习能力，因此，可以假定 $h_e > h_d$。农业部门的经验型人力资本具有一定专用性，因而存在较高的职业"套牢"成本不易转移；受教育程度较高、专业化技能学习能力较强的通用型人力资本则可以获得较多的非农就业选择机会。虽然农业与非农产业的分工的另一面是专业化技能的差别，但教育所形成的人的能力高低差异则是现代分工和专业化发展的重要基础。

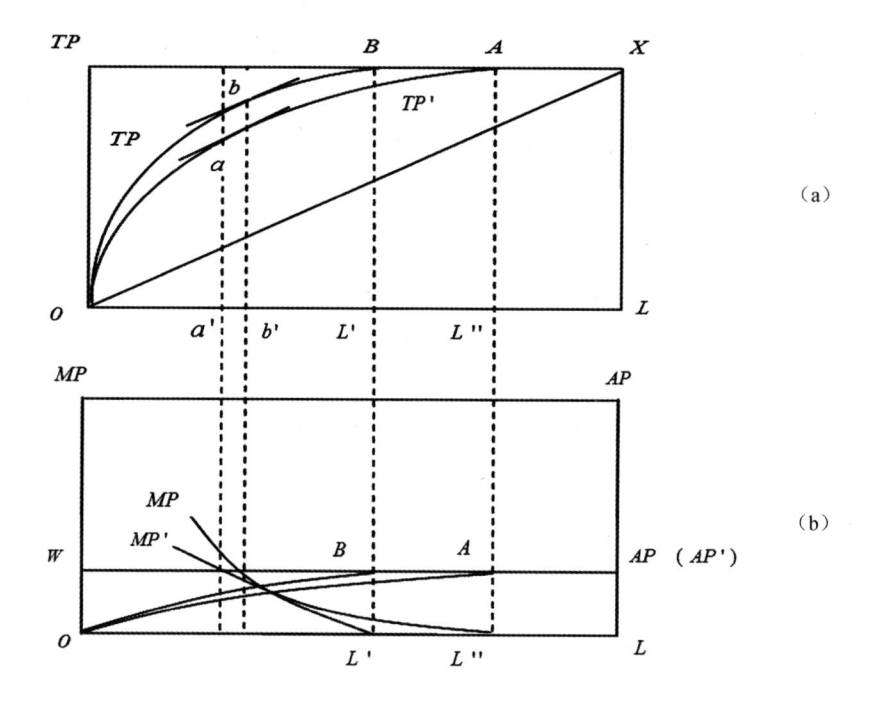

第九章 农民的两部门经济及人力资本的优化配置

图9—1 劳动力异质性条件下的农业发展

h_1L_1），在 h_2L_2 同时投入时，农业总产量是 $Q_a[K,(h_1L_1+h_2L_2)]$。图9—1（a）中，两条总产量曲线分别为 TP' 和 TP。在前述两种情况下，农业部门边际生产力等于零的过剩劳动力数量分别为：$L''L$ 与 $L'L$，有 $L'L > L''L$。

假定，拥有 h_2 的劳动力 L_2 经历一段时期全部进入不完全非农产业部门，农业部门的劳动力投入量由 L_1+L_2 减少为 L_1；由于 $h_2 \geq h > h_1$，因此，农业劳动力的这种转移，会导致农业从业者平均人力资本的降低。农业部门的有效劳动投入由转移开始前的 $h_1L_1+h_2L_2$ 减少至 h_1L_1。

结合中国的实际情况考虑，可以假定 L_2 的全部移出，仍不能消除农业部门劳动力的过剩状态①。在不考虑劳动力质量因素的条件下，L_2 的全部转移，不会减少农业总产出。但是，由于 L_2 是较高人力资本 h_2 的载体，

---

① 此时，农业部门仍有 $L''L$ 的劳动力剩余。见图9—1（a）。

L_2 移出后，造成了农业劳动力平均人力资本水平降低为 h_1。这同时会降低农业生产函数中其他投入的产出弹性①。在影响农业生产效率的其他因素为既定时，单位劳动的产出水平就会减少；实现既定总产量，比之于以前需投入更多劳动量。图9—1（a）中，承载 h_2 的 L_2 的移出，导致农业总产量曲线由 TP 下旋至 TP'。图9—1（b）反映了人力资本流动引起的劳动力边际产量（MP）和平均产量（AP）的变化情况。

在人力资本流失带来农业总产量曲线位置变化的过程中，农业生产的短缺点由 TP 时的 B 点移向 TP'时的 A 点。这表明，刘易斯—费景汉—拉尼斯模型所描述的工业化无代价阶段，会由于人力资本的转移而缩短。在短缺点提前的同时，商业化点却被推后，由 b 点左移至 a 点②。短缺点和商业化点相重合的转折点的出现，由于人力资本的转移而延期。或者说，在其他条件既定时，农业现代化进程会由于人力资本的流失而延长。

短缺点和商业化点重合为转折点，是费景汉和拉尼斯给出的判断农业发展完成的标志。农业部门转折点出现的条件是，农业生产率的进步必须足够快，以推动农业总产量曲线不断上旋，由此使短缺点和商业化点相向移动而聚合为转折点。即，使图9—1（a）中的 TP 曲线旋移，实现 b 点与 B 点的重合。

在引入人力资本的劳动力转移模型中，农业生产率的提高不仅要克服劳动力数量减少带来的产量损失，尚需弥补人力资本浅化而产生的效率缩水。这时，需要有更高的技术进步率，实现 TP'的上旋，使 a 点与 A 点相合。换言之，在人力资本转移的背景下，农业部门转折点出现的新的必要条件是，农业技术进步带来的产量增长率，必须大于劳动力流动和人力资本转移共同引起的产出损失率。如果说，农业技术进步主要体现为现代投入品的增长，而农业产出对现代投入品是否敏感又决定于使用这些投入品的人的能力，那么，转折点的出现同时需要下述条件存在：

---

① 在图9-1（b）中，平均人力资本水平的下降所导致的劳动力产出弹性的变化，可由 MP 和 MP' 两条曲线的不同斜率表示。

② 总产量曲线右移时商业化点左移的简单证明：设劳动投入量为 $0a'$ 时，有 TP'曲线的商业化点 a。此时，在 TP 曲线上，劳动的边际产出由于劳动者素质较高大于 TP'曲线上 a 点时的劳动边际产出，因此，TP 曲线上的商业化点必然在 a 点之右（b 点）。

$$\Delta h/h - \Delta h'/h = h' > 0 \qquad (9.10)$$

即，人均人力资本投资增长率 $\Delta h/h$，必须大于高技能劳动力转移产生的人均人力资本的损失率 $\Delta h'/h$[①]，从而，农业从业者的人均人力资本水平是动态提高的（$h > 0$）。

农业劳动者的人力资本深化，是附加人力资本的劳动力转移模型，在原刘易斯—费景汉—拉尼斯模型之外给出的实现农业成功发展的新的依存条件[②]。

第四节 选择性转移与农业人力资本的动态深化

一 选择性转移与农村居民的人力资本积累

本节引入人力资本积累机制。借鉴 Kanbur 和 Rapoport[③] 提供的分析方法，构造选择性转移条件下的农村居民人力资本积累模型如下：

农民群体的人力资本生产，可设为其先天人力资本禀赋、个人学习能力以及在很大程度上由学习能力决定的受教育者比例[④]的函数。假定，第 t 期的每个劳动者都有从上一代遗传而来的相等的人力资本禀赋量 h_t；同时假设，每个人具有不同的学习能力 a^i，且 a^i 在区间 [0, 1] 均匀分布。

将农民拥有的时间分为两个阶段，每阶段均化为 1。在第一阶段，他们选择是否进行教育投资。选择接受教育而分配的时间占单位时间的比例为 e（$0 < e < 1$），未接受教育的时间为劳动时间。第二阶段全部用于劳动。该阶段劳动者的生产率水平，取决于其在第一阶段进行的人力资本投资。

假设农业与不完全非农产业之间的技术差距主要体现在人力资本回报率的差异上。若将农业部门对单位人力资本的报酬化为 1，则单位人力资本

[①] 取其绝对值。

[②] 必须注意，更高的技术进步率也是此时农业成功发展的必要条件之一。因为农业技术进步作为农业成功发展的条件，在刘易斯、费景汉和拉尼斯模型已经给出。本章中，仅进一步强调了这一条件在人力资本流失背景下的作用更加重要。因此，不需要以新的条件列出。

[③] Kanbur, R., H. Rapoport: Migration Selectivity and the Evolution of Spatial Inequality, *Journal of Economic Geography*, 2005, 5 (1): 43 – 57.

[④] 农民群体的受教育比例越高，农民个人的平均受教育水平越高；反之则反是。因此，农民群体的受教育比例等价于农民个人的平均受教育程度。

在不完全非农部门的报酬是 w（$w>1$）①。同时，假设不完全非农部门为竞争性就业市场，其工资结构不受迁入者的影响。

接受教育的劳动者面对着转移的不确定性，他们有 π 的概率可以实现转移②。若转移是可能的，农民会比较农业部门和不完全非农部门的人力资本回报率，从而做出是否进行教育投资的决策。当受教育者的预期收入高于未受教育者的预期收入时③，即在满足（9.11）式④的条件下，接受教育就会成为理性投资者的选择。

$$(1-e) h_t + (1-\pi)(1+a^i) h_t + \pi (1+wa^i) h_t > 2h_t \quad (9.11)$$

该式等价于：

$$a^i > \frac{e}{1+\pi(w-1)} \quad (9.12)$$

令 $\frac{e}{1+\pi(w-1)} \equiv a^E$，$a^E$ 为农民是否选择接受教育的临界学习能力。由于每个人的学习能力被设定为是有差异的，且在区间 $[0,1]$ 均匀分布，因此，a^E 的值越小，选择对教育进行投资的人就越多。

依据（9.12）式，如果农民不能在两部门之间流动，即当 $\pi=0$ 时，临界的个人学习能力 $a^F = e$⑤；当 $\pi=1$，即转移对于受教育者是确定的，临界的个人学习能力 $a^M = e/w$；一般而言，$\pi \in [0,1]$，临界的个人学习能力 $\in [a^M, a^F]$。由（9.12）式进一步可得：

---

① w 是扣除了迁移成本的净回报。
② 相应地，有 $1-\pi$ 的概率不能实现转移。
③ 为简便起见，这里未考虑收入的跨期贴现问题，同时假定农民是风险中性的。
④ 若农业部门单位人力资本的报酬为 w^d，不完全非农部门单位人力资本的报酬为 w（$w > w^d$），则（9.11）式的完整表达式是：$(1-e) h_t w^d + [(1-\pi)(h_t w^d + a^i h_t w^d) + \pi (h_t w^d + a^i h_t w)] > h_t w^d + h_t w^d$。该式左边为农民选择进行教育投资时两个阶段的预期收入之和。$(1-e) h_t w^d$ 为第一阶段农民选择进行教育投资情况下的收入；$(1-\pi)(h_t w^d + a^i h_t w^d) + \pi (h_t w^d + a^i h_t w)$ 为第二阶段农民收入的一个期望值，其中，不迁移的概率为 $1-\pi$，收入为 $h_t w^d + a^i h_t w^d = (1+a^i) w^d h_t$，迁移概率为 π，收入为 $h_t w^d + a^i h_t w = (w^d + wa^i) h_t$，这里，$h_t w^d$ 为该迁移农民具有的同质型人力资本的预期收入，$a^i h_t w$ 为迁移农民具有的异质型人力资本的预期收入。该式右边为农民不选择进行教育投资时两个阶段收入之和。假设 $w^d = 1$，所以有公式（9.11）。
⑤ a^F 为不存在非农转移时的个人学习能力的临界值。$a^F = e$，由必要的政府投入给出。

第九章　农民的两部门经济及人力资本的优化配置　／　195

$$\frac{\partial a^E}{\partial \pi} = \frac{-e(w-1)}{[1+\pi(w-1)]} < 0 \qquad (9.13)$$

(9.13) 式表明，转移概率 π 越大，临界的个人学习能力 a^E 越小，此时，选择对教育进行投资的人越多；反之，转移概率 π 越小，临界的个人学习能力 a^E 则越大，对教育进行投资的人就越少。前述分析所获得的一个确定的结论是，随着从落后的农业部门向相对较发达的不完全非农部门转移机会的增加，将刺激农民[①]的人力资本投资。

二　选择性转移背景下农业人力资本深化的条件

转移可以引致人力资本投资的增长，但其直接效应是人力资本的流失。未转移劳动力的人力资本深化，是在两种效应综合影响基础上满足一定条件的结果。

若非农部门对农业部门是封闭的，受教育的农业劳动者比例是 $p^F = 1 - a^F = 1 - e$；在部门开放时，这一比例为：

$$p^E = \frac{(1-\pi)(1-a^E)}{a^E + (1-\pi)(1-a^E)} \qquad (9.14)$$

若 $p^E > p^F$，说明劳动力的非农转移增加了受教育农业劳动者的比重。这一条件等价于：

$$\pi < \frac{w+e-2}{w-1} \qquad (9.15)$$

令 $\frac{w+e-2}{w-1} \equiv \pi^c$，$\pi^c$ 为临界转移概率[②]。当 $\pi < \pi^c$ 时，影响同样是有利的。即，农业部门受教育劳动者的比重因劳动力的非农转移而提高。

将 (9.14) 式对 π 求导，并将 $a^E \equiv \frac{e}{1+\pi(w-1)}$ 代入，可得最优转移概率：

$$\pi^* = \frac{w+e-2}{2(w-1)} = \frac{1}{2}\pi^c \qquad (9.16)$$

[①] 此处的农民包括转移农民和未转移农民。

[②] π^c 是关于 w 的凹函数，即：$\frac{\partial \pi^c}{\partial w} = \frac{1-e}{(w-1)^2} > 0$，$\frac{\partial^2 \pi^c}{\partial w^2} = -\frac{2(1-e)}{(w-1)^3} < 0$。

图9—2 显示，当 $0<\pi<\pi^*$ 时，由于 $\pi^*=\frac{1}{2}\pi^c$，因此，$\pi<\pi^c$，进而 $p^E>p^F$。此时，未转移劳动力的受教育比例将因转移而增加。

当 $0<\pi^*<\pi<\pi^c$ 时，由于 $\pi<\pi^c$，所以 $p^E>p^F$，此时，未转移劳动力的受教育比例较不存在转移时是增加的，但由于 $\pi^*<\pi$，减少转移更有利于受教育者比重的提高。

当 $0<\pi^*<\pi^c<\pi$ 时，与 $\pi>\pi^c$ 对应，有 $p^E<p^F$，说明转移率过大，导致了滞留劳动力中受教育者比例的减少。

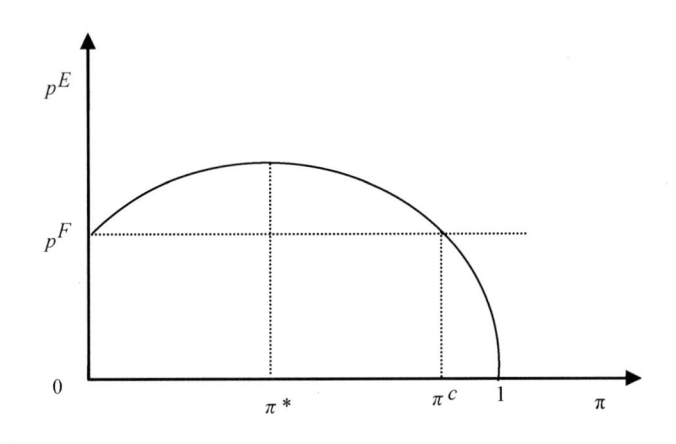

图9—2 劳动力择优转移与农业劳动力的受教育情况

可见，当转移率在大于 0 和小于临界转移率 π^c 的范围内取值时，农业从业人员中受教育者的比重会较转移前提高。或者说，只要转移率 π 是一个小于临界转移率 π^c 的正值，转移就会带来未转移劳动者的人力资本深化。其中，与最优转移率 π^* 相对应，农业从业者的平均受教育水平达到最高值。

本节的分析表明，若满足一定的条件，农业从业者人力资本深化这一由劳动力选择性转移引出的农业成功发展的新条件，可以在人力资本的市场化配置过程中生成。换言之，劳动力的选择性转移，不仅面对农业发展的主流思潮和基本实践提出新的研究课题，同时也孕育出解决此类问题的内在机制。

第五节　农业的变化：农业人力资本深化的进一步解释

当劳动力的转移呈现优选特征时，实际转移率 π 小于临界转移率 π^c，仅是农业人力资本深化的一个必要条件；此时，吸引高素质劳动者从事农业生产经营，尚需有农业部门较高的人力资本投资收益率作为充分条件存在。

不难证明，农业部门人力资本投资的高收益率，在很大程度上，也是劳动力选择性转移过程的函数。因为，承载人力资本的劳动力的大规模转移，会在农业内部逐渐形成向其从业者进行质量投资的有利机会。这种机会来自：

第一，土地经营规模的扩大。在人力资本因素的推动下，当过剩劳动力持续地和大量地从农业部门流出时，农业部门的劳均土地装备率[①]将因此改善，农业劳动的边际生产力也由此趋向提高。在土地稀缺性约束不断放松时，人力资本投资将成为影响农业劳动边际生产力的重要因素之一。

第二，现代农业技术手段的广泛采用。当物质资本形态的现代农业技术被日渐广泛地应用时，就会产生物质资本和劳动者能力之间的巨大不平衡。这时，提高劳动者素质的投资，不仅可以使高技术含量的物质资本的生产力大大增长，而且能够提高农业从业者的劳动生产率。就是说，只有在现代农业技术广泛应用的背景下，向人投资的经济合理性才会显现[②]。正

[①] 即劳均（人均）土地占有率。它等于农业部门的土地面积除以该部门劳动力（人口）数量的商。

[②] 一些实证研究的结果表明，人力资本对农村地区产出的作用不显著，甚至有时起负向作用。参见 Patrick, G. F., E. W. Kehrberg: Cost and Returns of Education in Five Agricultural Regions of Eastern Brazil, *American Journal of Agricultural Economics*, 1973, 55: 145 – 154; Phillips, Joseph M., Robert P. Marble: Farmer Education and Efficiency: A Frontier Production Function Approach, *Economics of Education Review*, 1986, 5 (3): 257 – 264; Knight, M., N. Loayza, D. Villanueva: Testing the Neoclassical Theory of Economic Growth – A Panel Data Approach, *staff papers*, 1993, 40: 512 – 537; Islam, N.: Growth Empirics: A Panel Data Approach, *Quarterly Journal of Economics*, 1995, 110 (4): 1127 – 1170。这一现象被称为"农村人力资本陷阱"。事实上，"农村人力资本陷阱"仅存在于传统农业阶段或农业欠发达阶段。在现代农业技术广泛应用的发达农业阶段，农业中人力资本的作用是显著的。

如 Rosenstein – Rodan 在研究中曾发现的，一个技术迅速变化的环境中，教育和培训的回报往往特别高[①]。与土地装备水平的变化一样，农业物质资本装备率的提高，也会发生在人力资本推动下的劳动力转移过程之中。这决定于两个方面：其一，人均农业收入因人地比例关系的变化而提高；此时，农民家庭又可得自转移劳动力的部分非农收入。比较转移之前，物质资本的供给能力增强了。其二，劳动力大规模移出之后，替代劳动的资本投入的收益率提高，对投资农业的物质资本的需求也趋向强烈。

第三，劳动力转移带来的生产规模扩大效应，将引致农业生产组织形式的企业化转变：由产量最大化的生产导向决策转向利润最大化的市场导向决策；土地、劳动、资本等生产投入的自有份额日渐式微，其较大比重通过交易契约租入；农业与不完全非农产业间的投资收益率因农业市场化程度的提高而渐近平均化。按照 Coase 的观点，企业实质上是一个小的统制经济。在企业内部，与市场交易相联系的复杂的市场结构被企业家这一协调者所取代[②]。因此，农业组织形式的企业化，会对其从业主体的生产组织能力和要素配置能力提出较高的要求；同时，这也必然把农业生产者的高能力与高回报率联系在一起。

只要存在一个适当长的观察期，向农业从业者的人力资本投资的有利性，在劳动力转移过程中将逐渐显现出来。在农业与不完全非农产业人力资本报酬率趋同的背景下，高素质劳动者不再流向不完全非农产业部门[③]；随着教育的进展和培训的增加，将出现农业从业者人均人力资本水平的快速增长，现代农民将最终形成。

[①] Rosenstein – Rodan, Paul N.: *Problems of Industrialization of Eastern and South – eastern Europe*, Blackwell Publishing for the Royal Economic Society, 1943.
[②] Coase, R. H.: The Nature of the Firm, *Economica*, 1937, 4: 386 – 405.
[③] 那时，仍存在农村人力资本向报酬率更高的城市正规部门的流动。该种流动同样具有如前所述的人力资本深化效应。农业现代化最终完成于城乡人力资本报酬率大体相同之时。

第六节 本章结论

　　本章的研究所获得的主要结论如下：第一，劳动力市场开放时，人力资本在农业和不完全非农产业部门之间的选择性配置，源于农民收入最大化的理性决策。第二，其他条件既定，农业人力资本的转移，会导致农业总产量曲线的下旋；同时，短缺点和商业化点相重合的转折点的出现，也会因此而延期或未必出现。由此引出的农业成功发展的新的必要条件是，农业从业者的人均人力资本投资增长率大于劳动力转移所产生的农业劳均人力资本存量损失率。第三，若劳动力市场是完备的，满足一定条件，农业人力资本的动态深化会内生于劳动力的非农化过程之中。第四，农业生产规模扩大、农业生产组织的企业化和现代农业技术的广泛采用，是农业自身所需具备的从业者技能深化的条件。第五，在农业人力资本转移性深化和农业企业化转变及农业技术进步的条件下，现代农民将成为现代农业的生产经营主体。

　　在刘易斯—费景汉—拉尼斯模型中，农业成功发展的机制，由劳动力的非农化过程生成；引入人力资本的刘易斯—费景汉—拉尼斯模型，完成农业现代转型的新的依赖条件，同样可以孕育于劳动力的选择性转移过程之中。换言之，即使考虑劳动力的异质性，刘易斯—费景汉—拉尼斯模型对于二元经济发展的有效性仍然难以否定。这是本章研究的一个重要收获。

　　依据本章的研究，劳动力选择性转移背景下农业发展政策的一个不可或缺的内容是，通过面向农村的"补偿性教育"① 制度的设计，推动农业从业者人力资本的动态提高。首先，增加面向农民的教育机会的供给②，譬

---

　　① 本章所谓的"补偿性教育"的主要含义是，第一，通过增加面向农村教育机会的供给，对当前选择性转移引起的农村人力资本的流失予以补偿；第二，通过农村教育机会供给的增加，补偿长期以来城乡二元体制下对农村教育的歧视的历史欠账；第三，通过农业生产活动的可行性财政补贴，对农业人力资本投资的低收益率给予一定的补偿。

　　② 在中国，教育机会的供给，几乎完全由政府垄断。因此，增加教育机会的供给，主要是政府行为。

如，增加政府对农村地区人均教育经费的投入，扭转长期以来存在的城乡教育资源非均衡配置的状况[①]；加大面向农村的职业技术教育机会的供给，提高没有或很少接受正规教育的农民的文化水平和劳动技能。与此同时，通过财政支出结构调整和社会救助制度的改进，增强农村居民特别是农村贫困户对教育和培训需求的支付能力，不断提高农村受教育人口的比例，保障在农村地区形成较高的人力资本积累率，以此抵偿劳动力选择性转移的人力资本浅化效应。另外，政府应适时调整现行农村土地制度，鼓励扩大农业生产和经营规模，促使农业生产组织向企业化转变，激励和支持现代农业技术的广泛采用，推进传统农业向现代农业的快速转变，并对农业生产提供适当补贴，提高农业生产活动中教育投资的回报率。

必须强调的是，农民家庭向其成员进行质量投资的动机和能力，与劳动力市场的完备程度相关。在无扭曲的市场条件下，人力资本才可能被正确定价，向人投资的有利性才会充分显现，农民向其人力资本投资的需求才可能被激发出来。同时，劳动力的流动性扩展了农民家庭成员的就业面和收入来源，这又可能把农民提高自身或其子女受教育程度和培训水平的意愿变成有支付能力的需求。由此，政府提高农业从业人员平均人力资本水平的另一项重要工作，是进一步开放面向农村劳动力的就业市场，消除阻滞农村劳动力流动的历史遗留的与现实生成的各种制度性障碍。中国是一个尚未完成工业化和城市化的发展中国家，劳动力及其附载的人力资本的非农化，是中国在当前及今后一个相当长时期仍将继续面临的事实。试图通过限制劳动力转移阻止农业人力资本流失的政策努力，在极大程度上可能导致农民家庭人力资本投资动机的泯灭而出现事与愿违的结果，进一步，二元经济结构的转变和农业现代化进程，也可能由此而中止。因此，此类政策不具有可行性。

[①] 2002年，全社会各项教育投资5800多亿元，不到总人口40%的城市居民占用了其中的77%，而超过60%的农村人口只获得23%的教育经费（《中国财经报》2004年8月24日，第4版）。在每10万人口中，城镇拥有中学数8.03所（其中高中2.61所），农村拥有中学数5.08所（其中高中0.30所）；每万人中，城镇拥有中学教师数为68.33，而农村仅为24.33（根据《中国统计年鉴2003》有关数据计算得出），这里还未涉及教师素质和教育质量方面的差别。

中国的经验数据，可以支持选择性转移与农村居民受教育程度正相关的结论①。但选择性转移是否最终有利于农业从业者人力资本的深化，还是一个有待检验的假说。由于经济发展进程的局限，在中国验证该假说的经验事实并不充分（见附图9—1和附图9—2）。因此，寻求此类经验证据，是有待进一步深入的研究工作。

附录

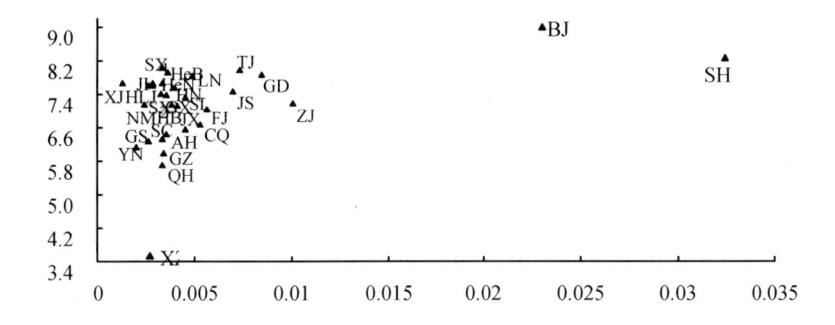

附图9—1　2005年中国30个省区市农村劳动力转移率与农业劳动力的受教育水平

注：横轴表示转移率，纵轴表示受教育年限。数据点标注的字母是各省、区、市名称的汉语拼音缩写，其中SX_1和SX_2分别是山西省和陕西省。该图显示，转移率较高的地区，未转移劳动力的受教育年限也相对较高。

数据来源：国家统计局网站（www.stats.gov.cn/tjsj/ndsj/renkou/2005/renkou.htm）；2005年全国1%人口抽样调查数据。

---

① 比如：从1985年到2005年，农村非农从业人员比重由18.1%提高到40.5%，21年间增长了22.4个百分点。同期，高中及其以上文化程度劳动者的比重由7.25%上升到13.80%，提高6.55个百分点；文盲率则下降了21个百分点（国家统计局农村社会经济调查司：《2006中国农村住户调查年鉴》，中国统计出版社）。若以农村劳动力的平均受教育年数计，2005年比1985年提高了2.26年（根据国家统计局农村社会经济调查司《2006中国农村住户调查年鉴》表2—2计算得出，中国统计出版社）。

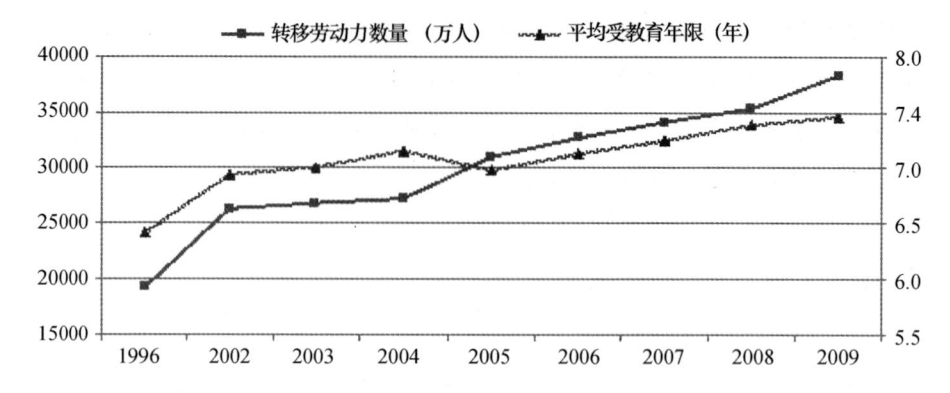

附图9—2 1995—2009年中国农村转移劳动力数量与农业劳动力的受教育程度

数据来源：1995—2009年农村劳动力转移数量的估算数据来自相应年份《中国统计年鉴》、《中国农村住户调查年鉴》；其估算方法为：转移劳动力数量＝（城镇从业人员－城镇职工人数）＋（乡村从业人员－农业就业人员），单位：千万人。1995年农业劳动力的受教育状况数据来源于《中国人口统计年鉴2000》；1996年农业劳动力的平均受教育年限的数据来源于第一次全国农业普查；2002—2009年的数据均来源于相应年份的《中国劳动统计年鉴》；受教育年限计算方法同本章第一节。2007年数据全部来源于《中国人口和就业统计年鉴2008》。

第十章

农业部门人力资本配置的门槛条件

人力资本是经济增长的主要源泉这一论断已经成为学术界的共识，其对农村经济发展的促进作用也被大多数学者所接受。在中国新时期的农业发展中，更是强调要突出人本的理念，强调注重农业发展质量和效益，重视科技和人力资本作用的发挥。我们都知道在目前农业的发展进程中缺乏人力资本，但到底缺少什么样的人力资本？对拥有该种人力资本劳动力的需求有多大？农村高人力资本的劳动者面对城市严峻的就业压力为什么没有返回乡村？要将这些高质量劳动力重新配置到农业部门的门槛条件是什么？搞清楚这些问题，对优化农村人力资本投资、激发人力资本在农业发展中的作用、引导人力资本的就业选择有重大意义。

第一节 农业人力资本配置的供给分析

一 中国农村人力资本现状

在经典的人力资本理论中，人力资本主要通过对人自身的教育、医疗卫生保健、培训、迁移和干中学五种途径形成，其投资主体主要有政府、社会和自身。随着经济的高速发展，中国农村发生了翻天覆地的变化，农民自身素质有了全方位的提升，农村人口的人力资本也有了质的飞跃。

1. 教育方面

农村居民的教育投资，一方面来自政府的投资，另一方面来源于农户自身的投入。自改革开放以来,中国逐渐意识到教育对于国家发展、人民生活质量提高的重大意义。2003年国务院召开了全国农村教育工作会议,国家持续出台了向农村倾斜的教育政策。从"两免一补"到"农村义务教育经费保障新机制",从"特岗教师计划"到"公费师范生政策",从"两为主政策"到"留守儿童关爱",从"城乡义务教育一体化"到"农村义务教育全面改善",从"农村义务教育学生营养餐工程"到"乡村教师生活补助",等等,无不倾注了中央政府对农村教育的极大关怀。根据中国教育新闻网发布的数据可知,2003年中国农村义务教育经费为1365亿元,占当年国家财政性教育经费(3851亿元)的35%;到2011年,农村义务教育经费跨越到5956亿元,占该年国家财政性教育经费18587亿元的32%。虽然从所占比例来看,国家对农村义务教育的投入有所下降,但是从经费总量来看,增幅较大且增速很快,2011年比2003年增加了4591亿元,增长336%,年均增长37.33%。此外,随着农民生活水平的提高和观念的改变,农民逐渐认识到教育对于子女成长的意义,逐步加大了对子女教育的投资。国家统计年鉴公布的数据显示,2003年农村居民人均文教娱乐支出为235.7元,到2011年,该项支出增长到396.4元,增幅为68.17%。在如此巨大的教育投资改善的情况下,中国新生代农民工的教育程度有了很大的提高。

《2013年全国农民工监测调查报告》显示,2013年全国农民工总量为26894万人,其中1980年及以后出生的新生代农民工12528万人,占农民工总量的46.6%,占1980年及以后出生的农村从业劳动力的比重为65.5%。这些新生代的农民工受教育程度普遍较高,其中初中以下文化程度的仅占6.1%,初中占60.6%,高中占20.5%,大专及以上文化程度占12.8%。而在老一代农民工中,初中以下文化程度占24.7%,初中占61.2%,高中占12.3%,大专及以上文化程度占1.8%。可见,高中及以上文化程度的新生代农民工比老一代农民工高19.2个百分点。与此同时,中国农业就业人口的受教育年限也有了一定的提高,1990年农民的平均受教育年限为6.40年,2014年该数值已达到8年。

由此可见,仅从教育方面,无论是从教育的投资方面还是农村人口的受教育程度来说,中国目前农村人口的文化程度与过去相比,有了很大的提升，较高的文化程度可以适应现代农业发展的需求。

2. 医疗卫生保健方面

过去，中国农村居民长期处于就医难的困境之中，造成这种局面的原因主要有两点：第一，过去农民收入微薄，一年下来仅靠种粮获得的收入刚刚可以维持生计，如果家庭中有人生病，巨额的医疗费将使全家陷入财务危机之中。因此，农民害怕生病，生病之后也不去看病，最终导致疾病的加重，甚至是死亡。第二，农村的医疗卫生体系不健全，医疗设备陈旧，使得不少农民在就医后，不仅不能得到很好的康复，还会花费大量的资金。农民就医难的问题长期以来是国家的热点话题。

随着政府对农村医疗卫生建设的重视，中国农村医疗状况发生了翻天覆地的变化，农民就医难已经成为过去。截止到2013年末，中国有村卫生室65万个，乡镇卫生院3.7万个，乡村医生和卫生员108.11万人；不少乡镇卫生院还配置了100mA以上的X光机、B超、心电机及生化检验设备，为临床提供了科学的检测诊断依据。农村居民在患有疾病时，可以直接在当地接受治疗，这既使农民在患病时可以得到及时、有效的治疗，又为其节约了不必要的开支。另外，随着新型农村合作医疗制度的不断完善和全面普及，以及农民就医意识和医疗保障认识的加强，中国目前有8.02亿农村居民加入了新型农村合作医疗制度，参与率为98.7%，受到医疗补偿的大约有19.42亿人次，国家对于一些慢性疾病、重大疾病的补偿率高达80%左右。可见，现代农村居民就医贵的问题基本可以得到有效的解决，生病就医对于农民来说已经是正常生活中的一部分而已。在信息飞速传递的现代社会，不少农村居民逐步了解到了保险产品，还积极主动地为家购买人身保险，以化解疾病等身体健康状况的变动为他们带来的风险。

为丰富农村居民生活，改善农村面貌，辽宁、山东、陕西、内蒙古、四川等多个省市自治区建立了农村健身广场，配备有篮球场、乒乓球案、跑步机、转体机等基本健身器械，为农民的健身提供了硬件条件。农村居民也很快接受了这些新事物，在农闲时期、茶余饭后，不再聚集在一起扯闲话、打麻将，而是成群结伴去打球、跑步、跳舞，健身已经成为农村居民生活中不可缺少的一部分。这不仅改掉了农村的一些陋习，还提高了农民的身体素质，改善了农民的精神面貌。

3. 培训方面

教育一般培养的是人的基本文化素质和综合素质，而培训则主要用于提高人的专业技能。在农村，只有那些读书少、没有其他技能的人才被迫选择从事农业生产，他们认为种地只要依靠父辈们流传下来的经验再加上自身的辛勤劳作即可很好地完成。事实上，随着农业技术的发展和生产设备的更新，过去传统农业的耕作方式已经逐渐被现代农业新型方式所替代，农民必须接受种植技术和养殖技术的培训以更好地生产经营。一般对于农民的培训具有很强的专业性，也有显著的实践性，因此农民在接受短期培训后即可获得专业技能的大幅度提升。

国家已经认识到，对农民进行农业技能培训，可以帮助其提高农产品产量和质量；对其进行非农技能培训，可帮助其掌握相关技能，促进农村剩余劳动力的大量转移；对其进行市场营销、经营管理、法律和相关政策等方面的培训，可以提高农民把握市场动态和市场经营的能力等。这些培训都可以增加农民收入，改善其生活质量。为此，政府和社会加大了对农民职业技能培训的财政投入。据农业部相关资料显示，"十一五"时期，中央财政通过农业部门安排了"阳光工程"、新型农民科技培训工程等项目资金56亿元。其他部门也通过相关计划渠道，大量增加了对农民培训经费的支出。农民对于技能培训的热情也很高，大多数农民愿意并且参加了政府、其他机构组织的技能培训，而且有40%以上的农民即使在自己承担培训经费的情况下，仍然参加了培训，特别是对种植技术和养殖技术的培训，许多农民在参加完培训后，还获得了职业资格证书。

随着城镇化的迅速推进，"谁来种地"和"如何种地"的问题受到了很大的关注。国家决定推广新型职业农民，各地区的农民纷纷加入了职业农民的培训之中。截至2011年，陕西省已经认定各级职业农民3835人，其中高级农民有84人，目前该队伍在逐渐壮大。

4. 迁移方面

迁移也是人力资本形成和积累的重要途径之一，农村大量的剩余劳动力通过向城镇转移，一方面缓解了农村人多地少的局面，另一方面，他们也从城市的生活、工作中，提高了自身的意识和素质，将赚取的钱寄回农村，以支持农业增加农业的物质资本。

中国每年有大量的农村劳动力转移至城市，在城市中打工生存。据了解，在1980年以后出生的农村居民中，有八成左右的人选择外出打工，而且他们大都选择在东部发达地区以及大中城市务工，由于自身素质较高，他们在选择就业行业时拥有很大的自主选择性，不仅仅是集中在老一代农民工集聚的制造业和建筑业，还逐渐融入了教育事业、电子科技行业、软件行业、服务行业等。在城市工作和生活的过程中，他们逐步打开自己的视野，接受并且学习城市中新鲜、先进的东西，改变自身陈旧的观念。不少来城市打工的人口，看到城市学校里高质量的教学水平和优良的教学环境，不惜一切代价将自己的子女带入城市，尽自己最大的能力为孩子争取与城市学生相同的上学机会，希望他们能够通过知识来改变自己的命运。还有一些农民工，他们喜欢城市人的生活节奏，明白身体是革命的本钱，因此他们很注重体育锻炼，来加强身体素质，一般他们喜欢在闲暇时间相约去健身广场打球，或者为自己办理健身卡，在健身房中集中锻炼。这些都提高了农民工的人力资本，当迁移后农民工"逆潮回归"，可以极大地提高农村人力资本水平。

外出务工的农村人口都有往家里寄钱的习惯，这些钱不仅可以改善家中留在农村人口的生活状况，而且还为他们增加农业生产要素、农用工具等提供了资金来源，加速了农业物质资本的积累，为农业的发展起到一定的促进作用。

5. 干中学方面

"干中学"所形成的人力资本虽然难以具体测算，但它确实对人力资本的提高有很大的影响。无论是在农业生产中，还是在非农生产中，"干中学"都会或多或少的增加农村人口的人力资本存量。

任何的实践活动都会对人类产生一定的影响。在农业劳动中，农民通过自身的劳动，总结出了许多务农的典型经验，他们通过互相沟通交流，也可以从一些优秀的农民身上获取种地的小诀窍，进而提升自己的人力资本。在非农就业中，特别是对于那些在外打工的农民工来说，他们多数本身就受过较高层次的教育，拥有较高的知识水平，能够很好地胜任工作，而且他们在熟练掌握工作技能的同时，还能够积极总结、学习一些管理技能，提高自身工作能力，也积累了自己的人力资本。不少打工者在打工期间能够虚心向有经验的同事学习，掌握了精湛的技术，积累了丰富的经营和管理能力，为他们日后自主创业打下了坚实的基础。"干中学"以一种潜移默化的方式，增加了农村人口的人力资本存量。

以上五个方面的分析说明，目前中国农村劳动人口的人力资本有了很大的提升，农民的文化水平、受教育程度、身体健康素质以及他们的观念都与过去发生了很大的不同，农村人力资本与城市人力资本的差距将会越来越小。

二 中国农村人力资本测算

1. 设计模型

本节主要分析农业人力资本的供给情况，因此对人力资本指标的合理选取至关重要。舒尔茨提出，人力资本是体现在劳动者身上的一种资本类型，它以劳动者的质量，即劳动者的知识程度、技术水平、工作能力以及健康状况来表示，是这些方面价值的总和。人力资本通过投资而形成，像土地、资本等实体性要素一样，在社会生产中具有重要的作用。根据这一概念，国内外学者主要提出入学率、识字率、平均预期寿命、人力资本投资成本及平均受教育年限等测度指标。由于正规教育是形成人力资本的主要途径，因此国内外大多学者都以受教育年限来测度人力资本。本章在研究人力资本进入农业的门槛条件时，将人均人力资本投资设定为人力资本的测度指标。人力资本的投资主要通过教育投入、文化投入、科研投入、健康保健投入、"干中学"和就业迁移等途径形成。考虑中国现有统计资料和人力资本投资的主要形式，本文采用医疗卫生投资和教育投资来表示人力资本投资，则人均人力资本投资可表示为：

$$h = ei + hi$$

其中，h 表示人均人力资本投资，ei 表示人均教育投资，hi 表示人均医疗卫生投资。

2. 选取数据

中国的医疗卫生和教育一般依靠私人和公共两种投资来源。私人投资一般指的是居民在正常的生活中对于医疗卫生和教育的消费支出，公共投资则主要通过政府的财政性支出来支持。为精确测度人力资本，我们将这两部分全部考虑在内。

对于医疗卫生投资 hi，根据国家统计局对卫生费用的定义，该指标可以全面反映政府、社会和居民对于卫生保健的费用负担水平，因此，可直接利用《中国统计年鉴》中各年农村居民人均卫生费用作为私人和公共共同对医疗卫生的投资。

$$农村人均医疗卫生投资\ hi = 农村居民人均卫生费用$$

对于教育投资 ei，私人投资的数据可利用《中国统计年鉴》中各年农村居民人均文教娱乐消费支出计算。针对公共投资，由于政府的财政性教育经费并没有完全按照农村和城市进行分配，只是在按学校类别分组时（注：主要分为高等学校、中等专业学校、技工学校、中学、职业中学、小学、特殊教育学校、幼儿园和其他），对小学与中学财政性教育经费中的农村与城市进行了严格的区分。考虑到中国大多数农村地区并没有设立幼儿园，因此可简单将幼儿园教育经费划分到城市财政性教育经费中。对于剩余的几类学校，由于其地点一般设立在城市，无论是农村居民还是城市人口都必须在城市接受相关教育，因此这部分教育经费无需区分城市与农村，则

$$农村人均私人教育投资 = 农村居民人均文教娱乐消费支出$$

$$农村人均公共教育投资 = \frac{农村中小学财政性教育经费}{农村人口} + \frac{其他财政性教育经费}{总人口}$$

$$农村人均教育投资\ ei = 农村人均私人教育投资 + 农村人均公共教育投资$$

3. 测算结果

基于以上模型的设定与数据的选取，本节得出的1995—2014年中国农村人均人力资本投资水平和相同方法下城市人均人力资本的投资水平如表10—1所示：

表 10—1　　中国农村和城市 1995—2014 年人均人力资本水平　　单位：元

时间	农村	城市	农村/城市	时间	农村	城市	农村/城市
1995	305.87	912.29	0.34	2005	969.55	2666.93	0.36
1996	394.11	1037.57	0.38	2006	1113.56	2979.96	0.37
1997	448.14	1197.93	0.37	2007	1285.5	3478.01	0.37
1998	484.85	1352.26	0.36	2008	1564.75	3997.62	0.39
1999	519.16	1515.02	0.34	2009	1841.58	4541.92	0.41
2000	565.63	1752.28	0.32	2010	2156.4	5007.7	0.43
2001	635.45	1839.34	0.35	2011	2680.2	5925.05	0.45
2002	699.25	2226.91	0.31	2012	3325.85	6646.67	0.50
2003	763.04	2407.76	0.32	2013	3972.37	7204.03	0.55
2004	913.55	2609.31	0.35	2014	4376.51	7530.74	0.58

根据以上测算结果可见，在 1995—2014 年的 20 年中，中国农村人均人力资本水平总体呈逐年上升趋势，由 1995 年的 305.87 元上升到 2014 年的 4376.51 元，共上涨 4076.64 元，年均增长 214.24 元。其中 1995—2005 年的上涨幅度较小，2005 年以后上涨趋势显著。与城市同期人均人力资本水平相比，二者之间的绝对差额虽然仍然较大，但相对水平从 1995 年的三分之一提高到 2014 年的二分之一强，差距在逐渐减小。由此可见，中国居民的生活水平整体有所提高，且人们更加注重对人的投资。特别是对于农村居民，随着农民文化程度的提高以及农民对城市认识的加深，越来越多的人意识到人力资本的重要性，并逐渐提高对自身以及子女的投资，农村人力资本有望赶上城市人力资本。

三　农村人力资本返乡意愿

近年来，国际经济形势的动荡对中国实体经济造成了很大的影响，特别是中国东南沿海城市的劳动密集型企业和出口型企业。而这些地区、这些行业正是中国大量农村转移劳动力务工的地方，不少农民工因为国际经济危机而受到很大的影响，农民工返乡已经由过去的探亲模式逐渐转向返乡就业模式。此外，随着中国社会主义新农村建设和乡村振兴战略的推进，政府不断出台促进农民工返乡就业的政策，返乡已经成为农民工理性就业的一种选择，不少农民工考虑到以下因素，也愿意回乡创业、生活。

1. 城市就业和生活形势严峻。目前中国各大城市并不缺乏受过高等教育的人才。从2010年到2013年，年均仅高等学校毕业的人数就高达600万人，就业形势相当严峻，再加上一些地区对本地生源的优惠政策，新生代农民工在与大学毕业生和城市居民的竞争中，处于明显的不利地位。为了在城市中生活下来，他们不得不选择收入、待遇较少的工作。扣除巨额的房租、水电费及其他生活开支，每月所剩无几，许多适婚农民工根本不敢考虑结婚生子。另外，一些已经在城市打工多年的农民工，受购房和子女上学的压力，也愿意回到农村，利用自己打工所学的经验和技能，在农村谋生。还有一些农民工由于受经济形势的影响，经常性失业，长期处于找工作的困境中。考虑到农村近几年基础设施和教育质量的提高，他们愿意返乡。

2. 返乡就业政策。在新农村建设和乡村振兴的过程中，政府出台了一系列的惠农政策。农业补贴提高、取消农业税，不少乡镇还帮助返乡农民工创业。提供自主创业申请小额担保贷款的政策，对返乡农民工开辟创业"绿色通道"，协助他们办理手续等。不少农民工外出打工数十年，积累了一定的资本，获取了一些经营管理能力，在城市的生活中也看到了很多农业商机，再加上农村现在的利好政策，他们乐意回乡创业。据调查，陕西省子洲县的村民高伟在北京打工十年后，积累了一定的资金，也学会了一些创业经验，便回乡在自己出生的农村投资80多万元，办起了养殖场，着重养羊。在养羊的过程中，他了解到目前人民生活质量提高，更看重的是肉质，因此他所使用的饲料是无公害、不含任何添加剂的秸秆玉米，来保证羊肉口感好、质量好。在科学养殖的基础上，他还根据市场形势调整养殖结构，发展规模化养殖，并且注册了合作社，雇用了管理人员3名，技术人员2名，养殖工人6名。

3. 农民工自身因素。农民工的一些自身因素也促使其返乡，主要体现在年龄、家庭情况、性别、收入水平等方面。有些农民工独身一人在城市中奋斗多年，家里有年迈的父母和需要抚养的子女，特别是对于40多岁的男性农民工而言，他们深刻理解父母养儿防老的心情和妻子一人独自操持家务的艰辛，所以他们中的大多数都会选择在积攒一定的积蓄后回家创业，照顾家庭，承担养家的责任。有些较为年轻的农民工，在外打工几年后，家里就会为其盖房筹备婚礼，一般婚后，都会选择夫妻二人在家中做一些小生意，来安定地生活。一部分农民工，虽然在城市中打拼出了一定的成绩，但是他们逐渐意识到城市中交通的拥挤和空气质量的恶化，以及各种食品的安全问题，在看到农村面貌不断改变和交通不断便利的情况下，他们更倾向于回到农村，在农村安居乐业。还有一些农民工，他们在城市务工期间积累了大量的资金、精湛的技术、广泛的人脉和丰富的经验。他们深知农村人生活的不易，主动承担社会责任，自主返乡创业。一方面希望能够缓解国家就业困难的严峻形势，另一方面还能够将其在城市中所学的市场观念、管理思维和先进的技术引进农村，带动农村小微企业、个体经济的发展，进而为促进农业生产发展、城乡差距缩小起到一定的作用。

第二节　农业人力资本配置的需求分析

一　中国农业从业人员现状

随着工业化和城镇化的推进，城镇优越的生活条件以及较高的收入吸引着大规模的农村劳动力转向非农部门，特别是青壮年男性劳动力。目前中国农业从业人员无论在数量上还是在质量上都有了很大的改变。

1. 数量方面

在 1995—2014 年的 20 年里，中国人口数量呈现上涨的总趋势，但农村人口以较快的速度线性递减。第一产业人口以 2002 年为界划分为两部分：2002 年以前，虽然农村人口逐年下降，但第一产业保持较为稳定的就业量，近 47% 的农村人口参与农业生产；2002 年以后，第一产业人口与农村人口大致以相同的速度递减，大量务农人员转向非农产业。截至 2014 年，仅有 16.66% 的人口务农，与 1995 年的 29.33% 相比，降幅达 43.20%。

农村劳动力的非农转移的确是农民在短期内增收的有效措施，但从转移数量来看,"谁来种地"已成为社会高度重视的问题。如果劳动力的过度转移造成农地大量抛荒、粮食产量下降等现象,那么"农村剩余劳动力"将不复存在,农业劳动力与农业生产之间将呈现"过疏化"的关系。

2. 质量方面

基于2013年中国综合社会调查CGSS数据,筛选出为农业户口且目前务农的样本共计2446个(其中已排除一个不可用样本),了解到中国农业从业人员质量方面存在以下几点特征:

(1)构成比例。如表10—2所示,在筛选出的2446个样本中,30岁及以下、31—40岁、41—60岁、61岁及以上各年龄组的务农比重为3.8:10.43:41.13:36.47。处于41—60岁的劳动力是现阶段中国农业生产的主力军,其次为61岁以上的务农人员,30岁及以下农业劳动力仅占3.8%。而全体调查样本中,为农业户口且年龄处于30岁及以下的共有804人,可见农村青壮年劳动力离农趋势显著,青壮年农业劳动力过少。

表10—2　　　　　　　　不同年龄段务农人员占比

年龄组	≤30	31—40	41—60	≥61
占比(%)	3.8	10.43	41.13	36.47

数据来源:《中国综合社会调查报告2013》。

去除350个缺失每周务农时间的样本后,表10—3统计了剩余2096个样本各年龄阶段不同务工时间的组成状况。30岁及以下的青壮年不仅参农比例低,而且每周务农时间也较少,只有18.2%的人每周务农时间超过60小时。作为农业主力军的41—60岁的劳动力,他们的周务农时间也相对较长,62%的人平均每个工作日可达到8小时的劳动时间。年龄段在31—40岁的劳动力,其参农率虽低,但其务农时间较长,其中有五分之一以上的人能保证每个工作日16小时的工作时间。对于60岁以上的人,他们中的大多数由于年老身体状况下降不能够参与非农生产,因此参农率高但周务农时间不长。总体来看,农村青壮年劳动力无论在数量上还是在时间上,参农程度均很低,农业生产已逐渐呈现老龄化的趋势。

表10—3　　　　　同一年龄段下不同务农时间组成比例

年龄组	务工时间（每周）				百分比（%）
	≤40	41—60	61—80	≥81	
≤30	39.96	42.86	15.58	1.60	100
31–40	40.95	35.24	20.48	3.33	100
41–60	38.64	37.88	17.99	5.49	100
≥61	54.05	32.40	11.16	2.39	100

数据来源：《中国综合社会调查报告2013》。

（2）文化程度。在符合条件的2446个样本中,64.80%的务农人员仅拥有6年以下的教育程度,相当于小学文化水平,不到三分之一的人能达到初中水平,但高中及以上的仅占5%左右（见表10—4）。受教育程度是人力资本最突出的表现形式,就目前的调查统计来看,中国农民当前的人力资本水平完全无法满足农业现代化的建设要求。

表10—4　　　　　农村务农人员受教育年限情况

受教育年限（年）	≤6	7—9	10—12	≥12
占比（%）	64.80	30.13	4.78	0.29

数据来源：《中国综合社会调查报告2013》。

（3）健康状况。从表10—5中的调查结果来看,在符号条件的2446个样本中74.6%的务农人员处于健康状态,不健康的样本中约有一半人已属于60岁以上的老人,其对样本整体的影响不大。因此,从总体来看,目前务农人员的健康状况良好。

表 10—5　　　　　　　　农村务农人员健康状况

年龄组	健康状况				
	很健康	比较健康	一般	比较不健康	很不健康
≤30	32	45	9	2	5
31—40	88	96	45	24	2
41—60	279	454	220	218	35
≥61	89	312	200	252	39
合计	488	907	474	496	81
占比（%）	19.95	37.08	19.38	20.28	3.31

数据来源：《中国综合社会调查报告2013》。

二　人力资本农业部门回报的变化

青壮年农村劳动力的大量转移使中国农业从业者大多变为妇女、儿童与老人，农业"用工荒"已成为现实。劳动力供给的减少使雇用农工价格逐步上涨。2007年，四川、山东等地的雇用农工工资水平平均为每天50元，到2010年上涨为100—120元。最近几年，全国各地的雇用农工价格更是上涨迅速。

湖北省应城市南北地区的中稻插秧雇农成本虽有所不同，但2012—2015年里，二者的绝对水平均上涨近100元，涨幅高达52%。即便有如此高的工资水平，该地不少种粮大户仍表示雇工越来越难，且工人的"要求越来越高"。不少雇工在为自家种地时，从早忙到晚，但为雇主工作时，一天最多工作7小时，折算下来，平均每小时的工资近43元，相当于城市高收入水平。

表 10—6　　　　湖北省应城市中稻插秧人工成本情况

年份	北部地区雇农成本（元/日）	南部地区雇农成本（元/日）
2012	190—210	150—170
2015	290—310	240—260

数据来源：湖北省应城市农业局。

经调研统计，北京市密云县巨各庄镇的村民大多经营葡萄园，该地2010年的散工工资为50元/日，到2014年已上涨到120元/日，涨幅为140%。1000多亩的园子，每年雇工的成本就达到200万元，占前期投入的三分之一。不少园主说，涨价还是小事，最怕的是雇不到工人。现在村里大多数年轻人都进城打工了，剩下的壮劳力，基本上是谁家给的钱多就去谁家干活。葡萄园又一年四季都离不开人，春季施肥，夏季除草，秋季采摘，冬季埋秧，在活紧的时候，一天150元都雇不到工人，非常影响正常的生产经营。

表10—7　北京市密云县巨各庄镇葡萄园雇农散工工资情况

年份	2010	2013	2014
散工工资（元/日）	50	100	120

数据来源：北京农研中心考查数据。

不仅是葡萄种植业，北京市农经办对全市450个农产品成本核算点监测的数据显示，在很多监测点，劳动力成本已经占到总经营成本的50%，农业大户面临"用不起工"的困境。图10—1显示的是农产品成本核算点监测的小麦、花卉、苹果、草莓、猪肉、羊肉等26个农产品品种的平均工值，该工值已从2009年的43.11元每工日提高到2014年的86.94元每工日，增幅达101%，也就是说，生产这26种农产品，所花费的人工成本5年时间涨了近一倍。

目前中国农业仍属于劳动密集型产业，其发展需要大量的劳动力。尽管随着科技的进步和先进农机具的使用，大大减少了劳动力的使用量，但很多农田劳作无法被机器替代，仍需大量的劳动力，如给苹果、桃子等果品套袋、给果树疏花疏果等，不仅需要雇工，还需要有一定技能的雇工。如果农业劳动力短缺的现象不能得到缓解，人力资本农业部门的回报率将持续上涨。

三　人力资本农业部门就业岗位的缺口

农业现代化的建设催生了大批的现代化小型农业企业，新形式的生

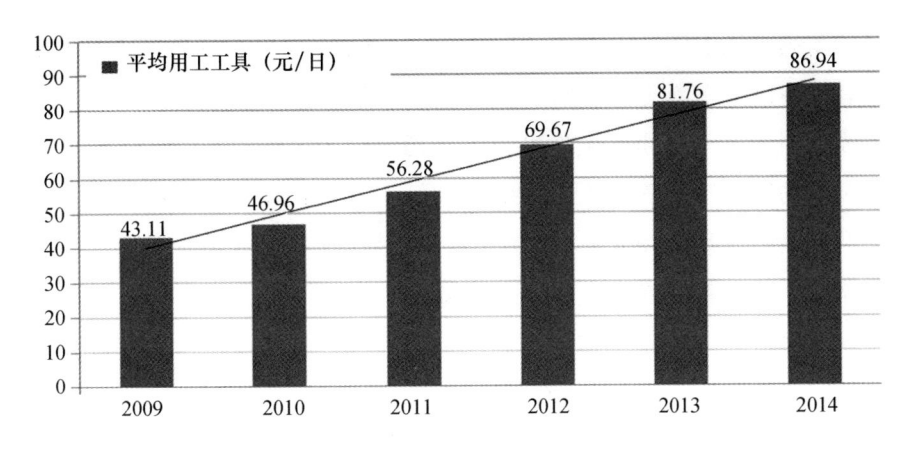

图 10—1 京郊 26 个农产品平均工值

数据来源：京郊农产品成本核算点监测数据。

产经营方式为传统农业注入了新鲜的血液，也为农业的发展开辟了新的路径。然而，这类企业却在经营过程中面临着不同程度的农业技术人员和销售人员短缺的问题。不少企业长期发出招聘信息，并愿意以3000—4500元的工资招聘具有大专学历的员工，但仍然很难找到拥有此方面技术的人员。不仅是企业，根据各地农业局报道的信息，目前农村农业部门最短缺的也是农业技术人员。许多农村合作社抱怨，每月工资开到一万多元依旧很难招到合适的农业技术员，他们大多需要去外地聘请。

与过去相比，农村农业的经营主体和形式有了很大的变化，除了传统的家庭经营外，还有专业大户、家庭农场、农民合作社和公司农场等。同时，种、管、收基本实现机械化，生产效率大幅提高，劳动力得到了解放。但是不少经营主体表示，他们最缺的是农业技术人员，遇到技术问题找不到懂的人，只能依靠过去的劳作经验，如果遇到虫灾病害，钱没少花、农药没少买，但由于缺少技术，依旧大规模减产。

中国农村的农业技术人员79%都来自各基层的农机站。但随着农村的改革深化，特别是农业税收改革以后，相当一部分的农机站处于"网破、线断、人散"的状况，人才总量少，素质偏低，老龄化严重，专业结构不合理等。目前农业部门所属种植业、畜牧业、水产、农具四个系统的乡镇农机推广机构中,编制内农技人员 35 岁以下的比例不足 20%,具有大专以上学历的不足 45.9%,很多乡镇已有十多年未进大学毕业生,人才断档严重。这对中国 2020 年基本构建较为完善的现代农业生产、经营和市场体系的战略部署形成挑战。

樊英的研究结果显示,中国农业科技推广体系在 2009—2020 年这 11 年期间,年均需引进的本硕博人数分别为 7.02 万人、7.88 万人和 0.26 万人[①]。然而,根据对中国农学专业高等院校统计的结果来看,农学博士每年的招生人数逐渐增加,在国家对该类博士培养的力度加强的情况下,博士大体能够满足农业现代化建设的需求。农学硕士的年招生人数虽也在不断增加,但年均不足 2 万人,即使所有学生毕业后均加入农业,与年均 7.88 万的需求量相比相差甚远。本科毕业生的情况相比硕士略好,但也无法满足农业需求,农业技术人员的岗位缺口在短期内难以得到缓解。

表 10—8　中国 2009—2014 年农学本硕博学生情况及农业科技推广对各学历学生的年均需求量

农学（万人）\\年份	2009	2010	2011	2012	2013	2014	需求量（年均）
本科毕业生	4.68	4.84	5.11	5.37	5.88	5.98	7.02
硕士招生人数	1.21	1.20	1.71	1.80	2.03	2.02	7.88
博士招生人数	0.27	0.28	0.29	0.31	0.31	0.31	0.26

数据来源：农学各年各学历毕业生和招生人数来自国家统计局网站；需求量来自对樊英研究结果的深入计算。

第三节　人力资本农业配置的门槛条件

一　人力资本的两部门就业模型

在对农业人力资本就业进行分析时,借鉴本书第九章的分析方法,

---

① 樊英：《职业农民培育问题研究》,博士学位论文,湖南农业大学,2014 年。

将中国农业劳动力的就业市场设由农业和非农产业两部门构成。设生产函数为：

$$Q_i(K_i, H_i) = A_i K_i^{\alpha_i} H_i^{\beta_i}$$

其中，Q_i 是 i 部门的产出，K_i 和 H_i 分别为投入 i 部门的物质资本和人力资本，$H_i = h_i L_i$，h_i 是 i 部门的平均人力资本水平，L_i 是 i 部门的劳动力总量。A_i 为 i 部门的固定技术水平常数。（$i = 1, 2$。1 代表农业部门；2 代表非农部门）

随着中国城乡一体化进程的推进和市场化改革的加深，两部门间的要素实现充分流动，收入最大化是劳动力对于部门流动选择的标准。但从配置效率来看，人力资本的报酬率才是人力资本在部门间抉择的判断准则。假定工资等于人力资本的边际生产率，也为人力资本报酬率，即 $w(H_i) = \beta_i A_i K_i^{\alpha_i} H_i^{\beta_i - 1}$，

此时，人力资本两部门配置的均衡条件为：

$$\beta_1 A_1 K_1^{\alpha_1} H_1^{\beta_1 - 1} = \beta_2 A_2 K_2^{\alpha_2} H_2^{\beta_2 - 1}$$

当 $\beta_1 A_1 K_1^{\alpha_1} H_1^{\beta_1 - 1} < \beta_2 A_2 K_2^{\alpha_2} H_2^{\beta_2 - 1}$，农业部门的人力资本报酬率低于非农业部门时，根据经济学理性人的假定，人力资本将从农业部门流向非农业部门。

当 $\beta_1 A_1 K_1^{\alpha_1} H_1^{\beta_1 - 1} > \beta_2 A_2 K_2^{\alpha_2} H_2^{\beta_2 - 1}$，农业部门的人力资本报酬率高于非农业部门时，基于经济学理性人的假定，人力资本将从非农业部门流向农业部门。

当 $\beta_1 A_1 K_1^{\alpha_1} H_1^{\beta_1 - 1} = \beta_2 A_2 K_2^{\alpha_2} H_2^{\beta_2 - 1}$，农业部门的人力资本报酬率等于非农业部门时，人力资本在两部门间的配置达到均衡。

基于以上分析，只有当 $\beta_1 A_1 K_1^{\alpha_1} H_1^{\beta_1 - 1} \geq \beta_2 A_2 K_2^{\alpha_2} H_2^{\beta_2 - 1}$，即农业部门的人力资本报酬率至少等于非农业部门时，才有人力资本向农业部门配置。

二 基于中国经验数据的实证考察

上述理论分析表明，人力资本农业配置的门槛条件为农业部门人力资本的回报率至少等于非农业部门的人力资本回报率。下面，采用中国的经验数据进行实证考察，分析目前人力资本进入农业部门具体条件。

鉴于目前中国各省区历年相关统计资料有待完善，我们选择中国大

陆31个省市自治区2014年的截面样本数据进行经验分析。用第一产业的国内生产总值测度农业部门的产出Q_1，用第二、三产业的国内生产总值之和测度非农业部门的产出Q_2。对于物质资本，利用生产性固定资产投资进行测定，即用固定资产投资扣除住宅投资。由于统计数据的局限性，没有按三大产业分类统计固定资产投资，则大致利用城镇固定资产投资作为非农业部门的固定资产投资指标，即K_2 = 城镇固定资产投资 – 城镇住宅投资。利用农村农户固定资产投资扣除农户竣工住宅投资即为农业部门的固定资产投资，即K_1 = 农村农户固定资产投资 – 农村农户竣工住宅投资。对于人力资本，继续沿用本章第一节的测度方法，以人力资本投资额为测度指标，考虑到受过高中以上（不含高中）教育的农村居民非农转移的概率较大，故将农村人均人力资本投资中人均其他财政性教育经费扣除来计算农业部门的人均人力资本投资水平，用h_1表示，L_1为第一产业就业人口数。h_2为非农业部门人均人力资本投资水平，同样采用第一节测算出来的城市人均人力资本投资水平的数据，L_2为第二、三产业就业人口总数。

基于以上模型及数据，采用STATA12.0软件得出的计量结果如下：

1. 农业部门

$$\ln Q_{1c} = 3.6530 + 0.3613 \ln K_{1c} + 0.4703 \ln H_{1c}$$

(11.89)　　　(1.40)　　　(1.96)

N = 20　　R^2 = 0.96　　F = 219.72

从回归结果来看，R^2 = 0.96，模型的拟合优度较高，第一产业的国内生产总值与拟合值较为接近；F = 227.16，模型整体的线性关系显著。两个解释变量的t值分别为1.40和1.96，在5%的显著性水平下，两个解释变量对$\ln Q^1$的影响不显著，需对模型进行检验。

（1）异方差检验。根据残差绝对值的分布情况来看，该模型可能存在异方差性。进行怀特检验，P = 0.0810，则在10%的显著性水平下拒绝同方差的原假设，因此判定存在异方差性。假定不存在自相关，采用加权最小二乘法（WLS）调整后，得出的回归结果显示，t值分别为1.47与2.80，与原回归结果相差不大，使用WLS对估计效率的提高程度不大，因此可认为数据不存在明显的异方差。

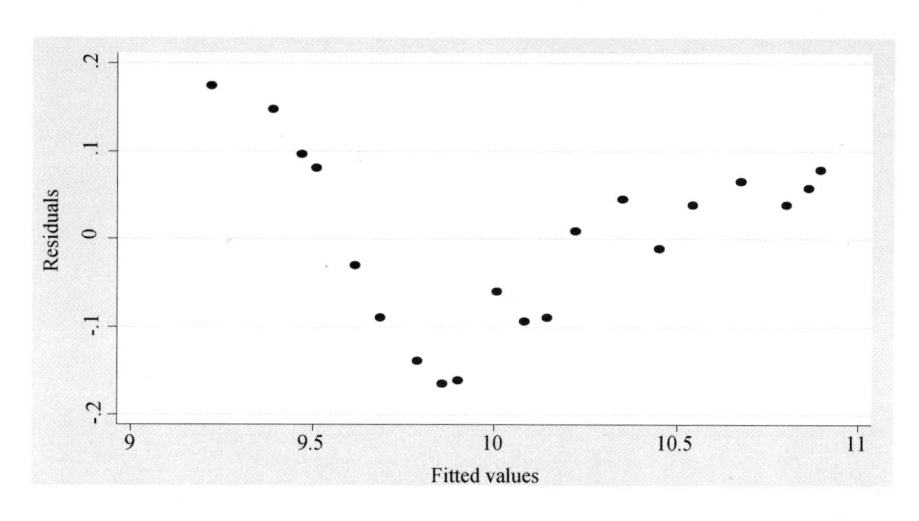

图10—2 残差与拟合值的散点图

(2) 自相关检验。由于模型采用的数据为时间序列的经济数据，因此系数不显著很有可能是数据的自相关造成的，需进行自相关检验。仅从残差与其一阶滞后项的散点图（见图10—3）来看，扰动项存在正自相关的可能性，即正的扰动项后面更可能跟着正的扰动项，负的扰动项后面更可能跟着负的扰动项。

接着看自相关图和偏自相关图。图10—4 与图10—5 显示，主要为一阶自相关（统计量落在95%的阴影自信区间之外或附近，表明一阶自相关显著不为零），大致可以忽略高阶自相关。BG 检验的 p 值为 0.0006，Q 检验的 p 值为 0.0000，二者均强烈拒绝"无自相关"的原假设。D. W. = 0.31，在 n = 20，k = 2，5%的显著性水平下，D. W. 的临界值为 d_L = 1.22，d_U = 1.42，0.31 < 1.22。综上检验可判定，存在正自相关。

由于扰动项存在自相关，故 OLS 估计所提供的标准误是不准确的，应使用异方差自相关稳健的标准误。由于 $n^{1/4} = 20^{1/4} \approx 2.11$，故取 Newey – West 估计量的滞后阶数为3，校正后的结果如下：

$$\ln Q_{1t} = 3.6530 + 0.3613 \ln K_{1t} + 0.4703 \ln H_{1t}$$
$$(7.15) \quad\quad (1.57) \quad\quad\quad (2.09)$$
$$N = 20 \quad\quad\quad\quad F = 88.25$$

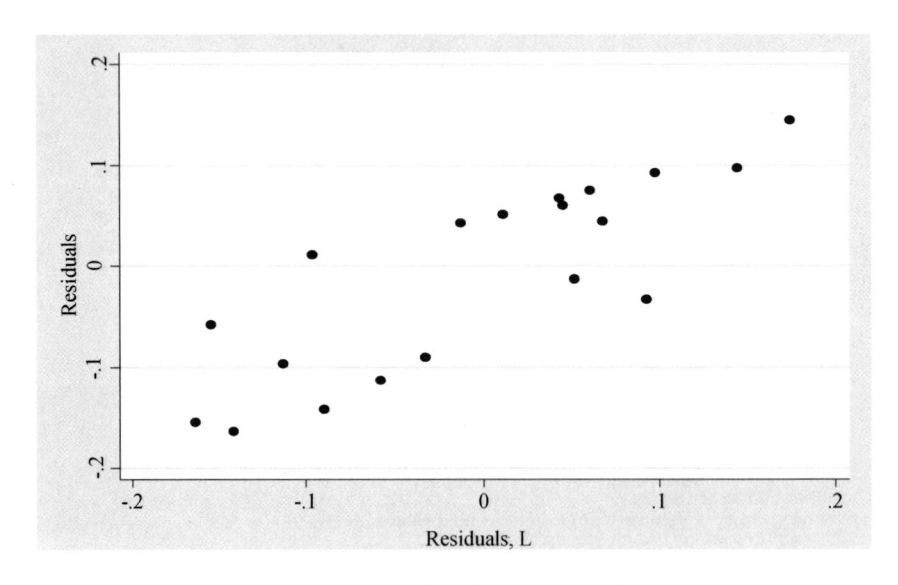

图 10—3　残差与残差滞后的散点图

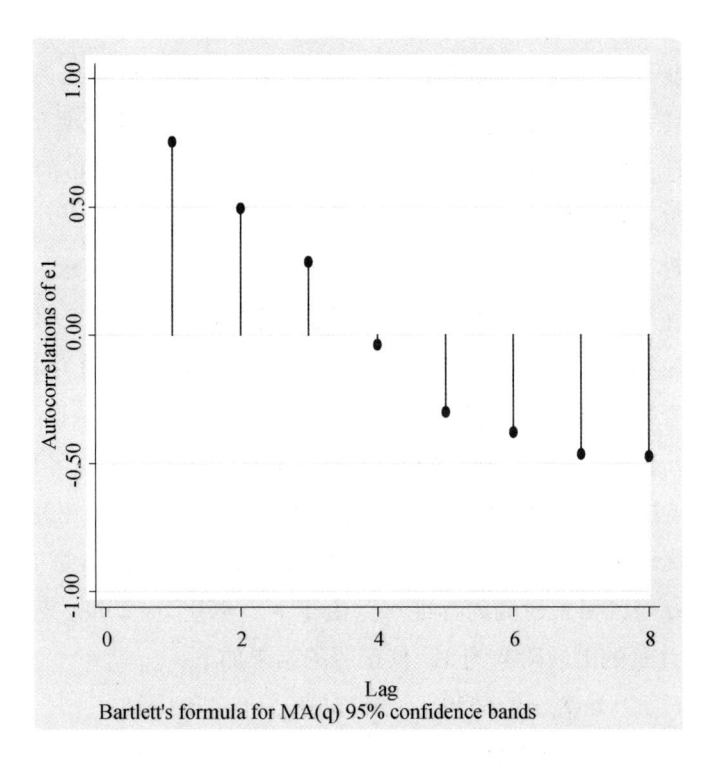

图 10—4　自相关图

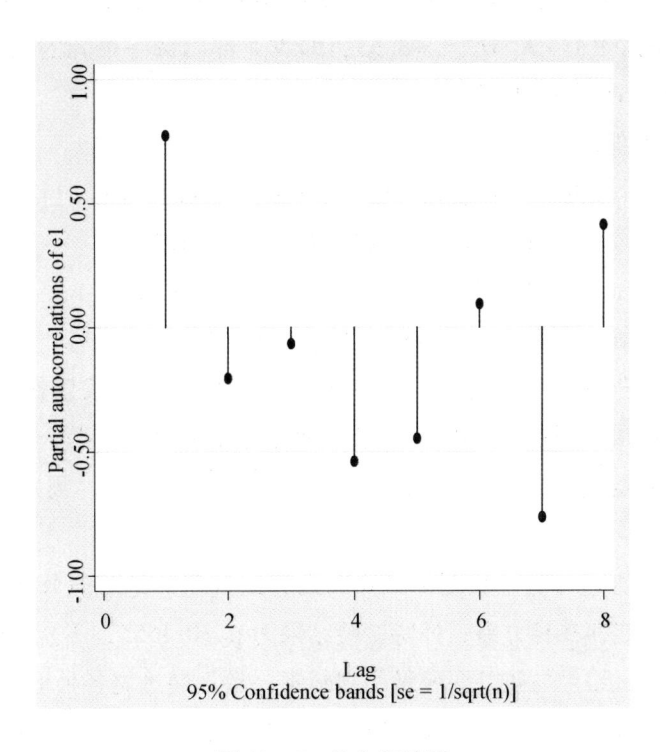

第十章 农业部门人力资本配置的门槛条件 / 223

图 10—5 偏自相关图

经修正后，Newey–West 的标准误与 OLS 的标准误相差无几（除常数项外其他值略小），两个解释变量的 t 值依旧较小，在 5% 的显著性水平下均不显著。为了考察 Newey–West 标准误是否对于截断参数敏感，下面将滞后阶数增加为 6，重新估计的结果如下：

$$\ln Q_{1t} = 3.6530 + 0.3613\ln K_{1t} + 0.4703\ln H_{1t}$$
$$(7.12) \qquad (2.82) \qquad (3.21)$$
$$N = 20 \qquad F = 101.86$$

经再次修正后，两个解释变量的标准误发生了很大的变化，t 值均通过了 5% 的显著性检验。$\ln A_1 = 3.6530$，即 $A_1 = 38.59$；$\alpha_1 = 0.3613$，$\beta_1 = 0.4703$，二者均为正值，说明物质资本和人力资本均对产出有着积极的影响，这与经济学基本理论相一致，物质资本的系数小于人力资本的系数，表明与物质资本相比，农业部门人力资本的投资对产出的影响更大。这与本章的分析相一致。2014 年农业部门人力资本的回报率 $w(H_1) = \beta_1 \cdot A_1 \cdot K_1^{\alpha_1} H_1^{\beta_1 - 1} = 3.63$，即农业部门每一单元的人力资本投资将得到 3.63 单位的工资。

2. 非农部门

$$\ln Q_{2t} = 4.2424 + 0.3439 \ln K_{2t} + 0.4233 \ln H_{2t}$$

$$(6.15) \qquad (1.47) \qquad (1.25)$$

$$N = 20 \qquad R^2 = 0.96 \qquad F = 230.85$$

从回归结果来看，$R^2 = 0.96$，拟合优度较高，第二三产业的国内生产总值与拟合值较为接近；$F = 230.85$，整体的线性关系显著；t 值分别为 1.47 与 1.25，均低于 5% 的显著性水平下的标准值，两个变量的估计参数都没有通过 t 检验，与农业部门的计量结果一样，需对模型进行检验。

（1）异方差检验。从图 10—6 大致看出残差的绝对值分布呈现一定的规律，可能存在异方差；怀特检验结果为 p = 0.1555，不能拒绝同方差的原假设，该结果与残差图所做的判断不一致；通过对各种形式的 BP 检验，最小的 p 值为 0.0609，故在 5% 的显著性水平下不能拒绝同方差的假设，该结果与怀特检验相同，因此，不存在异方差性。

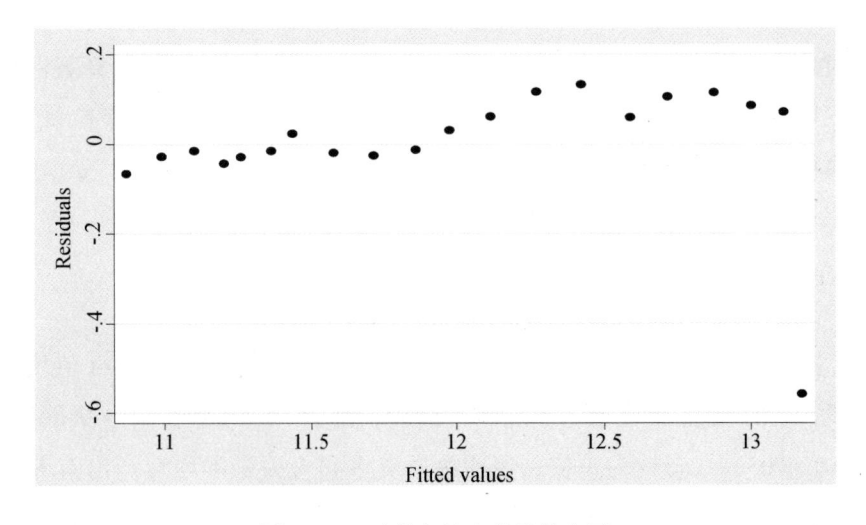

图 10—6　残差与拟合值的散点图

（2）自相关检验。这里采用的数据为与经济相关的时间序列，可能存在自相关性。

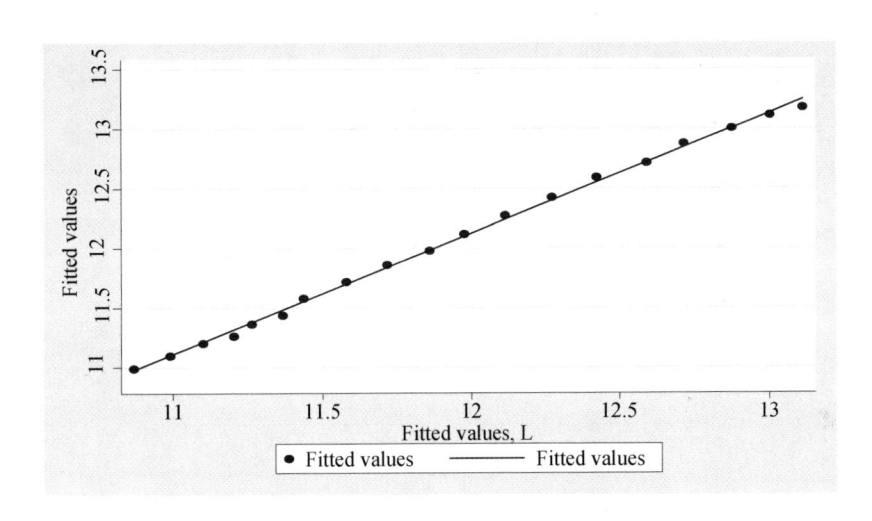

图10—7 残差与残差滞后的散点图

图10—8显示，扰动项存在正的自相关，看自相关图和偏自相关图。

图10—8、图10—9显示，自相关的形式主要为一阶自相关；通过正式的BG检验，p值为0.0993，即可在10%的显著性水平上拒绝"无自相关"原假设；Q检验的P值为0.0000，DW = 1.05，由此可判定存在正自相关。

由于扰动项存在自相关，故OLS估计所提供的标准误是不准确的，应使用异方差自相关稳健的标准误。由于$n^{1/4} = 20^{1/4} \approx 2.11$，故取Newey – West估计量的滞后阶数为3，校正后的结果如下：

$$\ln Q_{2t} = 4.2424 + 0.3439 \ln K_{2t} + 0.4233 \ln H_{2t}$$
$$(8.93) \qquad (3.50) \qquad (3.30)$$
$$N = 20 \qquad F = 129.26$$

经校正后，所有系数的t值都通过了显著性检验，$\ln A_2 = 4.2424$，即$A_2 = 69.57$，$\alpha_2 = 0.3439$，$\beta_2 = 0.4233$。与经济学基本理论一致，对于非农部门，物质资本投资和人力资本投资均对产出有着积极的正向影响。人力资本投资的系数大于物质资本，这与本章的观点一致，人力资本已

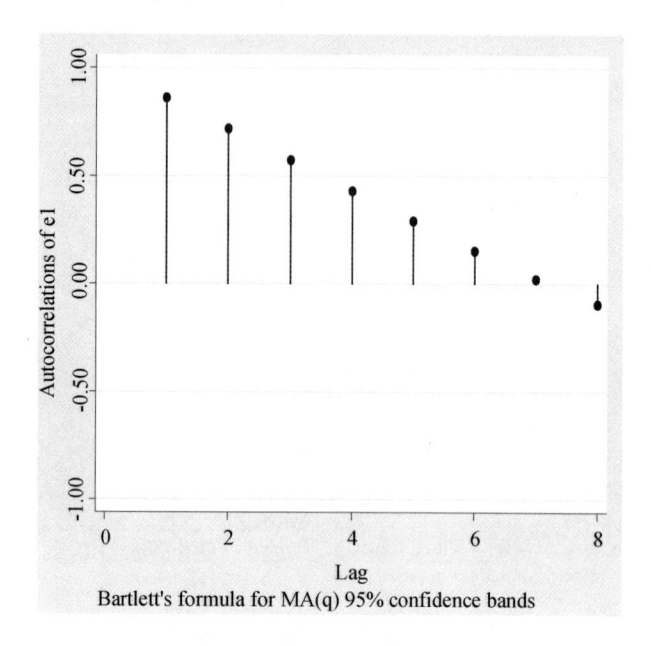

图 10—8　自相关图

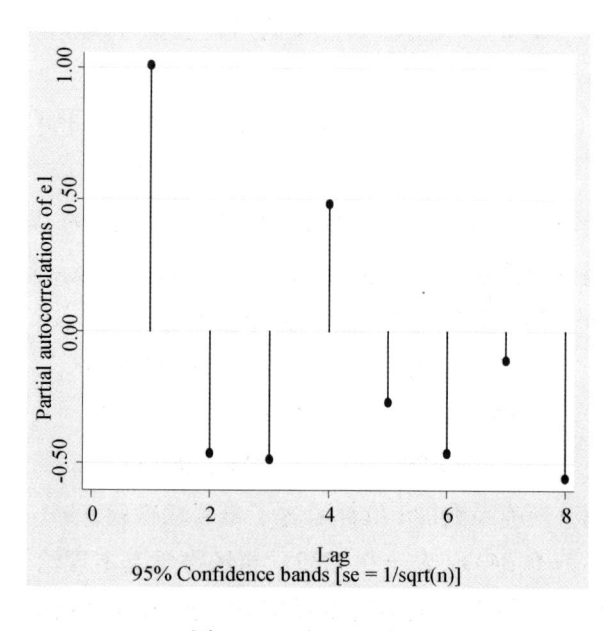

图 10—9　偏自相关图

成为影响产出的重要因素之一。2014 年非农部门人力资本的回报率 $w(H_2) = \beta_2 \cdot A_2 \cdot K_2^{\alpha_2} H_2^{\beta_2 - 1} = 4.98$，即在非农部门，一单位的人力资本投入可获得 4.98 元的回报。

基于以上估计结果，中国 1995—2014 年两部门的人力资本回报情况如图 10-10 所示。图中位置在上边的线表示非农部门人力资本的回报率变化趋势，位置在下边的线表示农业部门人力资本回报率的变化趋势。

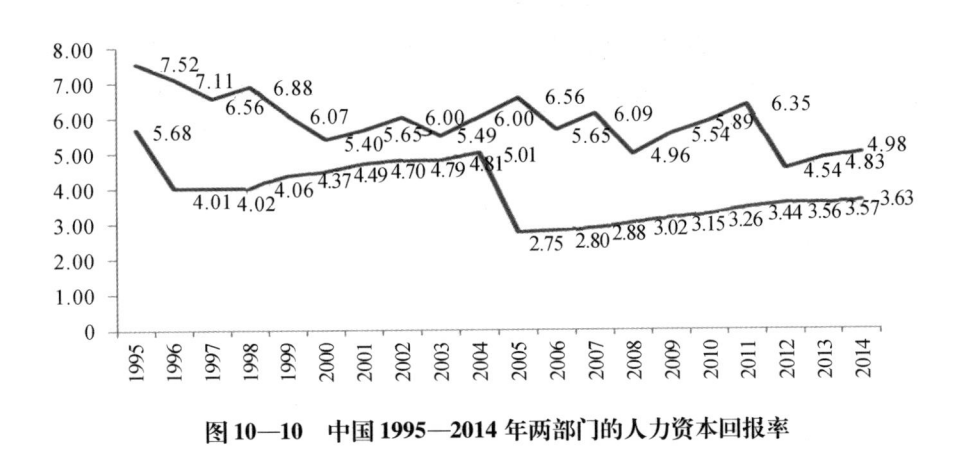

图 10—10　中国 1995—2014 年两部门的人力资本回报率

中国在 1995—2014 年的 20 年里，农业与非农业两部门的人力资本回报率从整体来看有下降趋势。非农部门的人力资本回报率呈现较大的波动变化，2008 年可能由于国际金融危机的影响，达到该年以前的历史最低点，此后随着经济复苏回报率逐年上涨，到 2011 年达到顶峰后又降至最低。农业部门的人力资本回报率有两次大幅度的下降，此外均成小幅度的上涨趋势，特别是从 2005 年起，该部门的人力资本回报率稳步上涨，与非农部门的差距逐渐减小。但是，就 1995—2014 年的 20 年来看，农业部门的人力资本回报率均低于非农部门，仅从回报率角度考虑，人力资本流向农业部门的条件仍不成熟。

第四节　本章结论

本章研究可以得出以下结论：（1）随着中国经济的高速发展、经济体制的不断完善、人民思想观念的逐渐提高以及"三农"政策的变化，农村越来越注重对人的投资，拥有具有较高人力资本的劳动力。（2）城镇化和工业化的推进吸引了大批农村优质劳动力，农村出现"高薪且难雇工"的现象，农业技术人员的极度短缺难以满足中国现代农业建设的需求。（3）理论上，当农业部门的人力资本报酬率至少等于非农部门时，才会有人力资本向农业部门配置，实证中，目前农业部门人力资本的报酬率仍低于非农部门，高人力资本的劳动力很难进入农业部门。发展现代农业，不仅需要先进的设备，还需懂技术、会经营的农民。把农业改造成为人力资本的竞争性就业部门，是当前和今后中国农业发展的重要任务。

第五篇

现代农民成长的政策环境

第十一章

补偿性教育：农村人力资本供给增长政策

第一节 补偿性教育的含义及相关研究

所谓补偿，是指弥补缺陷，抵消损失。也就是说，补偿有两层含义：一是对损害或损失进行填补；二是对缺欠、差额进行补助。补偿性教育可以理解为政府和非政府组织为了维护教育公平和教育长远利益，对弱势群体和经济发展过程中的利益受损群体和个人进行教育弥补和额外教育救助。

本章补偿性教育的对象特指农村居民。对农村居民的补偿性教育的提出，主要基于两个方面的考虑：第一，长期以来，国家教育资源的配置优先保障城市，导致农村居民的受教育程度明显低于城市居民。2003年，农村小学和初中文化程度人口在总人口中占75.14%，高中文化程度的占5.86%，大专以上的比例仅为0.69%，农村的文盲率达11.17%；城镇高中以上文化程度人口的比重占到33.55%，小学和初中文化程度的人口是55.45%，城镇文盲率为5.23%[1]。在城、镇、乡之间，具有大专及以上受教育水平人口的比例是20∶9∶1，高中教育人口的比例为4∶3∶1[2]。在国家经济发展水平低和教育资源短缺的背景下，这种倾斜式的教育发展

---

[1] 国家统计局人口和社会科技统计司：《中国人口统计年鉴2004》，中国统计出版社2004年版。

[2] 连玉明：《2004中国数字报告》，中国时代经济出版社2004年版，第337页。

战略是不得已的选择；但在经济充分发展以后，弥补对农村地区的教育欠账就成为现实任务。第二，在工业化、城镇化推进到较高阶段之后，农业现代化建设提上了日程。现代化农业需要现代化农民来生产和经营，此时，通过教育、培训等途径大幅度提高农民的人力资本水平，成为新时期国家教育资源配置中应优先考虑的工作。

补偿性教育对长期经济发展的作用得到了一定关注，Lucas 在新增长理论基础上分析了教育补助的增加对长期经济增长率的作用[①]。在此基础上，其他学者先后讨论了补偿性教育和公共教育支出对经济增长的影响[②]。但是这些研究没有考虑到二元经济条件下人力资本形成机制和效率的差异性，一方面富有家庭投资大量资源来提高子女教育水平，自身可以进行人力资本建设，另一方面贫困家庭既没有闲暇时间也没有收入用于子女教育，唯有通过政府教育补助来形成人力资本。Leonid 在家庭效用函数框架下分析了公共教育对人力资本和经济增长的影响，建立了人力资本动力系统，认为公共教育在经济发展初期阶段有利于促进经济增长，但在经济发达时期却对人力资本投资和经济发展有挤出效应，但他并没有解释补偿性教育政策的最优条件[③]。

本书从 Lucas 内生增长理论出发，将补偿性教育这一变量纳入新经济增长模型，考虑到政府在补偿性教育政策中的主导地位，应用 Stackelberg

---

① Lucas, R. E.: Supply – Side Economics: An Analytical Review, *Oxford Economic Papers*, 1990, 42 (2), 293 – 316.

② Judson, Ruth: Economic Growth and Investment in Education, How Allocation Matters, *Journal of Economic Growth*, 1998 (3): 337 – 359; Blankenau, W.: Public schooling, college subsidies and growth, *Journal of Economic Dynamics and Control*, 2005, 29 (3), 487 – 507; Leonid, V. A.: Free education, fertility and human capital accumulation, *Journal of Population Economics*. 2010, 23: 449 – 468; Zhang, J.: Optimal debt, endogenous fertility, and human capital externalities in a model with altruistic bequests, *Journal of Public Economics*, 2003, 87 (7 – 8), 1825 – 1835; Blankenau, W. F. and N. B. Simpson: Public education expenditures and growth, *Journal of Development Economics*, 2004, 73 (2), 583 – 605; Boskin, M.: Notes on the Tax Treatment of Human Capital. NBER Working Paper, *National Bureau of Economic Research*, 1975, No. 116; Brett, C and J. A. Weymark: Financing education using optimal redistributive taxation, *Journal of Public Economics*, 2003, 87 (11), 2549 – 2569.

③ Leonid V. A.: Free education, fertility and human capital accumulation, *Journal of Population Economics*. 2010, 23: 449 – 468.

主从博弈模型探索补偿性教育影响人力资本积累和经济增长的机制，求解补偿性教育政策的最优和均衡条件。

第二节 补偿性教育分析模型

考虑到中国经济和教育的乡城二元特征，我们遵循的一个基本前提是，假设经济中存在农村和城市两个部门，农村部门人力资本普遍低于城市部门人力资本，单个部门内部人力资本完全同质。两部门间的劳动力市场是完全竞争和开放的，但是两部门的人力资本积累机制是完全不同的。农村部门的人力资本积累率是外生的，由政府通过向城市部门征税来补偿，而城市部门的人力资本积累则可以自主内生形成。

城市部门劳动力的时间被分为两部分：一部分时间 $(1-x)$ 用以向政府缴税以补偿农村劳动力的教育和培训，剩余的 x 部分的时间中 a 部分用于产品生产，b 部分用于个人人力资本形成。农村劳动力的时间一部分 u 用于产品生产，另一部分 $(1-u)$ 用于接受教育或培训建设人力资本。H_R，H_U 分别是农村和城市劳动力的人力资本水平，且城市初始人力资本水平高于农村初始人力资本水平，即 $H_U(0) > H_R(0)$。

假定物质资本是常量，个人全部收入仅用于消费，没有储蓄或投资。生产只与人力资本投入有关，即产量是人力资本的函数，城市和农村部门的生产函数分别是：

$$C_U = Y_U = A_U \alpha x H_u \overline{H}_U^{\varepsilon_U} \tag{11.1}$$

$$C_R = Y_R = A_R \alpha x H_R \overline{H}_R^{\varepsilon_R} \tag{11.2}$$

这里 C_U 和 C_R 代表他们的消费水平，Y_U，Y_R 是他们的产量，$0 \leq x \leq 1$；$\overline{H}_U$，$\overline{H}_R$ 分别代表所有城市和农村劳动力的平均人力资本水平。ε_U，ε_R 分别表示人力资本外部效应，且人力资本外部效应为正，$\varepsilon_R > 0$，$\varepsilon_U > 0$。如果生产函数仅考虑个人投入，则满足规模收益不变规律，但若考虑人力资本的正外溢性，则规模收益是递增的。

两部门中个人会理性分配自己时间以最大化其即期效用，个人即期效用函数记为：

$$U(C_i) = \ln C_i \qquad (11.3)$$

其中 $i = U, R$。

城市部门人力资本累积函数如下：

$$\dot{H}_U = m_U(1-a)\ln x H_U \qquad (11.4)$$

这里 $0 \leq a \leq 1$，并且 m_U 为一正常量，表示城市人力资本形成函数的生产率。

农村部门劳动力的人力资本通过政府组织和资助的教育和培训计划形成。如上文所述，政府对农村的补偿性教育是通过向城市部门征税而获得资金，城市部门劳动力的时间的 $(1-x)$ 部分用于缴纳补偿性教育税收，而农村部门劳动力的时间的 $(1-u)$ 部分用于学习和人力资本积累。因此，农村人力资本累积函数采取如下形式：

$$\dot{H}_R = m_R(1-u)H_R[q(\frac{\overline{H}_U}{H_R}-1)^\gamma(1-x)+1]^\delta \qquad (11.5)$$

其中 $0 < \delta < 1$，$\gamma > 0$，$q > 0$，$m_p > 0$。$q(\frac{\overline{H}_U}{H_R}-1)^\gamma$ 表示教育计划的效率，$\gamma > 0$。Lucas 认为，在学习过程中，拥有较高人力资本者对周围人产生更多积极效应[①]。因此城市人口与农村人口之间的知识差距越大，补偿性教育效率越高。这里假定城市劳动力比农村劳动力有更高的学习能力和人力资本积累效率，即 $m_U > m_R$。

第三节 补偿性教育的最优化问题：个体决策

考虑 Stackelberg 主从微分博弈模型，在补偿性教育的决策过程中，政府是主导者，居于领导地位，可以预测个人反应并利用个人反馈信息做出最优决策，个人是跟随者，依据政府决策做出个体最优决策。

给定两部门劳动力的目标函数：$J_U = \int_0^\infty U(C_U)e^{-\rho t}dt$ 和 $J_R = \int_0^\infty U(C_R)e^{-\rho t}dt$。

[①] Lucas, R. E.: Life earnings and Rural – Urban Migration, *Journal of Political Economy*, 2004, 112, S29 – S59.

H_U 和 H_R 是两部门人力资本存量，同时控制变量 a 和 u 分别服从等式 (11.1)，(11.3)，(11.4) 和 (11.2)，(11.3)，(11.5)，其中 ρ 为正的贴现率，且为常量，将上式最大化，求解最优路径的 Hamilton 函数，得出以下最优化条件，λ_U 和 λ_R 为共态变量：

$$\frac{\dot{\lambda}_U}{\lambda_U} = \rho - m_U x \tag{11.6}$$

$$a = \frac{1}{\lambda_U m_U H_U x} \tag{11.7}$$

$$\frac{\dot{\lambda}_R}{\lambda_R} = \rho - m_R [q(\frac{\overline{H}_U}{\overline{H}_R} - 1)^\gamma (1-x) + 1]^\delta; \tag{11.8}$$

$$u = \frac{1}{\lambda_R m_R H_R [q(\frac{\overline{H}_U}{\overline{H}_R} - 1)^\gamma (1-x) + 1]^\delta} \tag{11.9}$$

等式（11.7）和（11.9）反映了在分散竞争均衡条件下个人决策规则。

第四节 补偿性教育的最优化问题：政府决策

一 政府的最优化问题

在分散竞争均衡条件下，为追求社会福利最大化，政府以（1 - x）的税率征取税收。因此，政府的目标函数同样受个人的最优化决策即受等式（11.6）(11.7)(11.8)(11.9)的约束，政府谋求即期社会福利的最大化，即期社会福利函数表示如下：

$$W = b \ln C_U + (1-b) \ln C_R$$

其中 b 和（1 - b）分别为城市和农村的消费权重。给定政府最优化目标函数：

$$J_G = \int_0^\infty W e^{-\rho t} dt$$

在控制变量 x 满足等式（11.1）(11.2)(11.4)(11.5)(11.6)(11.7) 的条件下，最大化该目标函数。

现值 Hamilton 函数为

$$H^g = b\ln C_U(t) + (1-b)\ln C_R(t) + \xi_U[\lambda_U(\rho - m_U x)]$$
$$+ \xi_R[\lambda_R\{\rho - m_R[q(\frac{\overline{H_U}}{H_R}-1)^\gamma(1-x)+1]^\delta\}]$$
$$+ \mu_U[m_U(1-a)xH_U] + \mu_U m_R(1-u)H_R[q(\frac{\overline{H_U}}{H_R}-1)^\gamma(1-x)+1]^\delta;$$

其中 ξ_R，ξ_P，μ_R，μ_P 都为共态变量。

应用等式（11.1）（11.2）（11.7）（11.9），该 Hamilton 表达式可以转换为：

$$H^g = b\ln\left[\frac{A_U H_U^{\varepsilon_U}}{\lambda_U m_U}\right] + (1-b)\ln\left[\frac{A_R H_R^{\varepsilon_R}}{\lambda_R m_R[q(\frac{\overline{H_U}}{H_R}-1)^\gamma(1-x)+1]}\right]$$
$$+ m_U x[\mu_U H_U - \xi_U \lambda_U] + m_R[q(\frac{\overline{H_U}}{H_R}-1)^\gamma(1-x)+1]^\delta(\mu_R H_R - \xi_R \lambda_R)$$
$$+ \rho(\xi_U \lambda_U + \xi_R \lambda_R) - (\frac{\mu_U}{\lambda_U} + \frac{\mu_R}{\lambda_R})$$

控制变量 x 的一阶条件为：

$$\frac{\partial H^g}{\partial x} = \frac{(1-b)\delta q(\frac{\overline{H_U}}{H_R}-1)^\gamma}{\{q(\frac{\overline{H_U}}{H_R}-1)^\gamma(1-x)+1\}} + m_U(\mu_U H_U - \xi_U \lambda_U) +$$
$$m_R \delta q(\frac{\overline{H_U}}{H_R}-1)^\gamma[q(\frac{\overline{H_U}}{H_R}-1)^\gamma(1-x)+1]^{\delta-1}(\xi_R \lambda_R - \mu_R H_R) = 0$$

(11.10)

沿着最优化增长路径，共态变量的时间导数应该满足

$$\dot{\xi}_U = \rho\xi_U - [\frac{-b}{\lambda_U} + \xi_U(\rho - m_U x) + \frac{\mu_U}{\lambda_U^2}] \quad (11.11)$$

$$\dot{\xi}_R = \rho\xi_R - [-\frac{(1-b)}{\lambda_R} + \xi_R(\rho - m_R\{q(\frac{\overline{H_U}}{H_R}-1)^\gamma(1-x)+1\}^\delta] + \frac{\mu_R}{\lambda_R^2}$$

(11.12)

第十一章 补偿性教育:农村人力资本供给增长政策 / 237

$$\dot{\mu}_U = \rho\mu_U - \mu_U m_U x \tag{11.13}$$

$$\dot{\mu}_R = \rho\mu_R - \mu_R m_R \left\{ q(\frac{\overline{H}_U}{H_R}-1)^\gamma(1-x)+1 \right\}^\delta \tag{11.14}$$

横截性条件由

$$\lim_{t\to\infty} e^{-\rho t}\xi_U(t)\lambda_U(t) = \lim_{t\to\infty} e^{-\rho t}\xi_R(t)\lambda_R(t) = \lim_{t\to\infty} e^{-\rho t}\mu_U(t)H_U(t)$$
$$= \lim_{t\to\infty} e^{-\rho t}\mu_R(t)H_R(t) = 0$$

给定。定义如下符号:

$$\omega_U = \xi_U\lambda_U, \omega_R = \xi_R\lambda_R, v_R = \lambda_R H_R, \eta_U = \mu_U H_U, \eta_R = \mu_R H_R, z = \frac{H_U}{H_R}$$

利用优化条件以及共态变量的时间导数,可以得到

$$\frac{\dot{\omega}_U}{\omega_U} = \frac{b}{\omega_U} - \frac{\eta_U}{\omega_U v_U} + \rho \tag{11.15}$$

$$\frac{\dot{\omega}_R}{\omega_R} = \frac{(1-b)}{\omega_R} - \frac{\eta_R}{\omega_R v_R} + \rho \tag{11.16}$$

$$\frac{\dot{v}_U}{v_U} = \rho - \frac{1}{v_U} \tag{11.17}$$

$$\frac{\dot{v}_R}{v_R} = \rho - \frac{1}{v_R} \tag{11.18}$$

$$\frac{\dot{\eta}_U}{\eta_U} = \rho - \frac{1}{v_U} \tag{11.19}$$

$$\frac{\dot{\eta}_R}{\eta_R} = \rho - \frac{1}{v_R} \tag{11.20}$$

从等式(11.10)可以得出:

$$\frac{\partial H^g}{\partial x} = \frac{(1-b)\delta q(z-1)^\gamma}{\{q(z-1)^\gamma(1-x)+1\}} + m_U(\eta_U - \omega_U) - m_R q(z-1)^\gamma \times \delta[q(z-1)^\gamma(1-x)+1]^{\delta-1}(\eta_R - \omega_R) = 0 \tag{11.21}$$

运动方程(11.15)到(11.20)可以变为:

$$\dot{\eta}_U - \dot{\omega}_U = \rho(\eta_U - \omega_U) - b \tag{11.22}$$

以及

$$\dot{\eta}_R - \dot{\omega}_R = \rho(\eta_R - \omega_R) - (1-b) \tag{11.23}$$

同时利用等式（11.4）和（11.5），可以得出：

$$\frac{\dot{z}}{z} = m_U(1-a)x - m_U(1-u)[q(\frac{\overline{H_U}}{H_R}-1)^\gamma(1-x)+1]^\delta \tag{11.24}$$

在这个条件下，

$$\frac{\partial^2 H^g}{\partial x^2} = \frac{(1-b)\delta q^2(z-1)^{2\gamma}}{\{q(z-1)^\gamma(1-x)+1\}^2} + m_P q^2(z-1)^{2\gamma}(\delta-1)$$
$$[q(z-1)^\gamma(1-x)+1]^{\delta-2}(\eta_R - \omega_R)$$

并简化为 $\dfrac{\partial^2 H^g}{\partial x^2} = \dfrac{(1-b)\delta q^2(z-1)^{2\gamma}}{\{q(z-1)^\gamma(1-x)+1\}^2} + \left[1 - \dfrac{m_U x(1-\delta)}{\rho}\right]$

因此当 $x > \dfrac{\rho}{m_U(1-\delta)} = \underline{x}$ 时 $\dfrac{\partial^2 H^g}{\partial x^2}$ 为负。

二 半静态平衡

系统的动力学特性由运动方程（11.17）（11.18）（11.22）（11.23）（11.24）描述。沿着半平衡增长路径 $\dot{v}_U = \dot{v}_R = \dot{\eta}_U - \dot{\omega}_U = \dot{\eta}_R - \dot{\omega}_R = \dot{z} = 0$，并且它们的平衡值记为 v_U^*，v_R^*，z^*，$(\eta_U^* - \omega_U^*)$ 以及 $(\eta_R^* - \omega_R^*)$。因这些值都为时间独立，故等式（11.10）所得的 x^* 为时间独立。利用等式（11.7）和等式（11.9），可以得到 a^* 和 u^*，且它们也为时间独立。沿着增长路径 η_U，ω_U，η_R，ω_R 为单独不为时间独立，但它们的线性组合却为时间独立的。因此上述平衡是半静态平衡，因为所有的共态变量以及控制变量虽为静态但是它们的关联影子价格却为非静态，这样的平衡称为半静态平衡。

v_U，v_R，z，$(\eta_U - \omega_U)$ 以及 $(\eta_R - \omega_R)$ 的平衡值如下：

$$v_U^* = \frac{1}{\rho} \tag{11.25}$$

第十一章　补偿性教育：农村人力资本供给增长政策 / 239

$$v_R^* = \frac{1}{\rho} \qquad (11.26)$$

$$z^* = 1 + \left[\frac{(\frac{m_U x^*}{m_R})^{\frac{1}{\delta}} - 1}{q(1-x^*)} \right]^{\frac{1}{\gamma}} \qquad (11.27)$$

$$(\eta_R^* - \omega_R^*) = \frac{(1-b)}{\rho} \qquad (11.28)$$

$$(\eta_U^* - \omega_U^*) = \frac{b}{\rho} \qquad (11.29)$$

任何收敛到该半静态平衡点的轨迹应该满足如下横截性条件：

$$\lim_{t \to \infty} e^{-\rho t}(\eta_U - \omega_U) = \lim_{t \to \infty} e^{-\rho t}(\eta_R - \omega_R) = 0 \text{。}$$

利用以上 v_R，v_U，z^*，$\eta_R - \omega_R$，$\eta_U - \omega_U$ 变量的半静态平衡值，以及等式（11.7）（11.9），可以根据 x^* 给定 a，u 的半静态平衡值：

$$a^* = \frac{\rho}{m_U x^*} \qquad (11.30)$$

$$u^* = \frac{\rho}{m_P [q(z^*-1)^\gamma (1-x^*) + 1]^\delta} \qquad (11.31)$$

替换等式（11.10）中的平衡值，可以得到：

$$\frac{m_U b(1-x^*)}{(m_U x^* - \rho)} = (1-b)\delta \left\{ 1 - (\frac{m_U x^*}{m_R})^{-\frac{1}{\delta}} \right\} \qquad (11.32)$$

利用等式（11.32）解出 x^*。如果参量 m_R，δ，q，$(1-b)$ 任何一个为零，利用等式（11.10）以及变量 $(\eta_U - \omega_U)^*$，$(\eta_R - \omega_R)^*$ 的半静态平衡值，可知 $\frac{\partial H^g}{\partial x} > 0$，$x^* = 1$。因此我们可以得到如下结论：

（1）若任一参量 m_P，δ，q，$(1-b)$ 取零，m_P 意味着农村的人力资本累积是没有收益的。$q = 0$ 或 $\delta = 0$ 表明教育教学计划是无效的，$b = 1$ 意味着政府的社会福利函数并不关心农村个人的利益。因此采取税收补偿教育的政策不是最优。

(2) 若参量 m_P, δ, $(1-b)$ 都不为 0，则存在唯一的 x^* 满足 $\frac{\rho}{m_U} < x^* < 1$，此时教育补偿政策达到最优。

(3) 最优补偿教育政策 $(1-x^*)$ 与 b 以及 m_P 负相关，而与 m_R 正相关。b 值越大意味着城市劳动力（农村劳动力）的消费在社会福利函数中占有更高（低）的相关权重。如果个人收入保持不变，个人消费越多，则税收越低。m_P 越大表明农村人力资本累积效率越高，则教育补偿的需求越低。这种情况下，降低税收资助的教育补偿率是最优的。

第五节　本章结论

考虑到中国城乡人力资本积累的二元特征，尝试建立通过补偿性教育影响农村人力资本积累的内生经济发展模型，分析二元人力资本积累的机制和经济发展规律。用 Stackelberg 的主从微分博弈模型导出最优教育补偿税率。研究显示只有在半静态均衡状态下补偿性教育才能达到最优状态，而最优教育补偿率与社会福利函数中农村劳动力的消费权重和个人学习能力成正比例关系，但是这种教育补偿税收政策不利于城市人口学习能力的提高和人力资本的积累。

为了提高农村人力资本水平，保持农业人力资本长期的、代际的良性增长，对农村要首要实施"补偿性教育"政策，为农业的现代化提供必需的人力资本条件保障。这主要包含两个方面：一是增加农村教育机会的供给；二是实行"优先扶持"，在分配教育资源时对农村进行"弱势倾斜"。首先，增加农村的生均教育支出，扭转长期以来的教育资源不均衡状态；其次，针对不同农民需求，加大职业教育和培训；最后，对一些农村特困地区和人口，通过教育基金、教育补助券等形式进行扶持，提高其教育支付能力。

必须指出的是，补偿性教育只是在农业发展尚没有形成足够的人力资本时所采取的政策，当农业发展到一定阶段，农业发展与人力资本形成良性循环时，人口生产量质转换完成，补偿性教育则失去其效力，届时农业发展人力资本收益率与非农部门收益率趋同，二元经济完成向一元化的转变。

第十二章

人力资本的农业就业：需求管理政策考量

最近40年来，中国农业部门的积极变化是有目共睹的。诸如：劳动力转移和新型要素投入引致的土地劳动比和资本劳动比的大幅度提高，以机械技术、生物化学技术为代表的农业新技术的广泛采用，农业生产经营的市场化和企业化转变，以及农民家庭人均纯收入的显著增长等。一句话，存在了数千年的停滞、落后的传统农业生产方式，在短短的40年时间里基本被淘汰了。与此相随，农业部门呈现的问题也十分突出。最为显著的问题之一是，在劳动力渐进稀缺化的同时，劳动力的质量也显著地下降了，农业从业人员基本由缺乏非农转移能力和机会的年老体弱者或妇女担当。由此，"未来谁种地"成为社会各界普遍担忧的一个突出问题。

如果说中国农业发展的目标是实现农业的现代化，那么前述担心的问题就更具有合理性。国际经验表明，现代农业是以高文化素质、高专业技能和具有一定就业弹性的现代农民为主体的发达产业，离开劳动者人力资本的显著深化和缺失健全劳动力市场的现代农业尚无存在的先例。这是因为，规模化生产、市场化经营和企业化组织的现代农业，离开企业家才能的投入是难以有效运行的；农业物质资本的不断深化，特别是农产品新品种采用、农产品绿色安全保障等技能偏态型技术的运用，必然要求农业专业技术人员的适配；农业生产的季节性特征又要求具有适时吐纳功能的农业工人市场的存在。

以农业企业家、农业专业技术人才为代表的现代农业的从业主体如何才能成长起来？首先可以肯定，他们是农民参与工业化、城镇化和农业自身市场化的经济演化过程的自然结果。一方面，在参与工业化和城镇化的进程中，农民家庭人口生产发生量质偏好的逆转，通过一代、两代甚至多代的人口代际更迭，文盲型或低技能的传统农民终将退出历史舞台；另一方面，土地和资本装备率的提高、技术效率的增进以及企业化经营将大幅度提升农业部门要素投入的收益率，最终使农业成为一个对高素质劳动力能够产生吸引力的竞争性就业部门。其次，也不能排除，现代农民是特定农业发展政策的函数。顺应现代农民成长自然演化要求的农业发展政策，无疑有助于农业人力资本市场的健康发展和促进现代农民的顺利成长；相反，政策缺失或政策错配则必然延缓现代农民的成长进程，甚或成为其成长的阻滞力量。

促进现代农民成长的政策抑或农业人力资本政策包括两个基本方面：一是农业人力资本供给增长政策，二是农业人力资本需求增长政策。供给增长政策的主要内容由上一章讨论，本章专门探讨需求增长政策。

第一节　现行农业人力资本政策评价

一　新中国成立至 20 世纪 90 年代初期，农业人力资本政策未提上日程

在传统经济体制时期，农业发展政策的目标，早期主要是实现土地制度的公有化和农业生产组织形式的集体化，后期则着重寻求在公有化土地上集体化生产组织的有效管理和有效运作方式。鉴于贫穷落后的基本国情，该时期农业发展解决的主要问题是实现粮食产量的最大化，以保证数亿国民的吃饭问题和国家工业化对农产品和农业剩余的需求。在传统农业条件下，实现粮食产量最大化的基本手段，一是扩大耕地面积（存在土地储备的情况下），二是劳动的密集化投入（缺乏土地储备的情况下）。此时，由于资本的稀缺和人地关系的紧张，农业机械化虽然被认为是农业生产的根本出路，但其实施并不具备现实基础和比较优势，因而不能成为农业产出增长的主要动力。概言之，该时期的农业生产不得不沿袭几千年来的传统生产方式，传统农民成为这种生产方式不可替代的主体。

改革开放起至20世纪90年代初,农村家庭联产承包责任制的推行,极大地释放了大集体时期被压抑的农民的生产积极性,农业劳动生产率和土地产出率均显著增长,传统体制下长期未能解决的农民温饱问题和国家粮食短缺问题在短短几年内迅速逆转,农民成为改革开放制度红利的首批受益者。但小规模、细碎化的土地分割和一家一户的独立生产经营,与传统体制下的大集体生产相比,该种农业生产方式更具传统特征,传统农民自然是此种生产方式的最适宜主体。也就是说,在实行家庭联产承包责任制的初期,现代农民成长的制度基础和技术条件并不具备,农业人力资本政策的出台不存在现实基础。

二 20世纪90年代中后期以来,农业现代转型催生了农业人力资本政策

进入20世纪90年代中后期,随着市场化改革的推进,传统农业与经济市场化进程的矛盾日益凸显出来。第一,由于相对工资的差距,农民大规模非农转移就业,农业成为被越来越多农民抛弃的产业。第二,劳动力的大规模和持续转移,使农业部门的人地关系疏解,农业开始向规模化和市场化经营转型,小家庭经营成为农业现代转型的一个制度性短板。第三,缘于非农部门对农业转移劳动力的选择性,农业劳动力素质弱化,农业劳动力素质与农业的规模化和市场化经营之间的矛盾呈现出来。问题的出现和解决问题的对策往往不是同步的。此时,现代农民的成长虽被认识到,但培育现代农民的政策并未跟上。

21世纪初期以来,农业现代转型进程加速。建立在土地流转基础上的农地规模化耕作普遍推行并受到政策鼓励,农业完全超越几千年来一直延续的自给自足的自然经济,开始走向成本收益核算的市场化经营。规模化、市场化农业促使生产组织突破家庭边界转向企业化运营。农业的市场化和企业化转变对其经营者的企业家才能提出了要求。在规模化、市场化和企业化经营的基础上,农业物质资本的投入大幅度增长,资本替代劳动的技术广泛采用并逐渐呈现技能偏态特征;同时,农产品新品种的不断更新,绿色安全农业技术的要求,对农民的技术能力也提出要求。与农业现代转型不相适应的是，新生代农民基本离农，老一代农民由于转移的选择性和年龄的老化其素质进一步弱化。农业从业者与农业的市场化、企业化和农业技术进步形成的突出矛盾，迫使助推现代农民形成和培育的农业人力资本政策被提上日程。

三 现行农业人力资本政策的重点是供给侧推进，且着眼于当代农民

自 21 世纪初期以来，国家出台了一系列关于培养新型（或职业）农民的政策法规。2005 年年底，农业部在《关于实施农村实用人才培养"百万中专生计划"的意见》中，首次提出要培养职业农民。文件指出：农村实用人才的培养对象，是农村劳动力中具有初中（或相当于初中）及以上文化程度，从事农业生产、经营、服务的职业农民。2007 年 1 月，《中共中央国务院关于积极发展现代农业扎实推进社会主义新农村建设的若干意见》中，提出要培养"有文化、懂技术、会经营"的新型农民。党的十七大报告中，也提到了新型农民的培养问题。2012 年中央一号文件《关于加快推进农业科技创新持续增强农产品供给保障能力的若干意见》第十六条指出，要大力培训农村实用人才，大力培育新型职业农民。2012 年 8 月，农业部印发《新型职业农民培育试点工作方案》，在全国范围内确定了 100 个县（市、区）开展新型职业农民培育试点；2014 年将试点县规模扩大到 300 个，进一步探索适合不同地区、不同经济发展水平的新型职业农民培育方式和制度。

现行农业人力资本政策的目标是培育现代（新型、职业）农民，或者说主要是解决现代农民的供给问题，其政策指向是提高当前农业从业者的素质。这一政策由"教育培训、认定管理和政策扶持"三个方面构成。教育培训即通过强化农民教育培训体系建设开展对农民的职业技能培训和发展农业职业教育。在教育培训的基础上，探索新型职业农民的认定管理方式，从而更好地引导农民接受教育培训，发展壮大新型职业农民队伍。定向加大政策扶持力度，支持承包地向新型职业农民流转，推动农业补贴和项目建设向新型职业农民倾斜，帮助新型职业农民解决贷款难等问题，不断增强其自主发展能力。应当承认，这一政策是有成效的，但目前仅处在试点阶段，并未在全国范围内广泛推开。

第二节 人力资本农业就业政策的目标和内容

一 政策目标

农业人力资本供给政策的目标,是培育或造就现代农民,解决现代农民从无到有、从缺乏到充裕的问题。与供给政策不同,农业人力资本就业政策的基本假设前提是,具备生产和经营现代农业的新型人才业已出现,或者说存在着现代农民的现实供给或潜在供给。该项政策试图解决的问题,是把农业改造成为对高素质劳动力具有吸引力的竞争性就业部门,即农业不仅需要高素质从业主体的进入,同时也具备了对高素质劳动力支付高回报率的现实需求。

具体而言,农业的高回报率包括,人力资本农业就业的回报率不低于其在非农部门就业获得的回报率,与此同时,农业部门的物质资本和劳动力等要素的回报率也不低于它们的非农部门的回报率。农业的高回报率来源于农业的现代化。农业的现代化是一项系统而复杂的工程。它需要农业部门资源结构的更新,农业生产经营组织的演进和农业技术体系的升级等一系列变化。从根本上说,人力资本农业就业促进政策,就是通过政策变量的适当调节,助推农业的现代化演变。

二 政策内容

助推农业现代化转变,促进人力资本农业就业的政策,包含如下一些基本内容:

1. 促进土地流转,实现土地规模化经营。所谓规模化经营,是指通过土地的合并和集中,适度扩大农业生产经营规模,一方面增加生产经营者农业的总产出和总收入,另一方面降低单位产出的成本支出,扩大利润空间,从而形成农业投入要素高回报率的来源。土地规模化经营是农业现代化的基础。没有土地的规模化经营,就没有以利润最大化为目标的现代农业生产经营组织的形成;也不可能有物质资本向农业的大规模投入和农业技术装备手段的现代化;同时,农业资源在社会范围的优化配置和农业生产的分工扩展与分工深化也不会出现。因此可以说,土地的规模化经营是把农业改造成为一个高收益率部门的基本前提，从而构成人力资本农业就业促进政策的首要内容。

2. 培育企业化农业生产经营组织。农业生产组织的企业化是农业市场化的内在逻辑，历史经验也表明，现代农业的生产单位是一种企业化的组织。中国农业的现代化，其生产组织也必须实现企业化的嬗变。农业组织企业化的特征有：其生产决策独立于消费决策，生产不再是为了满足自身的需要，而是与非农企业一样谋求利润的最大化；为了实现利润最大化目标，生产活动纳入了严格的成本收益核算体系，同时，由于非农就业机会的存在，农业投入的机会成本也进入其核算体系；生产投入不再单纯依靠自有资源，而是在社会范围广泛动员资源和实现资源的优化配置，生产过程出现社会化特征；生产过程深刻地嵌入社会分工格局，资源的比较优势和产品的市场行情成为其生产什么、生产多少决策的基本依据。企业化的农业组织可以有多种形式，其典型形式一是家庭农场，二是公司制农场，此外，也存在着合伙制农场和其他农业合作组织。在现代化的不同发展阶段，不同农业组织形式的地位和作用不同。在现代化转变的初期，家庭农场是主要的农业企业形式；随着现代化程度的提高，公司化农场的地位将提升。

3. 动员和诱致物质资本下乡。土地的规模化经营和农业生产的企业化组织必然带来农业的高物质资本装备率。其高物质资本装备率主要来源于：第一，农业生产手段的现代化，包括机械化、电气化、水利化和信息化等建设投入。由于农业生产的季节性特点，农业劳均物质资本的占用量往往不低于工业部门。第二，农业生产的工程化投入，包括为满足机械化耕作需要而进行的土地整治、水利管网铺设、节水灌溉设施投入、田间道路修通和反季节农业设施建设等。第三，绿色安全农业技术投入。现代农业不仅具备高产出率特征，同时也是提供高品质农产品的发达产业。这就要求在农业生产的全过程进行无公害技术保障投入。农业现代化建设所需的物质资本依靠农业自身的积累是远远不足的，必须动员非农部门的过剩资本投向农业。在城乡二元结构反差尚存亦即农业现代化实现之前，依靠市场机制诱导物质资本流向农业是不现实的。此时，动员和诱致物质资本下乡，就成为政府部门不可替代的职能。

4. 改善农业基础设施。基础设施的城乡差距，是制约农业和农村发展的主要因素之一。改善农业和农村的基础设施，缩小公共产品供给的城乡差距，是农业现代化建设的题中之意。农业基础设施建设主要涉及农业水利建设，农村公路建设，农村生产生活用电投入，通信和互联网的乡村全覆盖，农产品仓储业建设和农产品交易平台（包括实体的和虚拟的）建设等。农业基础设施建设是一项巨大的投入，农民和农业企业化组织是难以承担的；且它属于公共产品性质，理应由政府财政支付。应当说，进入 21 世纪以来，中国农村的基础设施建设已经取得了巨大成就，当前和今后需要继续做的工作是，进一步改善农业和农村的基础设施，降低农业企业生产经营的外部不经济性，同时优化农村生活环境。

5. 加速农业技术进步。舒尔茨认为，和工业一样，现代农业也可以是一个高增长率的部门。其高增长率来自农业的技术进步。在实现了现代化的美国，农业的增长主要是由技术进步推动的。"产出的增长有多少来自增加的土地、劳动和'传统'的可再生资本？对美国长期来看，绝大部分（约 4／5）来自'国民效率'的改善，只有大约 1／5 来自增加的传统资源的投入。"① 自改革开放以来，中国农业成功发展的一个重要表现，是技术进步率对产出增长的贡献在逐步提高。中国农业现代化程度的提高过程，同时也将是技术进步对产出增长的贡献份额进一步提升的过程。虽然农业新技术的使用主体是农民或农业企业，在农业市场化进程中，农民对新技术采用的积极性也在提高，但由于新技术采用的高风险和高成本等原因，政府在农业技术进步中——包括新技术的发明、试验和推广方面——扮演着不可替代的重要角色。

6. 稳定和保护农产品价格。根据恩格尔定律，社会对农产品有着比较稳定的需求；而根据蛛网理论，农产品的供给则会随价格的变化出现较大幅度的波动，而且难以自动趋于均衡。这样，在完全市场机制调节的背景下，农业生产者的生产安排就不能获得稳定的收益预期。这是市场化农业中农业生产者必然面对的一种窘境。对此，借鉴发达国家的经

---

① ［美］舒尔茨，西奥多·W.：《经济增长与农业》，郭熙保、周开年译，北京经济学院出版社 1991 年版，第 202 页。

验，国家可以采取稳定农产品价格和产量的应对之策。这种应对之策主要包括：第一，建立和完善农产品期货市场，以销定产，发现农产品未来价格，利用市场机制实现农产品供求的均衡对接。第二，建立农产品缓冲储备，在农产品供大于求时，国家收购储备；在歉收年份，则出仓补欠，以保证农产品的供求平衡。第三，对主要农产品实行保护价格。为保证国家粮食安全，对水稻、小麦、玉米和大豆等粮食品种应给予高于市场均衡价格的生产补贴，形成对粮食生产的一种有效激励。此外，也可以探索农业保险业发展的可行路径。

第三节 人力资本农业就业政策的效应评价

人力资本农业就业促进政策的宗旨，是留住或吸引高素质农业生产者从事现代农业生产经营。为此，需要把农业改造成为一个人力资本和其他要素（如劳动和物质资本）的农业投资回报率不小于其非农回报率的产业部门。如此高回报率的农业将具有如下明显特征：农业生产者农业生产经营的总收入水平大幅度提高，单位农产品的生产成本却趋于下降，因而生产者的净收入水平和总利润水平是高的；农业要素投资回报率的增长率是递增的，农业与非农产业间要素投资回报率出现收敛变化并最终趋于均衡。前述各项人力资本农业就业政策，是否有利于促进农业部门的如此变化呢？

一 对降低单位农产品产出成本的影响

1. 土地规模化经营和农业生产企业化组织的单位成本下降效应。这一效应首先来自机械化作业成本的下降。在自购农业机械的情况下，生产规模的扩大可以延长农业机械的作业时间，提高农业机械的使用效率，因而能够降低单位产出中农业机械投入的沉淀成本。在租借农业机械的情况下，其单位产出的租用成本也可以因土地规模的扩大产生的农业机械作业效率的提高而降低。其次，在市场化农业中，无论是家庭经营还是企业化生产，产品的顺利销售都是一个关键环节。相对于小型农业生产单位，大型农场更易于获得销售订单，更有利于节约单位销售量中的人员成本和运输成本。此外，如果在较大规模的农场之间比较，规模更大的农场还有利于降低单位产出的管理成本。

2. 资本下乡引致的资本替代劳动的成本效应。伴随工业化进程，农业劳动力逐渐由过剩变为稀缺，农业的规模化经营和企业化组织又会进一步加剧农业劳动力的稀缺性。价格是资源稀缺程度的反映，农业劳动力的工资成本必将因其稀缺性的提高而增长①。另一方面，物质资本随着工业化的推进日益成为一种丰裕资源，这种丰裕性也将因资本下乡政策的实施在农业部门显现出来。与劳动价格变化相反，物质资本的价格将依其丰裕性的提高而下降。基于劳动与资本价格的逆向变动，农业部门必然发生资本替代劳动的资源结构的经济性演化②。农业单位产出成本的下降是资本替代劳动的农业资源结构这一变化的自然逻辑。

3. 农业基础设施投入对生产者成本的影响。便捷的道路交通、农田水利建设、农村电力供给以及农村通信信息网络等，是发展现代农业不可或缺的基础条件。在缺乏政府对农村公共产品投入的情况下，该类投资就需由农业生产者或农业企业承担，这将大大提高生产者的生产经营成本。当政府成为基础设施建设等农村公共产品投入的主体时，就会显著节约生产者或企业的成本支出，提高其农业生产经营的有利性。

二 对生产者总产出和净收入增长的影响

1. 对生产者总产出或总收入③增长的影响。前述各项人力资本农业就业政策的生产者总产出或总收入增长效应是不难证明的。其中，规模化和企业化政策的生产者总产出（总收入）增长效应最为直接，也最为显著。在单位土地产出不变的条件下，规模越大、企业化程度越高，其总产出（总收入）水平也越高；当土地规模足够大时，即使单位土地产出率有所下降，其总产出（总收入）也能够实现增长④。物质资本下乡政策

---

① 目前中国农业部门的劳动用工工资已不低于其非农就业工资。
② 这一点已经被工业化国家的农业发展的经验事实所证实。
③ 假定价格不变。下同。
④ 在中国面临巨大粮食安全压力的情况下，降低单位土地产出水平的规模扩大的农业生产组织方式的调整应尽量避免。规模扩大应在保证土地产出率不降低的前提下进行。

是规模化企业化政策的生产者总产出增长效应得以实现的保障。没有物质资本的充分投入，没有资本对劳动的充分替代，生产者土地经营规模的扩大是难以实现的，进而，基于土地规模扩大的生产者总产出（总收入）增长也不可能发生。农业基础设施投入政策，可以在有利于提高生产要素投入效率和便利于产品销售两个环节对生产者产出增长产生影响。在现代农业中，技术进步对产出增长的贡献最值得关注。土地规模不变时，技术进步可以扩大生产可能性边界，实现既定土地上总产出（总收入）的增长；土地规模扩大时，技术进步的作用可以实现生产者总产出（总收入）更大幅度的增长。农产品价格稳定政策，能够在生产者总产出增长的基础上保障其收入的稳定增长。如果保护价格高于市场均衡价格，则这一政策具有更为明显的收入增长效应。

2. 对生产者净收入以及利润增长的影响。假设农产品单位成本不随总产出增长而变化，那么，其生产规模越大，总产出越高，净收入水平也越高。考虑到人力资本农业就业政策的成本变化效应，其总产出越高，单位生产成本则越低，净收入水平相对于成本不变时就更高。在免除农业税费的条件下，其净收入水平即其利润水平。此时，农业生产的有利性将大为改善。

三　对农业与非农产业要素收益率收敛的影响

1. 工业化中后期农业与非农产业要素收益率的变化。按照舒尔茨的观点，传统农业是一种"贫穷而有效率"的特殊类型的经济均衡状态[①]，这种均衡的一个突出标志是对传统要素投资收益率的长期不变。因而在传统农业中，难以形成对其所拥有的要素进行投资的激励，传统农业由此陷入长期停滞的低收入陷阱。以高增长率和高收益率为显著特征的近现代工业的兴起，极大地冲击了传统农业固有的均衡。追求高回报率的要素本能促使农业要素大规模向非农部门转移，从而使农业与非农产业的增长率和要素收益率呈离散化发展，国民经济显现二元结构特征。这

---

① 参见［美］舒尔茨、西奥多·W.：《改造传统农业》，梁小民译，商务印书馆1987年版，第24页。

种状况在工业化初期出现,到工业化中期阶段日盛,当进入工业化中后期及后期时,则开始出现收敛变化。这是因为,一方面,非农部门由于资本、劳动等要素的逐渐丰裕和产品市场的日近饱和,其增长率和要素收益率趋于下降。另一方面,农业部门由于工业化而改变了:其一,由于劳动的大规模转移,劳动过密化的传统资源配置格局逐渐为资本密集投入的现代资源结构所替代;其二,源于资源结构的改变,农业技术体系也相应地由传统的劳动密集型演化为现代的资本密集型;其三,农业生产组织也由生产消费一体化的农户逐步过渡到生产决策与消费决策分离的现代企业。基于资源结构、技术体系和生产组织的改变,农业投资的有利性不但出现,而且呈递增趋势。农业与非农部门要素收益率在工业化推进到高级阶段开始收敛,二元结构反差指数趋于弱化。

2. 人力资本农业就业政策对农业与非农产业要素收益率变化的影响。人力资本农业就业政策旨在加速现代农业的成长,而现代农业建设只有在进入到工业化中后期阶段才会被提上日程。因此,讨论人力资本农业就业政策的作用是以工业化中后期及后期为时代背景的。在工业化中后期及后期,当农业与非农产业两部门要素收益率出现收敛变化时,加速农业发展,提高农业要素收益率的人力资本农业就业政策,无疑可以成为二元结构下要素收益率收敛的助推器,进而促进人力资本的农业就业。

第四节　人力资本农业就业政策实施的条件与可行性

政策的出台不仅要考虑选择什么样的政策措施以及这些政策措施是否具有预期效用,同时还必须考虑出台此类政策的时机和条件是否成熟,亦即政策的实施是否具有可行性。

一　人力资本农业就业政策实施的条件

在前述各项人力资本农业就业政策措施中,土地规模化经营、农业生产企业化组织和动员物质资本下乡等几项政策的实施,所需具备的时机与条件大体相同。当经济发展出现如下若干突出现象时,土地规模化经营、农业生产企业化组织和动员物质资本下乡政策的实施不仅必要，而且具备了普遍推行的可行性。第一，农业劳动力的稀缺性呈现，农业用工工资不低于其非农就业工资，农业用工成本显著上升，且在农忙时节难以雇用到闲置的农业劳动力。第二，耕地撂荒现象不仅多见，而且持续存在；一些耕地即使在耕作，但存在明显的粗放经营现象；低租金甚至零租金流转土地使用权的情况极为普遍。第三，小规模农户经营仍然是主体经营方式，但其种田成本高，种田盈余少，种田收入往往不及外出打工收入。第四，工业化推进到中后期阶段，工业发达，城镇化水平超过50%，资本日益成为丰裕资源，资本利息率趋于下降甚至降到较低水平，工业化驱动的持续多年的经济高增长逐渐放缓，国民经济开始进入中低速增长的新阶段。

进入21世纪特别是2010年以后，前述现象在中国经济生活中普遍而且持续地存在。这表明，土地规模化经营、农业生产企业化组织和鼓励物质资本下乡等政策，在中国实施的时机与条件已经具备。事实上，在缺乏这些政策时，土地的规模化经营和农业生产的企业化组织在中国农村已大量存在，物质资本下乡也在企业家返乡创业的行动中开始出现。可以预期，这类政策的施行，必将促使中国农业如下方面的积极改变：耕地荒置和耕地的粗放经营现象消失，稀缺耕地资源的利用效率提高；传统农业经营让位于现代农业经营，企业化农业组织将成为农业经营的主体形式；资本劳动比大幅度提升，农业生产的机械化现代化以及劳动生产率均大幅度提高；农民的种田积极性高涨，粮食单产和总产水平有保证实现稳定增长，国家粮食安全保障增强。

农业技术进步、农业基础设施建设和稳定农产品价格政策的大力推行，是政府对农业农村工作重视程度和政府财政支付能力两方面条件的统一。在新中国成立直至21世纪开始期间，中国政府对农业生产特别是粮食生产是高度重视的，在农业新技术研发和推广方面也做出了卓有成效的工作。由于当时经济发展水平较低且发展重心在工业化和城市经济建设方面，不仅支农资金十分有限，农业基础设施建设和农业保护工作难以开展，而且农业剩余还是国家财政收入的一个重要税源。进入21世纪，随着中国经济发展水平的迅速提高，政府财政收入的大幅度增长；

同时，由于劳动力持续地和大规模地转移，农业逐渐小部门化。在此背景下，政府不失时机地一方面开始免除农业税费，另一方面实施包括大力推动农业技术进步、大规模开展农业基础设施建设以及保护农业等项惠农政策。基于财力的支持，政府重视农业的意愿得以体现。应当承认，目前政府在农业技术进步、农业基础设施建设和保护农业方面取得的成效还是初步的，若以现代化实现为目标，有待深入开展的工作还广泛存在。

二 人力资本农业就业政策实施中应注意的问题

规模化经营是市场化和现代化农业的必然选择，但规模化经营之"规模"，在具有不同农业资源禀赋的国家（地区）和不同历史条件下是有区别的。对于拥有世界近1/5人口因而面临巨大粮食安全压力的中国而言，规模化经营之"规模"的选择，应以不降低土地产出率为前提。也就是说，有利于提高土地产出率的土地经营规模的扩大，应当予以政策性鼓励；相反，有损于现行土地产出率的所谓土地规模化经营，则应当加以限制。同时，规模化经营的动因，是提高种田农民的收入，缩小城乡收入差距乃至实现城乡收入的趋同。在现阶段，规模化经营之目标规模的确定，应以该规模下种田经营的纯收入与农民从事非农产业所获收入大体均衡为准则；随着经济发展程度的提高，最终则可以提高到种田收益率与城市正规部门收益率趋同的境地。规模化经营须以土地的流转合并为基础，土地的流转合并必须遵循农民自愿的原则，对于荒置土地又不愿意流转的部分农民，只能采取经济调节手段（比如征收土地荒置费）促使其土地流转，而不能用行政命令的办法推进。

虽然农业生产经营的企业化组织存在多种具体形式，但在现阶段和今后相当长的历史时期，家庭农场应成为中国农业生产经营的主体形式。这是因为，第一，中国农业部门还占有较大的劳动力比重[①]；同时由于产业结构的升级，非农产业对现行农村劳动力的吸纳空间在缩小。长期来

---

① 2014年，中国第一产业劳动力比重为29.5%。数据来源：国家统计局：《中国统计年鉴2015》，中国统计出版社2015年版。

看，农业部门还需安置较多的劳动力就业；相对于公司化农场，家庭农场的劳动密集度要高。第二，基于农业与非农产业投资收益率的差异，中国农业部门的资本装备率还较低，劳动借助资本所能推动的生产经营规模不会很大，相应地，农业组织形式也不宜过大。第三，目前从事农业生产经营的还是以老一代农民为主，他们的企业家才能还需培育和积累，或者说他们有待于由具有现代经营才能和意识的新一代农民来替代。与当前这些农民的经营才能相适应，家庭农场是更为合适的生产组织形式选择。必须强调指出，公司化农场虽然在数量上不会过多，但它们在中国农业现代转型过程中具有主导意义，应当给予它们现代农业龙头企业的地位并加以支持。

物质资本供给保障是土地规模化经营和农业生产组织企业化转变的基本支撑条件之一。动员物质资本下乡，是工业化中后期及后期增加农业部门物质资本供给的可选择对策。动员物质资本下乡的工作，应当通过多种途径共同推进。这些途径包括：首先，给予较大优惠（比如免税和多种可选择性补贴）吸引工商部门个人和厂商资本下乡举办农业企业，同时带动一批企业家型人才从事农业生产经营。其次，加大财政资金支农力度，通过农业基础设施建设投入和发放购置农机补贴等将财政资金转化为农业物质资本供给。再次，完善政策性农业银行体系，动员信贷资金更充分地进入农业生产经营领域，借助政策性信用保证农业物质资本供给。同时，进一步发展乡镇银行，以利于将更多农业剩余转化为农业物质资本。还有，吸引外资投资农业，也是一个可行的选项。

第五节 本章结论

现行农业人力资本政策的目标主要是解决现代农民的从无到有、从缺乏到充裕的供给问题。本章则将农业人力资本政策的着眼点转向如何把农业改造成为一个对高素质劳动力具有吸引力的竞争性就业部门的需求方面。

促进人力资本农业就业政策的基本内容包括：加速土地流转，实现土地的规模化经营；培育企业化农业生产经营组织；动员和引导物质资本下乡，提高农业资本劳动比；加大农业基础设施建设投入，缩小城乡基础设施差距；加速农业技术进步，提高农业产出增长的技术效率；稳定农产品价格，对主要农产品实行保护等。该类政策由于能够降低单位农产品产出成本，促进生产者总产出和净收入的增长，以及引致农业与非农产业要素收益率的收敛变化，因而对农业发展和高素质劳动力的农业就业产生积极影响。处于工业化中后期的当代中国，已经具备了实施人力资本农业就业促进政策的条件和可行性。

参考文献

一 著作类

［英］艾利思，弗兰克：《农民经济学》，胡景北译，上海人民出版社2006年版。

［美］贝克尔，加里·斯坦利：《人类行为的经济分析》，王业宇、陈琪译，生活·读书·新知三联书店、上海人民出版社1995年版。

［美］贝克尔，加里·斯坦利：《家庭论》，王献生、王宇译，商务印书馆2005年版。

曹阳：《当代中国农业生产组织现代化研究》，中国社会科学出版社2015年版。

陈奕平：《人口变迁与当代美国社会》，世界知识出版社2006年版。

杜鹏：《新世纪的中国人口》，中国人民大学出版社2011年版。

［美］费景汉、古斯塔夫·拉尼斯：《劳力剩余经济的发展》，王月等译，华夏出版社1989年版。

［美］费景汉、古斯塔夫·拉尼斯：《增长和发展：演进观点》，洪银兴译，商务印书馆2004年版。

费孝通：《乡土中国生育制度》，北京大学出版社1998年版。

［美］弗里德曼，米尔顿、罗丝·弗里德曼：《自由选择》，张琦译，机械工业出版社2014年版。

国家统计局：《2014年中国国民经济和社会发展统计公报》。

国家统计局农村社会经济调查总队：《中国农村住户调查年鉴2008》，中国统计出版社2009年版。

国家统计局农村社会经济调查总队：《中国农村住户调查年鉴 2011》，中国统计出版社 2011 年版。

国务院人口普查办公室、国家统计人口和社会科技统计司：《转型期的中国人口》，中国统计出版社 2005 年版。

李培林：《村落的终结——羊城村的故事》，商务印书馆 2004 年版。

连玉明：《2004 中国数字报告》，中国时代经济出版社 2004 年版。

［美］刘易斯，威廉·阿瑟：《二元经济论》，施炜、谢兵、苏玉宏译，北京经济学院出版社 1989 年版。

［美］卢卡斯，小罗伯特·E.：《经济发展讲座》，罗汉、应洪基译，江苏人民出版社 2003 年版。

路遇：《新中国人口五十年》（上），中国人口出版社 2004 年版。

［美］罗斯托，W.W.：《这一切是怎么开始的——现代经济的起源》，黄其祥、纪坚博译，商务印书馆 2014 年版。

［英］马尔萨斯，托马斯·罗伯特：《人口原理》，朱泱、胡企林、朱和中译，商务印书馆 1992 年版。

马克思、恩格斯：《马克思恩格斯选集》（第 2 卷），中央编译局编译，人民出版社 1972 年版。

［英］马歇尔，阿弗里德：《经济学原理》，廉运杰译，华夏出版社 2013 年版。

［英］麦迪森，安格斯：《世界经济二百年回顾》，李德伟、盖建玲译，改革出版社 1997 年版。

［法］孟德拉斯，H.：《农民的终结》，李培林译，社会科学文献出版社 2010 年第 2 版。

［俄］恰亚诺夫，A.：《农民经济组织》，萧正洪译，中央编译出版社 1996 年版。

［美］琼斯，查尔斯·I.：《经济增长导论》，舒元等译，北京大学出版社 2002 年版。

［美］舒尔茨、西奥多·W.：《改造传统农业》，梁小民译，商务印书馆 1987 年版。

［美］舒尔茨、西奥多·W.：《经济增长与农业》，郭熙保、周开年

译，北京经济学院出版社 1991 年版。

［美］舒尔茨、西奥多·W.：《报酬递增的源泉》，姚志勇、利群艺译，北京大学出版社 2001 年版。

［美］舒尔茨、西奥多·W.：《对人进行投资——人口质量经济学》，吴珠华译，首都经济贸易大学出版社 2002 年版。

［美］斯科特，詹姆斯·C.：《农民的道义经济学：东南亚的反叛与生存》，程立显、刘建等译，译林出版社 2001 年版。

汤兆云：《农村计划生育与人口控制》，江苏大学出版社 2009 年版。

田雪原：《中国人口政策 60 年》，社会科学文献出版社 2009 年版。

王晶：《国外农民生活——美国》，中国社会出版社 2006 年版。

［英］韦伯斯特，安德鲁：《发展社会学》，陈一筠译，华夏出版社 1987 年版。

［英］希克斯，约翰：《经济史理论》，厉以平译，商务印书馆 1987 年版。

徐更生：《美国农业政策》，经济管理出版社 2007 年版。

杨小凯：《分工与专业化》，载汤敏、茅于轼主编《现代经济学前沿专题（第三辑）》，商务印书馆 1999 年版。

［美］英格尔斯，阿历克斯：《人的现代化》，殷陆君译，四川人民出版社 1985 年版。

［美］约翰逊，D. 盖尔：《经济发展中的农业、农村、农民问题》，林毅夫、赵耀辉编译，商务印书馆 2004 年版。

张树安：《民族地区人口与经济可持续发展论》，民族出版社 2005 年版。

中国社会科学院农村发展研究所：《中国农村经济形势分析与预测（2015—2016）》，社会科学文献出版社 2016 年版。

中国国家统计局：《中国统计年鉴 2015》，中国统计出版社 2015 年版。

中国教育与人力资源问题报告课题组：《从人口大国迈向人力资源强国》，高等教育出版社 2003 年版。

中华人民共和国农业部编：《新中国农业 60 年统计资料》，中国农业出版社 2009 年版。

周叔莲等:《中国的工业化与城市化》,经济管理出版社 2008 年版。

二 论文类

白蕴芳:《农村劳动力外移背景下的新型农民培育》,《西北农林科技大学学报》2007 年第 1 期。

曹景椿:《农村经济改革与计划生育》,《人口与经济》1986 年第 4 期。

陈池波、韩战兵:《农村空心化、农民荒与职业农民培育》,《中国地质大学学报》2013 年第 1 期。

陈明:《农业现代化下农民的现代性困境解析》,《农业现代化研究》2010 年第 6 期。

陈卫、吴丽丽:《中国人口迁移与生育率关系研究》,《人口研究》2006 年第 1 期。

陈亚萍:《主体性视域下的新型农民》,《生产力研究》2008 年第 13 期。

樊英:《职业农民培育问题研究》,博士学位论文,湖南农业大学,2014 年。

傅崇辉、向炜:《深圳流动育龄妇女生育子女数的影响因素分析》,《南方人口》2005 年第 3 期。

赴法国家庭农场运行与管理体制培训考察团:《法国农业发展现状考察报告》,《中国农垦》2006 年第 2 期。

高梦滔,毕岚岚:《家庭人口学特征与农户消费增长——基于八省微观面板数据的实证分析》,《中国人口科学》2010 年第 6 期。

高铁梅:《计量经济分析方法与建模——Eviews 应用与实例(第二版)》,清华大学出版社 2009 年版。

郭剑雄:《城市化与中国农业的现代化》,《经济问题》2003 年第 11 期。

郭剑雄、李志俊:《劳动力选择性转移条件下的农业发展机制》,《经济研究》2009 年第 5 期。

郭剑雄、李志俊：《人口偏好逆转、家庭分工演进与农民收入增长——基于中国农户经验的分析》，《南开学报》（哲学社会科学版）2010 年第 6 期。

郭剑雄，刘琦：《生育率下降与农村女孩教育的逆歧视性增长》，《思想战线》2013 年第 4 期。

郭剑雄、刘叶：《选择性迁移与农村劳动力的人力资本深化》，《人文杂志》2008 年第 4 期。

郭智奇、齐国、杨慧：《培育新型职业农民问题研究》，《中国职业技术教育》2012 年第 15 期。

韩福庆：《影响农民职业化水平因素的经济学分析》，《阜阳师范学院学报》2010 年第 2 期。

郝丽霞：《农村人力资本非农化补偿机制研究》，硕士学位论文，西北农林科技大学，2005 年。

郝丽霞、委玉奇：《农民职业化的制约因素及对策分析》，《岭南学刊》2009 年第 12 期。

侯风云、徐慧：《城乡发展差距的人力资本解释》，《理论学刊》2004 年第 2 期。

侯风云、张凤兵：《从人力资本看中国二元经济中的城乡差距问题》，《山东大学学报》（哲学社会科学版）2006 年第 4 期。

侯风云、张凤兵：《农村人力资本投资及外溢与城乡差距实证研究》，《财经研究》2007 年第 8 期。

侯风云、邹融冰：《中国城乡人力资本投资收益非对称性特征及其后果》，《四川大学学报》（哲学社会科学版）2005 年第 4 期。

胡小平、李伟：《农村人口老龄化背景下新型职业农民培育问题研究》，《四川师范大学学报》（社会科学版）2014 年第 3 期。

免平清、何钧为：《中国农民职业化现状及其影响因素——基于中国综合社会调查（CGSS2010）的分析》，《武汉大学学报》（哲学社会科学版）2015 年第 4 期。

蒋昕臻、李瑶：《国外家庭农场模式的发展经验和启示》，《农民科技培训》2014 年第 11 期。

赖作莲：《土地流转与职业农民教育——基于美、英、法、日等国的经验》，《经济研究导刊》2014年第22期。

梁惠清：《当代农民企业家成长研究》，硕士学位论文，西北农林科技大学，2009年。

李丙金、徐璋勇：《赋予选择权利和提高可行能力：新农村建设中新型农民培养的核心》，《西北大学学报》2012年第6期。

李国祥、杨正周：《美国培养新型职业农民政策及启示》，《农业经济问题》2013年第5期。

李慧静：《现代农业发展中的职业农民培育研究》，博士学位论文，东北林业大学，2015年。

李录堂、张藕香：《农村人力资本投资收益错位效应对农村经济的影响及对策》，《农业现代化研究》2006年第4期。

林文芳：《区域性偏好与城乡居民消费差异》，《统计研究》2009年第11期。

李志俊、郭剑雄：《选择性转移与人力资本深化：理论及实证》，《思想战线》2010年第4期。

刘洁：《我国农业生产经营组织企业化的制度分析》，博士学位论文，河北农业大学，2006年。

刘蕾、郑毓煌、陈瑞：《选择多多益善？——选择集大小对消费者多样化寻求的影响》，《心理学报》2015年第1期。

刘立祥：《三次民工荒比较——新时期农村转移劳动力问题的反思》，《中国青年研究》2014年第6期。

刘琦、郭剑雄：《人口生产数量偏好向质量偏好的转变》，《西北师范大学学报》2013年第5期。

刘文：《农村劳动力流动过程中的人力资本效应研究》，《农业现代化研究》2004年第3期。

鲁可荣、朱启臻：《社会主义新农村建设与新型农民培养》，《未来与发展》2006年第9期。

［日］牛山敬二：《日本农业与农村的现状及危机》，《中国农史》2012年第1期。

欧阳中球:《新三农问题:农民分化、农业弱化、农村空心化》.[2015-06-30].中国乡村发现官网:http-tp://www.zgxcfx.com/.

申潞玲、侯向娟:《农民职业化研究述评及展望》,《山西农业大学学报》(社会科学版)2014年第5期。

申培轩:《农村劳动力转移及其对高等教育的需求》,《武汉大学学报》(人文科学版)2004年第5期。

孙浩然:《国外建设现代农业的主要模式及其启示》,《社会科学家》2006年第2期。

孙娟:《关于农民职业化的若干问题思考》,《天水行政学院学报》2007年第5期。

谭永生:《农村劳动力流动与中国经济增长》,《经济问题探索》2007年第4期。

田园:《我国农民职业化问题制约因素分析》,《宝鸡文理学院学报》2013年第4期。

王建华、李俏、李录堂:《论中国农民现代化的现实需求与农村综合教育》,《农业现代化研究》2008年第6期。

王云峰:《西部地区农业区域专业化研究:产业组织的视角》,博士学位论文,兰州大学,2011年。

王兆萍:《迁移与我国农村区域贫困人口的人力资本积累——兼议地理环境决定论》,《干旱区资源与环境》2007年第3期。

魏学文、刘文烈:《新型职业农民:内涵、特征与培育机制》,《农业经济》2013年第7期。

伍振军:《农业供给侧改革,资源配置是关键》,《农民日报》2015年12月6日第4版。

吴宏耀:《培育新型职业农民要提升农业吸引力》,《农民科技培训》2012年第5期。

伍海霞、李树茁、悦中山:《城镇外来农村流动人口的生育观念与行为分析——来自深圳调查的发现》,《人口研究》2006年第1期。

邬沧萍、钟声:《社会经济发展和计划生育工作的完善是我国农村生育率下降的前提和必要条件——苏南农村人口转变的启示》,《人口研究》

1992 年第 5 期。

夏益国、宫春生：《粮食安全视域下农业适度规模经营与新型职业农民》，《农业经济问题》2015 年第 5 期。

习近平：《以人的城镇化为核心》．［2016-03-08］．http：//news．china．com．cn/ 2016-02-28/con-tent_ 37890312．htm．

肖黎、刘纯阳：《新型农民培育的产品属性及其供给主体的行为分析》，《农业经济问题》2010 年第 3 期。

叶华、吴晓刚：《生育率下降与中国男女教育的平等化趋势》，《社会学研究》2011 年第 5 期。

叶俊涛、米松华：《新型职业农民培育的理论阐释、他国经验与创新路径》，《江西社会科学》2014 年第 4 期。

尹成杰：《农民专业合作社：重要的现代农业经营组织基础》，《中国农民合作社》2009 年第 6 期。

尤丹珍、郑真真：《农村外出妇女的生育意愿分析——安徽、四川的实证研究》，《社会学研究》2002 年第 6 期。

岳佐华、李录堂：《农村人力资本团队及其形成基础研究》，《大连理工大学学报》（社会科学版）2007 年第 2 期。

曾福生、夏玉莲：《农地流转与新型农民培育研究——基于多项式分布滞后模型的实证研究》，《农业技术经济》2014 年第 6 期。

张春艳、韦子平：《改革创新体制机制，培育新职业农民——以安徽省为例》，《经济研究导刊》2014 年第 27 期。

张福、杨盛：《人口生产偏好转变与农业技术进步关系的实证研究——基于 VAR 模型的检验分析》，《企业家天地》（下旬刊）2013 年第 4 期。

张藕香、李录堂：《我国农村人力资本投资收益非均衡性分析》，《电子科技大学学报》（社科版）2006 年第 6 期。

张雷声：《建设社会主义新农村必须是新型农民》，《福建论坛》2006 年第 7 期。

张利萍：《教育与劳动力流动》，博士学位论文，华中师范大学，2006 年。

张桃林：《新型职业农民，农业现代化发展的核心》，《农业·农村·农民》2012年第4B期。

张英洪：《农民工市民化的认识误区》，《中国经济时报》2014年7月7日第5版。

张晓山：《家庭农场将培养出一批职业农民》，《农村工作通讯》2013年第6期。

赵培芳、李玉萍、金华旺、姚晓磊：《大学生入职新型职业农民意愿实证分析——基于山西省高校的调研》，《山西农业大学学报》（哲学社会科学版）2015年第5期。

赵强社：《职业农民培育路径探微》，《理论导刊》2009年第3期。

郑兴明、曾宪禄：《农科类大学生能成为新型职业农民的主力军吗？——基于大学生农村基层服务意愿的实证分析》，《华中农业大学学报》（社会科学版）2015年第5期。

郑瑞、彭必源：《鲶鱼效应与现代农民的培养》，《集团经济研究》2007年第1期。

周应堂：《论农业劳动分工与新型农民培养》，《农业经济》2007年第2期。

周雪松、刘颖：《传统农民向职业农民转化问题研究》，《第一资源》2013年第4期。

朱启臻：《新型职业农民与家庭农场》，《中国农业大学学报》2013年第2期。

朱启臻、闻静超：《论新型职业农民及其培育》，《农业工程》2012年第3期。

朱希刚：《我国"九五"时期农业科技进步贡献率的测算》，《农业经济问题》2002年第5期。

三 英文部分

Alvarez, A., C. Arias: Technical Efficiency and Farm Size: A Conditional Analysis, *Agricultural Economics*, 2004, 30 (3): 63-78.

Arid, J. S.: *Coercion in family planning: causes, methods, and conse-*

quences, in U. S. Congress, 1986, Joint Economic Committee, China's Economy Looks Toward the year 2000, Vol. 1, The Four Modernizations (Washington, DC: Government Printing Office).

Banister, J. : China's Changing Population. Stanford: Stanford University Press, 1987.

Becker, G. S. : Family Economics and Macro Behavior, American Economic Review, 1988, Vol. 78, pp. 1 – 13.

Becker, Gary S. , Kevin M. Murphy and Mark M. Tamura: Human Capital, Fertility, and Economic Growth. Journal of Political Economy, 1990, Vol. 98, No. 5, 734 – 754.

Beine, M. , F. Docquier and H. Rapoport: Brain Drain and Economic Growth: Theory and Evidence, Journal of Development Economics, 2001, 64 (1), pp. 275 – 289.

Bhagwati, J. and C. Rodriguez: Welfare Theoretical Analysis of the Brain Drain, Journal of Development Economics, 1975, 2, pp. 195 – 221.

Blankenau, W. : Public schooling, college subsidies and growth, Journal of Economic Dynamics and Control, 2005, 29 (3), 487 – 507.

Blankenau, W. F. and N. B. Simpson: Public education expenditures and growth, Journal of Development Economics, 2004, 73 (2), 583 – 605.

Borjas, G. J. : Self – Selection and the Earnings of Immigrants: Reply, The American Economic Review, 1990, (80), pp. 305 – 308.

Boskin, M. : Notes on the Tax Treatment of Human Capital. NBER Working Paper, National Bureau of Economic Research, 1975, No. 116.

Brett, C and J. A. Weymark: Financing education using optimal redistributive taxation, Journal of Public Economics, 2003, 87 (11), 2549 – 2569.

Brockeroff, M. and X. S. Yang: Impact of Migration on Fertility in Sub – Saharan Africa, Social Biology, 1994, 41 (1—2), pp. 19 – 43.

Carr – Saunders, A M. : Profession: Their Organization and Place in Society, Oxford: The Clarendon Press, 1928: 3 – 31.

Chiquiar, Daniel and Gordon H. Hanson: International Migration, Self –

selection, and the Distribution of Wages: Evidence from Mexico and the United States, *Journal of Political Economy*, 2005, 113, 2, pp. 239 – 281.

Coase, R. H.: The Nature of the Firm, *Economica*, 1937, 4: 386 – 405.

Davis, K.: *The Urbanization of the Human Population*, in Scientific American (Editors), *CITIES*, New York, Alfred A. Knopf, Inc., 1966, pp. 3 – 24.

Easterlin, R. A. and E. Crimmins: *The Fertility Revolution: A Supply – Demand Analysis*, University of Chicago Press: Chicago, 1985.

Feeney, G. and F. Wang: Parity progression and birth intervals in China: the influence of policy in hastening fertility decline, *Population and Development Review*, 1993, Vol. 19, pp. 61 – 101.

Forsyth, P. B., T. J. Danisiewicz: Towards a Theory of Profesionalization, *Work and Ocupations*, 1985, 12 (1): 59 – 76.

Galor, Oded and David N. Weil: Population, Technology, and Growth: From Malthusian Stagnation to the Demographic Transition and Beyond. *The American Economic Review*, Vol. 90 No. 4, September 2000, pp. 806 – 828.

Goldstein, S.: Interrelations between migration and fertility in Thailand, *Demography*, 1973, 10 (2), pp. 225 – 241.

Goldstein, Sidney and Penporn Tirasawat: *The Fertility of Migrants to Urban Places in Thailand. Paper 43*. Honolulu, Hawaii: East – West Population Institute, East – West Center, 1977.

Greenhalgh, S.: Socialism and fertility in China, Annals of the American Academy of Political and Social Science, *World Population: Approaching the Year 2000*, 1990, pp. 73 – 86.

Grabill, W. H., C. V. Kiser and P. K. Whelpton: *The Fertility of American Women*, New York, John Wiley & Sons, Inc., 1958, pp. 16 – 19.

Grenwood E.: Attribute of a Profession, *Social Work*, 1957, 2 (3): 44 – 55.

Gutierrez, L.: On the Power of Panel Cointegration Tests: a Monte Carlo Comparison, *Economics Letters*, 2003, 80 (1): 105 – 111.

Harding, S.: Social Mobility and Self – reported Limiting Long – term Illness among West Indian and South Asian Migrants Living in England and Wales. *Social Science & Medicine*, 2003, 56, pp. 355 – 361.

Hesketh, T. and L. Lu and Z. W. Xing: The effect of China's one – child family policy after 25 years. *New England Journal of Medicine*, 2005, Vol. 353 (11), pp. 1171 – 1176.

Huffman, W. E.: Allocative Efficiency: the Role of Human Capital, *Quarterly Journal of Economics*, 1977, vol, 91 (1): 59 – 77.

Islam, N.: Growth Empirics: A Panel Data Approach, *Quarterly Journal of Economics*, 1995, 110 (4): 1127 – 1170.

Judson, Ruth: Economic Growth and Investment in Education, How Allocation Matters, *Journal of Economic Growth*, 1998 (3): 337 – 359

Kanbur, R. and H. Rapoport: Migration Selectivity and the Evolution of Spatial Inequality, *Journal of Economic Geography*, 2005, 5 (1): 43 – 57.

Kliewer, E. V.: Influence of Migrantson Regional Variations of Stomach and Colon Cancer Mortality in the Western United States. *International Journal of Epidemiology*, 1992, 21 (3), pp. 442 – 449.

Knight, M., N. Loayza and D. Villanueva: Testing the Neoclassical Theory of Economic Growth – A Panel Data Approach, *staff papers*, 1993, 40: 512 – 537.

Koop, G., M. Pesaran and S. Potter: Impulse Response Analysis in Nonlinear Multivariate Models, *Journal of Econometrics*, 1996 (74), pp. 19 – 147.

Larson, T J.: *The Rise of Profesionalism: A Sociological Analysis*, Berkeley: University of California Press, 1977: 5.

Leonid, V. A.: Free education, fertility and human capital accumulation, *Journal of Population Economics*. 2010, 23: 449 – 468.

Lucas, Robert E.: On The Mechanics of Economic Development, *Journal of Monetary Economics*, 1988, 22, pp. 3 – 42.

Lucas, R. E.: Supply – Side Economics: An Analytical Review, *Oxford*

Economic Papers, 1990, 42 (2), 293 – 316.

Lucas, R. E. : Life earnings and Rural – Urban Migration, *Journal of Political Economy*, 2004, 112, S29 – S59.

Mcelroy, M. and Tao Yang: Carrots and Sticks: Fertility Effects of China's Population Policies, *The American Economic Review*, 2000, Vol. 90 (2), pp. 389 – 392.

Mountford, A. : Can a Brain Drain Be Good for Growth in the Source Economy? *Journal of Development Economics*, 1997, 53, pp. 287 – 303.

Narayan, P. K. and Xiujian Peng: An Econometric Analysis of the Determinants of Fertility for China, 1952—2000, *Journal of Chinese Economic and Business Studies*, 2006, Vol. 4 (2), pp. 165 – 183.

Patrick, G. F. , E. W. Kehrberg: Cost and Returns of Education in Five Agricultural Regions of Eastern Brazil, *American Journal of Agricultural Economics*, 1973, 55: 145 – 154.

Pesaran M. , Y. Shin : Cointegration and Speed of Convergence to Equilibrium, *Journal of Econometrics*, 1996, (71), pp. 117 – 143.

Pesaran M. , Y. Shin: Generalized Impulse Response Analysis in Linear Multivariate Models, *Economic Letters*, 1998, (58), pp. 17 – 29.

Phillips, Joseph M. , Robert P. Marble: Farmer Education and Efficiency: A Frontier Production Function Approach, *Economics of Education Review*, 1986, 5 (3): 257 – 264.

Poston Jr, D. L. and B. Gu: Socio – economic development, family planning and fertility in China, *Demography*, 1987, Vol. 24, pp. 531 – 551.

Rosenstein – Rodan, Paul N. : *Problems of Industrialization of Eastern and South – easternEurope*, Blackwell Publishing for the Royal Economic Society, 1943.

Stark, O. , C. Helmenstein and A. Prskawetz: Human Capital Depletion, Human Capital Formationand Migration: a Blessing or a Curse? *Economics Letters*, 1998, 60, pp. 363 – 367.

Stark, O. and Y. Wang: Inducing Human Capital Formation: Migration as a Substitute for Subsidies. *Journal of Public Economics*, 2002, 86, pp. 29 – 46.

Tien, H. Y.: Induced fertility transition: impact of population planning and socioeconomic change in the People's Republic of China, *Population Studies*, 1984, Vol. 38 (3), pp. 385 – 400.

Vidal, J.: The Effect of Emigration on Human Capital Formation, *Journal of Population Economics*, 1998, (11), pp. 589 – 600.

Welch, R.: Education in Production, *Journal of Political Economy*, 1970. Vol. 78 (1): 35 – 59.

White, Tyrene: Two Kinds of Production: The Evolution of China's Family Planning Policy in the 1980s, *Population and Development Review*, 1994, 20.

Wilensky H. L.: The Profesionalization of Everyone?, *American Journal of Sociology*, 1964 (70): 137 – 158.

Yong Cai: China's Below – Replacement Fertility: Government Policy or Socioeconomic Development? *Population and Development Review*, 2010, Vol. 36 (3), pp. 419 – 440.

You Helen Xiuhong and Dudley L. Poston. Jr.: Are Floating Migrants in China "Childbearing Guerillas": an Analysis of Floating Migration and Fertility, *Asia and Pacific Migration Journal*, 2004, 13, No. 4, pp. 11 – 29.

Zhang, J.: Optimal debt, endogenous fertility, and human capital externalities in a model with altruistic bequests, *Journal of Public Economics*, 2003, 87 (7 – 8), 1825 – 1835.

后　　记

　　本书是我承担的国家社会科学基金项目"城镇化背景下现代农民的成长机制及政策环境研究"（14BJY031）的最终成果。

　　本书是在我指导的4位博士张彤璞、李志俊、刘琦、雷小兰和4位硕士尚荣、师芸、张崇轩、谢振国共同参与下完成的。全书各部分内容的写作分工如下：前言郭剑雄；第一章郭剑雄；第二章张彤璞、郭剑雄；第三章刘琦、郭剑雄；第四章李志俊、郭剑雄；第五章张崇轩；第六章尚荣；第七章谢振国；第八章郭剑雄；第九章郭剑雄、李志俊；第十章师芸；第十一章雷小兰、郭剑雄；第十二章郭剑雄。全书由我提供篇章节写作大纲，并通稿、定稿。

　　感谢国家社会科学基金对本书研究给予的支持！感谢中国社会科学出版社张林女士为编辑本书付出的辛勤劳动！

郭剑雄
2019年5月